SHENJIXUE JICHU
审计学基础

闫焕民　主　编
何恩良　王洋洋　副主编

中国财经出版传媒集团
中国财政经济出版社

图书在版编目（CIP）数据

审计学基础／闫焕民主编．--北京：中国财政经济出版社，2019.12

ISBN 978－7－5095－9394－3

Ⅰ．①审…　Ⅱ．①闫…　Ⅲ．①审计学－高等学校－教材　Ⅳ．①F239.0

中国版本图书馆 CIP 数据核字（2019）第 252186 号

责任编辑：温彦君　　　　责任校对：张　凡

封面设计：智点创意

中国财政经济出版社 出版

URL：http：//www.cfeph.cn

E－mail：cfeph＠cfemg.cn

社址：北京市海淀区阜成路甲 28 号　邮政编码：100142

营销中心电话：010－88191537

北京财经印刷厂印装　各地新华书店经销

787×1092 毫米　16 开　14 印张　339 000 字

2019 年 12 月第 1 版　2019 年 12 月北京第 1 次印刷

定价：45.00 元

ISBN 978－7－5095－9394－3

（图书出现印装问题，本社负责调换）

本社质量投诉电话：010－88190744

打击盗版举报热线：010－88191661　QQ：2242791300

目　录

第一章

审计概论

本章重点

1. 审计假设
2. 审计目标和审计对象
3. 审计职业道德

第一节　审计的产生与发展

一、审计的产生

审计是社会经济发展到一定阶段的产物，是基于经济监督的客观需要而产生的。在社会经济没有发展的情况下，不存在剩余产品，是不需要审计的。而当社会经济发展到了一定程度，经济规模大、经济活动频繁使得财产所有者无法亲自管理所有财产，只好委托他人代为管理，使得所有权与经营权分离。财产所有者出于对财产安全的考虑，需要经常对代理人进行检查，审计由此而生。

我国审计起始于西周初期，当时的“宰夫”一职就相当于当代的审计人员，主要负责财政经济监察工作。西方国家的审计源头可以追溯至古希腊、古罗马时期，当时的官厅审计机构以“听证”（Audit）的形式对掌管国家财物和赋税的官吏进行审查和考核。

二、审计的发展

（一）我国古代审计的发展

我国古代审计在西周时期是作为附属形式的一种工作，当时的“宰夫”一职从属于小宰、大宰，并不是一个独立的审计机构。到了封建社会，我国审计在秦汉时期有了统一的审计模式，秦汉时期采取了中央集权制和地方郡县制的行政制度，设立了“三公”、“九卿”辅佐政务，御史大夫为“三公”之一，负责监察全国的民政、财政以及财务审计事项。而地方的财政收支标准则要呈报御史大夫审核，这就是“上计”制度，也是我国审计制度的初始模型。隋时期开创了新制，设置比部，负责国家财计监督，行使审计职权。唐时期改设三省六部，比部的审查范围扩大到全国财经各个领域。隋唐时期我国审计发展处于鼎盛状态。到了北宋时期，将“审计司”改称“审计院”。由此，我国“审计”正式成为一个专用名词，对后世中外审计建设具有深远的影响。明清时期我国审计虽然有所发展，但总体上处于停滞状态。

（二）现代审计的发展

虽然我国古代的审计制度比西方发达，但现代意义上的审计诞生于西方，是从 18 世纪初期至 19 世纪中叶产业革命后的英国开始的。西方经济的发展促进了经营管理和审计的发展，股份公司的出现进一步加快了所有权和经营权的分离。1853 年在苏格兰的爱丁堡成立了“爱丁堡会计师协会”，这是世界上第一个职业会计师的专业团体，标志着民间审计职业的诞生。

而我国在民国时期才开始全面建立近代审计制度和体系。1914 年北洋政府改为审计院，同年颁布了《审计法》。1918 年北洋政府农商部颁布了我国第一部民间审计法规《会计师暂行章程》，同年谢霖被获准成为我国的第一名注册会计师，他创办的正则会计师事务所是我国的第一家民间审计机构。中华人民共和国成立之后，国家没有设立独立的审计机构，对企业的财税监督和货币管理是通过不定期的会计检查来完成的。直到 1980 年，财政部颁发了《关于成立会计顾问处的暂行规定》，恢复并重建了注册会计师制度。1984 年，我国在部门单位内部成立了审计机构，实行内部审计监督。1985 年，注册会计师审计被载入《中华人民共和国会计法》，1986 年，《中华人民共和国注册会计师条例》开始实施。1993 年 10 月，《中华人民共和国注册会计师法》颁布并于 1994 年起实施。1995 年后，颁布实施了若干批中国注册会计师独立审计准则。从 2003 年开始，《内部审计基本准则》、《内部审计具体准则》和《内部审计实务指南》等陆续颁发实施，使我国内部审计迅速发展。2006 年在独立审计准则的基础上，重新颁布实施中国注册会计师执业准则。这样，我国形成了政府审计、注册会计师审计和内部审计三位一体的审计监督体系。2010 年，审计署在其网站公布了新修订的《中华人民共和国国家审计准则》，自 2011 年 1 月 1 日起施行。2012 年，中国内部审计协会对 2003 年以来发布的内部审计准则进行了全面、系统的修订，自 2014 年 1 月 1 日起施行。2016 年，我国财政部颁布了《中国注册会计师审计准则第 1504 号——在审计报告中沟通关键审计事项》等 12 项新注册会计师审计准则，于 2017 年 1 月 1 日起逐步实施。随着国家对审计准则的修订，将会提高我国审计的质量和标准，逐步与国际接轨。

三、现代审计与社会经济结构之间的关系

（一）两权分离理论

两权分离理论即公司所有权与控制权分离理论。在“企业”或“公司”未出现之前，两权分离主要是指财产所有者将财产交给他人代理产生的所有权和经营权分离的情况。随着社会经济的发展，财产以企业或公司的形式出现，而财产所有者拥有的资产不是自己管理运作，而是通过委托他人进行管理运作，两权分离就是指企业或公司的所有权与控制权分离。

财产所有者即委托人，财产控制者即代理人，代理人所管理的财产并非其所有，但却对这些财产负有经营责任。为了使委托人能充分了解其财产的所有情况，代理人需要通过会计报告来说明财产的经营情况。由此，对这类报告的监督管理活动就开始发展起来。

（二）委托代理理论

20 世纪 30 年代，美国经济学家伯利和米恩斯因为洞悉企业所有者兼具经营者的做法存在着极大的弊端，于是提出“委托代理理论”，倡导所有权和经营权分离，企业所有者保留剩余索取权，而将经营权利让渡。

由于生产力水平的提高和社会经济规模的扩大，所有者受条件所限不能行使所有的权力，同时出现了一批具有专业性、技术性的人才可以帮助所有者经营管理，所有者就会通过委托这些人才使得利益最大化，但代理人追求的是自身的收入、消费能力和空闲时间最大化，这就使得两者有一定的利益冲突。在信息对称的情况下，代理人的行为是可以被观察的，那么委托人就可以据此实施奖惩。此时，帕累托最优风险分担和帕累托最优努力水平都可以达到。但市场一般都是处于信息不对称情况下的。

（三）信息不对称理论

在市场经济活动中，各类人员对有关信息的了解是有差异的：掌握信息比较充分的人员比掌握信息贫乏的人员更有利。在委托代理的情况下，所有者往往无法直接观察到代理中的所有行为，只能通过相关变量进行观察。

因为委托人和代理人的利益冲突，信息不对称容易导致双方面临“道德风险”问题。比如代理人利用企业或公司资源为自己谋福利，或者工作时不努力、偷懒耍滑等等。但由此产生的代理成本是不可避免的。

第二节　审计的含义与分类

一、审计的含义

中国审计学会对审计的定义如下：“审计是独立检查会计账目，监督财政、财务收支真实、合法、效益的行为。”

美国会计学会（AAA）审计基础概念委员会对审计的定义如下：“审计是客观地获取和评价有关经济活动和事件运行的证据，以确定有关经济活动和事件运行的情况与已建立的标准之间的一致性程序，并将此结果报告给有关利益人的一个系统过程。”

美国注册会计师协会（AICPA）对审计的定义如下：“独立人员对财务报表加以检查，搜集必要证据。其目的是对这些报表是否按照公认会计原则公允地反映财务状况、经营成果和财务状况变化情况表示意见。”

综上，我们可以了解到审计是由独立的机构和人员，运用会计检查、财产清查等特定方法，对有关部门和单位的会计资料及其所反映的财政财务活动的真实性、合法性和效益性进行监察、鉴证和评价，以保护其财产安全，提高其经济效益的一种经济监督形式。

我们也可以通过审计主体、客体、方式、目的和特征这几方面来理解审计的定义：

（一）审计的主体

审计主体通常是独立的机构和人员，包括政府审计机构和人员、内部审计部门和人员、会计师事务所及其实施审计行为的人员。

（二）审计的客体

审计客体包括审计谁，审什么内容，即被审计单位，包括法定范围内的国家事业单位、企业单位及其他经济组织。

（三）审计的方式

审计通常以相关法律、法规为依据，对被审计单位特定时期内财政、财务收支及其他有关经济活动进行审计。其中，政府审计和内部审计要由上级管理部门或领导授权。

（四）审计的目的

通过对被审单位的审计，了解被审计单位的财政、财务收支及有关经济活动的公允性、真实性、合法性和效益性，从而维护经济秩序。

（五）审计的特征

保证审计工作顺利进行，审计主体通常是独立的机构和人员，具有独立性；审计以相关法律、法规为依据，具有权威性，而审计的权威性总是与独立性相关，它离不开审计组织的独立地位与审计人员的独立执业；审计人员在审计过程中实事求是、客观公正，具有公正性，而从某种意义上说，没有公正性，也就不存在权威性。

二、审计的分类

审计可以按不同的标志进行分类，具体表现为：

（一）审计按主体分类为国家审计、民间审计和内部审计

1. 国家审计

国家审计的特征主要是在审计主体、审计内容和被审计单位上，体现了国家所有权的特征。

《审计法》规定：我国国家审计对象的实体即被审计单位是指所有作为会计单位的中央和地方的各级财政部门、中央银行和国有金融机构、行政机关、国家的事业组织、国有企业、基本建设单位等。审计对象的主要内容包括上述部门的财政预算、信贷、财务收支（负债、资产、损益）和决算，以及与财政财务收支有关的经济活动及其经济效益。审计署还将把审计对象延伸到中央驻香港机构和中资企业国有资产管理的基本情况。

2. 民间审计

由于民间审计可以接受不同所有者委托的特征，不仅民间审计主体采取法人的形式，而且，其审计活动也是通过委托受托进行的，其被审单位依委托审计的主体的所有权性质不同而各异。

3. 内部审计

由于内部审计只是代表某一特定的所有者或集团。所以，内部审计机构或人员就直接设立于特定组织或部门、单位内部，其审计的对象也只限于特定财产经管者本部门和本单位内

部的会计资料及其所反映的经济活动。

（二）审计按内容分类为财务审计、法纪审计和效益审计

1. 财务审计

由于财务审计侧重于真实性、正确性审计，因而主要通过鉴证职能来完成。

2. 法纪审计

由于法纪审计侧重于合法性审计，因而主要通过监察职能来完成。

3. 效益审计

由于效益审计侧重于效益性审计，因而主要通过评价职能来完成。

（三）按审计范围分为全部审计、局部审计、专项审计

全部审计是指对被审计单位一定时期内的全部会计资料或全部经济活动所进行的审计。局部审计是指对被审计单位一定时期内的部分会计资料或部分经济活动所进行的审计。专项审计是指根据特定需要或目的进行的审计。

（四）按审计时间分为事前审计、事后审计、事中审计

事前审计是指对被审计单位在财政财务收支或经济活动发生之前进行的审计。事中审计是指对被审计单位在财政财务收支或经济活动发生的过程中进行的审计。事后审计是指对被审计单位在财政财务收支或经济活动结束后进行的审计。

（五）按审计执行地点分为报送审计、就地审计

报送审计是指审计机关通知被审计单位将有关资料在规定的时间送到指定审计地点，由审计机关依法进行的审计。就地审计是指审计机关或民间审计即社会审计组织派遣审计人员到达被审计单位依法进行的审计。

案例 1.1

王学民是一家公司的承包经营负责人，在承包经营两年期结束之后，他请当地一家会计师事务所对其经营期内财务报表进行审计。该事务所经过审计，出具了无保留意见审计报告，即认为该公司在承包经营期内财务报表已公允地反映了财务状况。不久，检察机关接到举报，有人反映王学民在经营期内，勾结财务经理与出纳，暗自收受回扣，侵吞国家财产。为此，检察机关传讯王学民。王学民到检察机关后，手持会计师事务所出具的审计报告，振振有词地说“会计师事务所已经出具了审计报告，证明我没有经济问题，如果不信，你们可以问注册会计师”。

资料来源：http：//www. docin. com/p－5265938. html? docfrom＝rrela。

启发思考：通过阅读此案例，请说明案例中的审计主体、客体和目标，并说说他们犯了什么错?

第三节 审计假设

一、审计假设的含义与原则

（一）审计假设的含义

假设是什么？著名学者胡适曾有一句名言："大胆假设，小心求证。"假设是人对所研究的事物的本质或规律的初步设想或推测，是对所研究的课题提出的可能的答案或尝试性理解。我们认为，假设是人们在日常工作中通过细致观察，在具有一定理论基础和调查资料的前提下从一个客观已知的理论认识中推导出来的。

同理，审计假设是人们根据现有的审计经验和已知的事实，建立在已有的相关理论知识基础上，对审计事物的基本特征和其运动规律的认识。简言之，审计假设是指关于审计实践和审计理论的抽象概括。首先，审计假设不是突发奇想，而是人们以已认识并掌握的审计知识或经验为依据，以一定的确实可靠的关于审计的事实材料为基础，对审计的基本特征和运动规律的初步认识。其次，由于现有审计经验或理论知识的不完善，在此基础上推断出来的审计假设是还未经过审计实践检验的结论，具有不准确性，会因为不断修正的经验和理论而推翻或完善。最后，审计假设是结合了审计的本质、审计各要素的内在联系、审计发展的规律性而得出的猜想和推论，这些猜想和推理，运用各种逻辑方法进行推理和证明后又能得到新的审计假设。审计假设是在不断变化、不断修正的。

（二）构建审计假设体系的基本原则

假说的形成和运用具有很大的创造性，显示了思维主体的自觉能动性，这里不存在机械性规则。但是，却有一些必须遵循的方法论原则：

1. 客观性原则

科学的审计假设不是猜想。它总是以一定的客观条件为依据对那些直接观察的规律和事实所做的假定。假设的建立离不开实践。即必须在大量观察、实验的基础上，掌握大量有重要意义的，反映事物本质的材料。按照假设构成的条件、假设的修正、假设的验证等逻辑原则，新的假设"不能与已有的科学理论相矛盾"；新的假设"应当能够很好地解释已有的事实，并能推出可在实践中检验的判断"；新的假设"决不意味着原有假设所获得的事实材料和检验结果完全作废"。

2. 可检验原则

可检验是审计假设具有科学性的一个基本条件。假设本身就是一种推测性解释，它必须接受事实和经验材料、科学理论的检验，在检验中或证实或证伪。不可检验或无法检验的假设永远是一个谜，无法成为科学理论，因而是不可取的。

3. 独立性原则

审计假设必须是相互独立的，或者说审计假设体系中的任何假设不应该是由其他假设推出的推论。独立性原则是审计假设的重要特征。审计假设的独立性原则表明审计假设体系中的每一项内容彼此应相互独立，"不为其他假设所笼罩"。也就是说，审计假设体系中的每项内容都应是独立的命题，它们不能重复交叉，其间也没有派生关系。

4. 排他性原则

从逻辑上讲，两个相互矛盾而又同时真实的命题在同一个体系中是不能并存的，这就是所谓的“排他性”。审计假设体系作为一个完整的整体，也具有“排他性”。审计假设的“排他性”原则表明在审计假设体系中，不能包含相互矛盾的命题，即由审计假设体系推导出来的命题中，若有相互矛盾的两个命题，那么至少有一个是不能被证明的。

5. 包容性原则

审计假设在审计理论结构体系中处于高层次，它决定着审计的基本原则。审计假设的包容性原则表明每一项审计假设或几项审计假设结合之后，其中应该隐含着更多更为丰富的命题。作为审计学科的出发点或基础，审计假设如果没有包容性，审计学科便不能在其上发展起来。一项审计假设如果仅能说明自己，而不隐含着更为丰富的命题，这项审计假设对审计学科就无所贡献，也就失去了存在的价值。

6. 简明性原则

审计假设要尽可能地在逻辑上简捷明了，尽可能地解释和符合更多的事实和客观对象，即审计假设要有很大的内存量。这样，假设的科学性就强。此外，审计假设应以能够支持审计理论框架为限，应力求简明扼要，便于理解。

二、审计假设的理论研究

关于审计假设的相关理论研究，从 20 世纪 60 年代初才开始有所重视，因此对其研究时间还不够长。在这方面作出杰出贡献的首推 Mautz 和 Sharaf，在他们合著的《Philosophy of Auditing》一书中提出的八条审计假设，开创了审计假设研究的先河，成为人们研究审计假设的基础。各国关于审计假设的代表性观点主要有以下几种：

（一）Mautz 和 Sharaf 的审计假设

Mautz 和 Sharaf 是研究审计假设的开创者，他们将审计假设归纳为八条具体内容：

1. 财务报表和财务资料是可以验证的；

2. 审计人员和被审单位管理当局之间没有必然的利害冲突；

3. 提交验证的财务报表和其他资料不存在串通舞弊和其他异常舞弊；

4. 完善的内部控制系统可以减少舞弊发生的可能性；

5. 公认会计原则的一致运用可以使财务状况、经营成果和财务状况变动得以公允表达；

6. 如果没有明确的相反证据，对被审单位来说，过去被认为是正确的，将来也被认为是正确的；

7. 当财务数据的审查目的是为发表一个独立意见时，审计人员只能唯一地充当审计师的角色；

8. 独立审计人员承担着与其职业地位相称的职业责任。

Mautz 和 Sharaf 的审计假设为后人在审计理论研究方面打下了坚实的基础，新的审计理论的发展都是建立在 Mautz 和 Sharaf 的理论结构上的。但他们的审计假设也不是完美的，随着社会环境的变化，他们也在经受严格的检验。

（二）Tom Lee 的审计假设

英国的审计理论研究者 Tom Lee 在其所著的《Company Auditing》一书中，将审计假设分为审计必要性假设、审计人员的行为假设和审计功能假设。它们的内容分别是：

1. 审计必要性假设

（1）未经审计的年度会计信息缺乏充分的可信性；

（2）对年度会计信息可信性的鉴证是最迫切的审计要求；

（3）年度会计信息可信性的鉴证只能由法定审计达到；

（4）年度会计信息的可信性是可被验证的；

（5）股东和其他财务报告使用者自己通常不能验证年度会计信息的可信性。

2. 审计人员的行为假设

（1）审计人员与管理部门之间没有必然的利益冲突；

（2）对审计人员不存在不合理的法律约束；

（3）审计人员是适当独立的；

（4）审计人员具有足够的技能和经验；

（5）审计人员被要求能对其意见的性质和工作质量负责。

3. 审计功能假设

（1）审计可以获取充分可靠的审计证据，并以适当形式在合理的时间和成本范围内进行审计；

（2）内部控制的存在可使会计信息避免重大的错误和舞弊；

（3）公认会计概念与基础的适当和一致运用，可使财务报表公允表达。

Tom Lee 的审计假设从审计产生的原因、对审计人员的要求和履行审计职能的基本条件三个方面进行分析。相对于 Mautz 和 Sharaf 的审计假设，Tom Lee 增加了审计需求产生的原因假设。Hamilton 认为这是必需的，但也有人怀疑这一步是否有意义，审计界对 Tom Lee 的审计假设是否具有积极意义存在分歧。

（三）C. W. 尚德尔的审计假设

美国的审计学者 C. W. 尚德尔在其 1975 年出版的《审计理论》一书中，提出了五条审计假设：

1. 目的基本假设

要收集、考虑和创造的证据的范围和性质，用来评价证据的标准，所得出的结论，都取决于审计的目的。我们还不能证明每一次审计都有其目的，它是审计的一项基本假设。

2. 判断基本假设

确定审计活动的目的要求有一个中间的或最终的决定，它使判断或意见成为必要。它包含将判断者头脑中产生的某种模式的概要观点与某个标准或标准体系相比较，然后判断得出结论。

3. 证据基本假设

过去、现在或预计的证据是进行一项审计所必需的。没有证据就不能形成审计意见，从而也就没有审计。

4. 标准基本假设

存在一种抽象的但能够使审计人员作出陈述、意见或判断的标准系统。标准是形成审计意见，进行审计的必要条件。

5. 传输基本假设

该假设宣称，可通过记忆或外界的存在将数据传输给其他人，且这些数据是有意义的。这些数据的存在、有效性以及对它们的解释是审计过程的主题。没有它们就不可能有理解、评价或判断。

尚德尔教授的审计假设是对 Mautz 和 Sharaf 的审计假设的延伸和拓展，他从审计的基本原理出发，对评价过程、判断、调查和证据一一进行研究，极大地丰富了审计假设理论。

（四）David Flint 的审计假设

英国著名审计教授 David Flint 在 1988 年出版的《Philosophy and Principles of Auditing》一书中，对审计假设作了新的探讨，提出了七条审计假设：

1. 受托经济责任关系或公共责任关系是审计存在的首要前提；

2. 经济责任的内涵微妙、复杂、重要，以致如果没有审计，该种责任的解除就无法证实；

3. 审计必须具备的特征是其地位的独立性和摆脱调查与报告方面的约束；

4. 审计的对象、内容都可以通过证据予以证实；

5. 可以对行为、业绩、成果和信息质量等确认责任标准并进行计量，然后对照标准做出判断；

6. 被审财务或其他报表资料的含义和目的是充分的、清晰的，审计可以对其可信性作出充分表达；

7. 审计可以产生经济或社会效益。

David Flint 从社会的观点对审计假设进行研究，为建立广义的审计理论结构打开了人们的视野，但是否有效仍需等待实践的检验。

以上列示了几大具有代表性的关于审计假设的研究结果。通过对这些假设的学习，我们可以发现 Mautz 和 Sharaf、Tom Lee、尚德尔以及 David Flint 的审计假设都包含了审计产生的需求、实现审计目标和实施审计程序三个方面。审计目标的确认和实现都是建立在有逻辑依据的审计假设之上的，没有这些假设就无法推定审计准则的合理和正确性。

三、我国审计假设体系的构建

我国审计学者从 20 世纪 80 年代才开始研究审计假设，起步较晚，大都受到国外学者的启发，对审计假设的研究一般分为三种情况：一是根据 Mautz 和 Sharaf 的审计假设对审计基本假设进行归纳划分；二是根据 Tom Lee 的审计假设理论细分审计假设类别，将其分为必要性假设、审计人员的行为假设和审计功能假设三类；三是综合国外学者的研究，结合我国审计人员的观察和经验，将审计假设划分为基本假设和特种假设两类。

其中，审计基本假设是指适合于各种审计项目与审计全过程的假设，主要反映审计必要性、可能性与目的性方面的假设；审计特种假设主要是指适合于特定对象和特种场合的有关假设，如对审计主体假设、审计方法假设和审计证据假设等。

（一）审计基本假设

1. 审计必要性假设

审计必要性假设着重解释审计能发挥什么样的作用，为什么需要审计。

2. 审计对象可证实性假设

审计对象可证实性假设指审计对象是真实存在，可以验证其真实、完整、有效和责任大小程度。如果不能满足这一点，那就没有审计的必要。

3. 错误与弊端存在性假设

错误与弊端存在性假设指在审计过程中重大舞弊、差错及非法行为是可揭露的，并能针对相关问题进行假设。

4. 行为衡量标准假设

行为衡量标准假设指对会计人员的行为进行衡量的依据和标准。

5. 无反证判定假设

无反正判定假设指在审计人员在对准备判定的问题提不出反对证据的情况下，可以以“提不出反对证据”为由进行判定；如果找不到正面证据，但有许多反面证据，则可以根据反面证据进行判定。

（二）审计特种假设

1. 审计主体假设

审计主体假设主要包括对审计人员的独立性和胜任力方面的假设。

2. 审计方法假设

审计方法假设指对审计人员使用的审计方法和其效果的假设。

3. 审计证据假设

审计证据假设指对审计证据的收集和判断方面的假设。

4. 其他方面假设

其他方面假设指在审计过程中对遇到的具体问题作出特别处理的假设。

综上，审计基本假设是对审计目的、客体、责任范围和意义的设定；审计特种假设是对审计主体条件、主要方法和作用的设定。这两大类保证了审计工作的正常开展，也具有一定的务实性，构成了一个比较完整的审计假设体系。但对其的完善与修正，仍然需要逻辑和实践的检验。

案例 1.2

世界通信公司成立于 1983 年，在不到 20 年的时间内，成为美国的第二大长途电信运营商（仅次于 1877 年成立的美国电报电话公司（AT&T），如果不是司法部在 2001 年否决了世界通信与斯普瑞特（Srint）公司的合并方案，它很可能成为美国电信业的龙头老大）。世界通信的成功应归功于其创始人本纳德·埃伯斯（Bernard J. Ebbers）在收购兼并方面的禀赋以及首席财务官司考特 D. 苏利文（Scott D. Sullivan）。从 1983 年成立至 2001 年，世界通信共完成了 65 项重大收购兼并。

2002年7月21日申请破产保护前，世界通信是一个业务范围覆盖65个国家，拥有85000名员工、1000多亿美元资产、350多亿美元营业收入，为2000多万个个人客户和数万家公司客户提供语音话务、数据传输和因特网服务的超大型跨国公司。

首先发现世界通信财务舞弊的是内部审计部的副总经理辛西亚·库伯（Cynthia Cooper），2002年末被评为《时代》杂志一年一度的新闻人物。

2002年2月8日，世通降低了2002年度的收入和盈余预测，并计划在第二季度计提150亿至200亿美元的无形资产减值准备；

3月12日，SEC正式对世界通信的会计处理立案稽查；

4月3日，世界通信宣布裁员10%（8500名）；

4月30日，世界通信的创始人本纳德·埃伯斯因卷入4.08亿美元贷款丑闻而辞去首席执行官职务；

5月9日，穆迪斯和菲奇等信用评级机构将世界通信债券的信用等级降至“垃圾债券”级别；

6月5日，再次裁员20%（17000名）；

6月20日，因资金周转紧张，推迟了优先股的股息支付；

6月24日，世界通信的股价跌破一美元（1999年6月最高股价曾达到64.50美元）。

6月25日傍晚，上任不到两个月的首席执行官约翰·西择摩尔宣布：内部审计发现，2001年度以及2002年第一季度，世界通信公司通过将支付给其他电信公司的线路和网络费用确认为资本性支出，在五个季度内低估期间费用、虚增利润38.52亿美元。世界通信的股票交易被纳斯达克紧急停牌三天，复排的第一个交易日，股价跌至0.06美元（前一日的股价跌至83美分）。许多美国主流媒体将世界通信的英文缩写“World Com”改为“World Con”（世界骗局），正在加拿大进行国事访问的布什总统公开表示震怒。

6月26日，SEC以超乎寻常的速度向联邦法院递交了诉状，对世界通信提出证券欺诈指控，与此同时，美国司法部和国会宣布对世界通信的财务丑闻展开调查；

7月21日，世界通信向美国破产法院纽约南区法庭申请破产保护，申报的资产总额高达1070亿美元，成为美国历史上最大的破产案（据专家估计，资产的公允价值约为150亿美元，而世界通信的负债总额接近450亿美元，资不抵债约300亿美元）；

7月31日，纳斯达克将世界通信的股票摘牌；

8月1日，对财务丑闻负有不可推卸责任的世界通信前执行副总裁兼前首席财务官司考特D·苏利文以及前副总裁兼主计长大卫·迈耶斯被联邦调查局逮捕；

8月8日，世界通信宣布1999年和2000年度的税前利润被高估了34.66亿美元；

11月5日，再次披露又发现了20亿美元的虚假利润，至此，世界通信承认的虚假会计利润已经超过93亿美元。随着调查的进一步深入，预计会突破100亿美元，创下了空前的财务舞弊世界纪录。

世界通信曾经以1150亿美元股票市值一度成为美国第25大公司。1999年6月24日，其股票市值超过1150亿美元，丑闻公布后恢复交易的2002年7月1日，股票市值猛跌至3亿美元以下，债权银行和机构投资者损失惨重：JP摩根信托公司172.0亿美元，梅隆银行66.0亿美元，花旗银行32.9亿美元，JP摩根大通银行30.0亿美元等；加州公务人员退休基金3.9亿美元，培基证券公司3.9亿美元，大都会人寿保险公司3.0亿美元等（上述数字为2002年7月12日所持有世界通信公司债券和股票的账面价值）。

资料来源：https：//www.douban.com/note/306635217/。

启发思考：通过对此案例的阅读，思考信息不对称对审计假设的影响，如何改进？以及如何验证信息的正确性，以保证审计假设的正确？

第四节　审计目标与对象

一、审计目标的含义与影响因素

审计目标是在一定历史环境下，审计主体通过审计实践活动所期望达到的境地或最终结果，体现了审计的基本职能，是构成审计理论结构的基石，是整个审计系统运行的定向机制，是审计工作的出发点和落脚点。

（一）影响审计目标确立与变更的因素

影响审计目标确立与变更的因素主要包括以下三个方面：

1. 社会需求是影响审计目标的根本因素

社会需求是社会生产和服务的出发点。审计作为一种服务职业，其审计目标自然受社会需求的影响。这可以从注册会计师审计产生、发展的历史演变得以验证。

审计萌芽时期。这一时期所有者最关心的是财产经营管理者的诚实和可靠性。企业的经济业务简单、控制手段原始、生产技术落后，审计人员可以利用听账、对账和详查的方法来完成查找舞弊的审计目标。

19世纪末20世纪初。随着企业生产的发展和规模的日益扩大，详细审计方法已经跟不上经济形势的要求，加之公司资金主要依赖银行贷款，债权人需要审计人员证明资产负债表所反映的企业偿债能力。于是，审计方法变为详查和抽查相结合，审计目标变为确定资产负债表的公允性。

20世纪三四十年代。随着资本市场的迅速发展，投资者也开始关心企业的经营成果，需要了解全部财务报表反映的财务状况、经营成果，审计发展到以验证财务报表的公允性为目标的抽样审计阶段。

20世纪中叶以后。此时，资本主义从自由竞争阶段发展到垄断阶段，企业内部的管理活动日益加强，现代管理会计与传统财务会计相分离，审计的内容扩展到内部控制、经营决策、职能分工、企业素质、工作效率和经营收益等方面，于是经营审计就从财务审计中分离出来，审计目标转为采用特定方法评价企业工作的经济性、效率性和效果性。

2. 审计能力是影响审计目标确立的决定性制约因素

社会环境对审计需求的不断扩大和对审计作用的过高期望，常常使人们卷入责任诉讼纠纷。当审计的能力不能达到社会的全部期望时，或者说，当社会与审计职业界对审计的内容和要求认识不一致时，就出现了“期望差”，这是双方在目标上所存在的差距。实际上，审计自产生以来，审计人员始终为满足社会的需求而努力，但始终无法完全满足社会的需求，始终处于被动状态。所以，审计能力满足社会需求是相对的，而不是绝对的。

影响审计能力的因素是多方面的，有审计技术方面的、审计人员素质方面的、审计的时间限制以及审计委托人所能承担的费用等原因，其中既有主观原因，也有客观原因。

审计能力的有限性限制了审计满足社会要求的程度，它在审计目标的确立中起着平衡作用，只有当审计具备了满足社会需求的能力时，这种社会需求才能成为审计目标。

3. 社会环境对审计目标产生重大影响

（1）国家法律对审计目标确立的影响。国家法律对民间审计的影响可以英国的《公司法》和美国的《证券交易法》为主要代表。这些法律的颁布，产生了法定审计，从法律高度确立了社会审计的社会地位，也明确了审计的目标。例如，1900 年以前的英国《公司法》，根据当时的社会需求，规定公司审计的主要目标是揭露欺诈、舞弊和差错。到了 1948 年，根据社会经济环境的变化，在新修订的公司法中认为，审计目标第一是对每年向股东公布的会计信息的质量提出意见；第二是证实会计数据的可靠性。而揭露欺诈、舞弊和差错已成为次要的目标。在美国，《证券法》和《证券交易法》以及其他法律，如《反外国贿赂法》等对审计目标也有类似的影响。所以，法律根据社会需求对目标的规定具有强制性，成为审计人员的法定职责（如公允性、差错揭弊），审计人员必须遵守。这在审计准则中也有体现。

（2）法庭判决对审计目标确立的影响。在英、美等国，法庭对诉讼案例的判决结果及判决原则被看成是一种习惯法，审计责任和范围通过法庭的判决而得到明确。这表明审计目标最主要是检查报表反映情况的真实性，即是否有欺诈和舞弊行为。因为法律规定较抽象，许多细节要通过法庭判决加以明确，同时判决也考虑了社会需求与审计能力，因而导致判决随社会经济环境的变化而变化，审计目标也发生相应变化。

（3）会计职业团体对审计目标确立的影响。会计职业团体对审计目标的影响可以说是最重要的。如美国注册会计师协会在 20 世纪七八十年代制定的《审计准则说明书》（SAS）就是很好的例证。1977 年发布的第 16 号和第 17 号《审计准则说明书》，将揭露差错、舞弊及客户的非法行为，根据社会的需求列作审计目标。1988 年，根据环境的新变化，又公布了第 53 号至 61 号《审计准则说明书》，分别对审计人员揭露差错、舞弊和非法行为的目标又作了新的修正。

综上所述，审计目标是不同时期社会需求与审计能力的协调统一。当社会公众与审计人员的审计目标不一致时就会产生期望差。在缩小期望差、明确审计目标的过程中，国家法律、法庭判决和会计职业团体分别发挥了重要作用。

（二）审计目标的演变

审计目标与审计环境就像力的作用一样，作用与反作用。审计环境影响着审计目标的确定，审计目标的演变大致可以分为三个阶段：

1. 以查错舞弊为首要目标

20 世纪 30 年代之前，企业主要通过审计来了解管理层履行其职责的情况。因此“发现舞弊”被公认为是注册会计师审计的首要目标。以查错揭弊为审计的首要目标可以避免由于公众对公允性的理解差异造成的审计目标模糊和不可操作性，同时也符合我国企业内部控制制度落后的现状。

2. 以验证财务报表的真实公允性为主要目标

20 世纪 30 年代到 60 年代，随着社会经济环境的变化，审计职业界认为审计师不承担专门检查舞弊的责任，而将其作为顺带责任。这主要由于 20 世纪 20 年代起，受两次世界大战的影响以及资本主义经济危机的不断恶化，凯恩斯政策在工业化国家的普遍实施，导致了社会经济环境的巨大变化。但进入 60 年代后，管理人员、白领阶层欺诈舞弊案不断增加，原先由管理当局的内部控制防止雇员舞弊这一做法，显然无法适用于雇员串通舞弊导致内控失效以及部门管理人员制定内控制度者直接进行舞弊的情形。随着管理人员舞弊规模及数量不断升级，社会公众要求审计师承担起审查舞弊职责，而审计师由于内部控制固有的局限性、审计技术方法的有限性，又推卸舞弊审计责任，从而引发了审计职业界的信用危机，甚至生存危机。在这一形势下，审计职业界不再支持“对舞弊不承担责任”的观点。

3. 查错舞弊和验证财务报表的真实公允性双重目的并重

20 世纪 60 年代以后，舞弊审计责任重新成为民间审计职业界的主要责任之一，并与验证财务报表的公允性之鉴证责任一起组成民间审计责任的内容。这是因为，随着企业股权的进一步分散化，经营的多元化，环境的复杂化以及竞争的激烈化，财务信息公允反映企业财务状况、经营成果的难度大大增加；更为严重的是，管理当局参与舞弊以掩盖经营失败变得越来越容易，越来越普遍，给社会造成的危害越来越大，社会对审计人员承担舞弊审计责任的呼声越来越强烈，最终形成了愈演愈烈的“舞弊浪潮”，“诉讼爆炸”局面。面对社会的强烈需求，各方面的巨大压力，更由于职业“适者生存”的法则，使得审计职业界不得不对舞弊审计责任重新考虑，逐渐实现了从极力推脱到被动接受，直至积极主动寻找解决方法的转变。

（三）注册会计师总体目标

在执行财务报表审计时，注册会计师的总体目标是：（1）对财务报表整体是否不存在由于舞弊或错误导致的重大错报获取合理保证，使得注册会计师能够对财务报表是否在所有重大方面按照适用的财务报告编制基础编制发表审计意见；（2）按照审计准则的规定，根据审计结果对财务报表出具审计报告，并与管理层和治理层沟通。财务报表审计的总体目标对注册会计师的审计工作发挥着导向作用，它界定了注册会计师的责任范围，直接影响注册会计师计划和实施审计程序的性质、时间安排和范围，决定了注册会计师如何发表审计意见。

注册会计师的总体目标是审计工作的起点。为了计划审计工作，收集充分适当的审计证据，注册会计师有必要将总体目标具体化，总体目标的具体化是一个系统的过程，从逻辑上讲，它至少包括以下步骤：（1）明确注册会计师在报表审计中的总体目标；（2）明确被审计单位管理层及治理层和注册会计师对财务报表的责任；（3）将财务报表所涉及的交易与账户划分为若干交易循环；（4）明确管理层关于交易类别、账户余额和列报认定；（5）确定交易类别、账户余额及列报的具体审计目标；（6）确定交易类别、账户余额及列报的审计程序。

二、管理层认定

（一）管理层认定的含义

管理层认定是指管理层在财务报表中做出的明确或隐含的表达，注册会计师将其用于考虑可能发生的不同类型的潜在错报。注册会计师接受委托对财务报表进行审计，首先必须取得被审计单位的财务报表，这就意味着管理层对财务报表做出了认定。这些认定反映了被审计单位管理层在处理各项经济交易与事项时，遵循会计准则及相关会计法规的范围、程度及其结果。管理层对财务报表中所有的资产、负债、所有者权益、收入与费用等都做出了认定。这些认定有些是明确的，有些是隐含的。例如，管理层在资产负债表中列报应收账款及其金额，意味着做出了下列明确的认定：一是记录的应收账款是存在的；二是应收账款以恰当的金额包括在财务报表中，与之相关的计价或分摊调整已恰当记录。同时，管理层也做出了下列隐含的认定：一是所有应当记录的应收账款均已记录；二是记录的应收账款都由被审计单位拥有；三是应收账款的使用不受限制。

（二）管理层认定的三个层次

一是与各类交易和事项相关的认定，包括：（1）发生：记录的交易和事项已发生，且与被审计单位有关；（2）完整性：所有应当记录的交易和事项均已记录；（3）准确性：与交易和事项有关的金额及其他数据已恰当记录；（4）截止：交易和事项已记录于正确的会计期间；（5）分类：交易和事项已记录于恰当的账户。

二是与期末账户余额相关的认定，包括：（1）存在：记录的资产、负债和所有者权益是存在的；（2）权利和义务：记录的资产由被审计单位拥有或控制，记录的负债是被审计单位应当履行的偿还义务；（3）完整性：所有应当记录的资产、负债和所有者权益均已记录；（4）计价和分摊：资产、负债和所有者权益以恰当的金额包括在财务报表中，与之相关的计价或分摊调整已恰当记录。

三是与列报相关的认定，包括：（1）发生以及权利和义务：披露的交易、事项和其他情况已发生，且与被审计单位有关；（2）完整性：所有应当包括在财务报表中的披露均已包括；（3）分类和可理解性：财务信息已被恰当地列报和描述，且披露内容表述清楚；（4）准确性和计价：财务信息和其他信息已公允披露，且金额恰当。

三、具体审计目标

具体审计目标是审计目标、注册会计师总体目标的具体化，并受到总体目标的制约。为了实现注册会计师的总体目标，在计划和实施审计工作时，注册会计师需要明确各具体审计项目的审计目标。

具体审计目标包括一般审计目标和项目审计目标。通常情况下，只有了解一般审计目标，才能确定项目审计目标。具体审计目标必须根据被审计单位管理层的认定和注册会计师的总体目标来确定。

（一）一般审计目标

一般审计目标是指适用于企业财务报表所有项目审计的目标。审计师根据管理层的认定推论得出一般审计目标，为收集审计证据和发表审计意见提供具体指导。通常，审计师制定相应的审计目标包括以下几方面：

1. 总体合理性。即注册会计师须先根据他所掌握的有关被审计单位的全部信息，评价某账户余额的合理性。总体合理性测试的目的，在于帮助注册会计师评价账户余额中是否有重要错报。

2. 真实性。即不夸张。由“存在与发生”的认定推论得出。

3. 完整性。即不遗漏。由“完整性”的认定推论得出。

4. 所有权。即所列金额确为被审计单位所拥有。由“权利和义务”的认定推论得出。

5. 估价。即所列金额均经过正确估价和计量。由“估价或分摊”的认定推论得出。

6. 截止。即接近资产负债表日的交易已记入恰当的期间。截止测试的目标是确定交易是否记入恰当的期间；由“估价或分摊”认定推论得出。

7. 机械准确性。该目标所关心的是有关账表资料、数字、计算、加总及勾稽关系的正确性；由“估价或分摊”认定推论得出。

8. 披露。即恰当地反映了账户余额和相应的披露要求。由“表达与披露”的认定推论得出。

9. 分类。即所列金额分类恰当，其目标在于确定每个项目和每个账户记录是否在财务报表中恰当列示。由“表达与披露”的认定推论得出。

（二）项目审计目标

项目审计目标是指对财务报表具体项目审计时所要达到的目标。通常，特定财务报表项目的具体审计目标是依据管理层的认定和审计一般目标，针对被审计单位具体情况而确定的。

1. 与各类交易和事项相关的审计目标

（1）发生：由发生认定推导的审计目标是已记录的交易是真实的。例如，如果没有发生销售交易，但在销售日记账中记录了一笔销售，则违反了该目标。

发生认定所要解决的问题是管理层是否把那些不曾发生的项目记入财务报表，它主要与财务报表组成要素的高估有关。

（2）完整性：由完整性认定推导的审计目标是已发生的交易确实已经记录。例如，如果发生了销售交易，但没有在销售日记账和总账中记录，则违反了该目标。

发生和完整性两者强调的是相反的关注点。发生目标针对潜在的高估，而完整性目标则针对漏记交易（低估）。

（3）准确性：由准确性认定推导出的审计目标是已记录的交易是按正确金额反映的。例如，如果在销售交易中，发出商品的数量与账单上的数量不符，或是开账单时使用了错误的销售价格，或是账单中的乘积或加总有误，或是在销售日记账中记录了错误的金额，则违反了该目标。

准确性与发生、完整性之间存在区别。例如，若已记录的销售交易是不应当记录的（如发出的商品是寄销商品），则即使发票金额是准确计算的，仍违反了发生目标。再如，若已入账的销售交易是对正确发出商品的记录，但金额计算错误，则违反了准确性目标，但没有违反发生目标。在完整性与准确性之间也存在同样的关系。

（4）截止：由截止认定推导出的审计目标是接近于资产负债表日的交易记录于恰当的期间。例如，如果本期交易推到下期，或下期交易提到本期，均违反了截止目标。

（5）分类：由分类认定推导出的审计目标是被审计单位记录的交易经过适当分类。例如，如果将现销记录为赊销，将出售经营性固定资产所得的收入记录为营业收入，则导致交易分类的错误，违反了分类的目标。

2. 与期末账户余额相关的审计目标

（1）存在：由存在认定推导的审计目标是记录的金额确实存在。例如，如果不存在某顾客的应收账款，在应收账款试算平衡表中却列入了对该顾客的应收账款，则违反了存在性目标。

（2）权利和义务：由权利和义务认定推导的审计目标是资产归属于被审计单位，负债属于被审计单位的义务。例如，将他人寄售商品记入被审计单位的存货中，违反了权利的目标；将不属于被审计单位的债务记入账内，违反了义务目标。

（3）完整性：由完整性认定推导的审计目标是已存在的金额均已记录。例如，如果存在某顾客的应收账款，在应收账款试算平衡表中却没有列入对该顾客的应收账款，则违反了完整性目标。

（4）计价和分摊：资产、负债和所有者权益以恰当的金额包括在财务报表中，与之相关的计价或分摊调整已恰当记录。

3. 与列报相关的审计目标

各类交易和账户余额的认定正确只是为列报正确打下了必要的基础，财务报表还可能因被审计单位误解有关列报的规定或舞弊等而产生错报。另外，还可能因被审计单位没有遵守一些专门的披露要求而导致财务报表错报。因此，即使注册会计师审计了各类交易和账户余额的认定，实现了各类交易和账户余额的具体审计目标，也不意味着获取了足以对财务报表发表审计意见的充分、适当的审计证据。因此，注册会计师还应当对各类交易、账户余额及相关事项在财务报表中列报的正确性实施审计。

（1）发生及权利和义务：将没有发生的交易、事项，或与被审计单位无关的交易和事项包括在财务报表中，则违反该目标。例如，复核董事会会议记录中是否记载了固定资产抵押等事项，询问管理层固定资产是否被抵押，即是对列报的权利认定的运用。如果抵押固定资产需要在财务报表中列报，说明其权利受到限制。

（2）完整性：如果应当披露的事项没有包括在财务报表中，则违反该目标。例如，检查关联方和关联交易，以验证其在财务报表中是否得到充分披露，即是对列报的完整性认定的运用。

（3）分类和可理解性：财务信息已被恰当地列报和描述，且披露内容表述清楚。例如，检查存货的主要类别是否已披露，是否将一年内到期的长期负债列为流动负债，即是对列报的分类和可理解性认定的运用。

（4）准确性和计价：财务信息和其他信息已公允披露，且金额恰当。例如，检查财务报表附注是否分别对原材料、在产品和产成品等存货成本核算方法作了恰当说明，即是对列报的准确性和计价认定的运用。

四、注册会计师总体目标、具体审计目标与管理层认定的关系

具体审计目标必须根据被审计单位管理层的认定和注册会计师的总体目标来确定。为了实现注册会计师的总体目标，注册会计师首先要明确审计工作的起点。这一起点通常是被审计单位财务报表。财务报表是由被审计单位管理层编制完成的，由管理层对财务报表上所有数字、披露等全部声明构成，即由管理层关于各类交易、账户余额和列报的认定所构成。注册会计师通过获取适当、充分的审计证据支持管理层认定，从而形成审计意见，实现总体目标。

通常情况下，注册会计师应以财务报表审计的总体目标为指导，以管理层的认定为基础，明确适合于各类交易、账户余额和列报的一般审计目标，然后根据被审计单位的具体情况确定各类交易、账户余额和列报具体审计目标。管理层认定、审计目标和审计程序之间的关系参见表1－1。

表1－1　管理层认定、审计目标和审计程序之间的关系举例

管理层认定	审计目标	审计程序
存在	资产负债表列示存货存在	实施存货监盘程序
完整	销售收入包括所有已发货的交易	检查发货单和销售发票编号以及销售收入明细账
准确	应收账款反映的销售业务是否基于正确的价格和数量，计算是否准确	比较价格清单与发票的价格，请购单与收货单数量，重新计算发票金额
截止	销售记录在恰当的期间	比较上一年度最后几天与下一年度最初几天的发货单日期和记账日期
权利和义务	资产负债表中的固定资产确实为公司拥有	查阅所有权证书、购货合同、结算单和保险单
计价和分摊	以净值记录应收账款	检查应收账款账龄分析表，评估计提的坏账准备是否充足

五、审计对象

审计对象是指审计所要考察的客体，即被审单位的财务收支及其有关的经营管理活动和作为提供这些经济活动信息载体的会计报表及其他有关资料。正确认识审计的对象，有利于对审计概念的正确理解，审计方法的正确运用和审计监督职能的进一步发挥。

审计对象可以概括为被审计单位的经济活动，具体包括两个方面的内容：

1. 被审计单位的财政财务收支及其有关的经济活动

审计主体不同，审计对象的内容也不尽相同。不论是国家审计、民间审计还是内部审计，都要求以被审计单位的财政财务收支及有关经济活动为审计对象，对其真实性、合法性、效益性进行审查和评价。被审计单位的财政财务收支活动是社会主义生产关系的具体体现。主要包括：财政预算和决算；信贷计划及其执行情况；财务收支计划及其执行情况；国有资产管理的情况；与财政财务收支有关的各项经济活动及其经济效益；严重侵占国有资产和严重损失浪费等损害国家利益的行为等。被审计单位有关经济活动是与该单位生产经营管理和财产物资有关的活动。

2. 被审计单位提供的各种财政财务收支状况及其有关经济活动信息的载体

由于财政财务收支状况及有关经济活动总要以一定的载体来反映，一般是通过会计、统计和业务核算记录及预算计划、方案、合同、会计记录、分析等的文本，或者电子计算机的磁带、磁盘等来体现，所以各单位的会计资料及其他有关经济资料就成为审计的主要具体对象。

当然，会计资料和其他有关经济资料是审计对象的现象，其反映的被审计单位的财政财务收支及有关经济活动是审计对象的本质。

第五节　审计职业道德

一、审计职业道德概述

英文中表示“道德”意思的单词是“morality”，它来源于拉丁语的“moralis”，指风尚、习俗以及规律、规则、品格等。在我国，古时的“道”与“德”最早分开使用且各具其意。“道”指道路，引申指万事万物运动变化的普遍规律和人们行为的规则。人们认识这种“道”且有所修养，“内得于己、外施于人”，即谓“德”（与“得”相通）。

道德的形成源于人类社会的发展过程。人们生活在社会中，进行着各种活动，形成了复杂的社会关系。为了保障正常的生产和生活秩序，人们之间的关系必须经常进行自觉的必要调整，对个人行为加以适当的约束。在阶级社会，除了依靠政治法律等手段外，表现为根据一定的阶级利益引申出来的调整人们相互关系的行为原则和规范，此即为约束个人行为的道德。它以是与非、好与坏、善与恶、荣誉与耻辱、正义与非正义、公正与偏私、诚实与虚伪、责任与义务等道德概念来评价人们的各种行为，调整个人与个人，个人与集体、社会之间的关系。一个人的行为，只有符合当时一定社会集团公认的品行标准，才被认为是道德的行为，否则，就是不道德的行为。

所谓职业，是指由于社会分工而形成，具有特定专业和专门职责，并以所得收入作为主要生活来源的工作。职业是在人类社会出现分工之后而产生的一种社会历史现象，是伴随着劳动分工的深化而产生和发展起来的人们所从事的具有专门业务的特定职责，也是人们作为正式生活来源的社会活动。个人通过职业来进行自己的社会生产实践和社会化过程，职业成为个人与组织、与社会的联系纽带。同时职业集中体现着社会关系的三大要素——责、权、利。

首先，从社会整体角度看，无论是生产劳动、生产管理还是生产服务，无论是政府官员还是清洁工，都承担着社会不可缺少的职能。这种职能包含着完成职业目标、岗位任务的责任，遵守职业规则程序、承担职权范围内社会后果的责任，实现和保持本岗位职业与其他岗位职业有序合作的责任等等。这些责任是职业产生和存在的基础，是社会职能的具体化，其中包含着一定的社会道德职能和责任。其次，每种职业都意味着拥有一定的社会权力，即职权。职权来自于社会，是社会整体和公共权力的一部分，包括对社会资源的使用、操作、管理、支配权力，通过职业劳动取得报偿的权利等。最后，每种职业都体现着一定的利益关系。在普遍职业化分工的时代里，职业劳动是为社会创造经济、政治、文化利益的主要渠道，也是个人生活资料的主要来源。因此，职业是社会整体或国家利益、事业服务对象的公众利益、行业利益和个人利益的交汇点、结合部，它也构成道德调节的主要内容。

恩格斯指出："实际上，每一个阶级甚至每一个行业，都各有各的道德。"这充分说明了道德在实践形态上的多种多样性，官有"官德"，教有"师德"，医有"医德"，彼此的要求是截然不同的。作为以职业角色和职业行为为载体的高度社会化的行为规范，职业道德是为实现一定的职业价值服务的。归根到底，职业道德是以"责、权、利"的统一为基础，以协调个人、集体与社会的关系为核心的职业行为准则和规范系统。没有相应的道德规范，职业就不可能真正担负起它的社会职能。因此，职业道德既是职业系统自身的，也是社会的一种必要的生存与发展条件。

由此，我们可以将职业道德表述为，是与人们的职业活动紧密联系而符合职业特点所要求的道德准则、道德情操与道德品德的总和，它不仅是从业人员在职业活动中的行为标准和要求，而且是本职业对社会所承担的道德责任和义务，是社会道德在职业生活中的具体化表现。

为了规范注册会计师职业道德，提高职业道德水准，维护职业形象，中国注册会计师协会制定了《中国注册会计师职业道德守则》和《中国注册会计师协会非职业会员道德守则》。中国注册会计师协会会员包括注册会计师和非职业会员。非职业会员是指加入中国注册会计师协会但未获得注册会计师证书的人员，通常在工业、商业、服务业、公共部门、教育部门、非营利组织、监督机构或非职业团体从事专业工作。《中国注册会计师协会会员职业道德守则》规定了职业道德基本原则和职业道德概念框架，会员应当遵守职业道德基本原则，并能够运用职业道德概念框架解决职业道德问题。

二、审计职业道德基本原则

注册会计师为实现职业目标，必须遵守一系列前提或一般原则。这些原则包括下列职业道德基本原则：诚信、独立性、客观和公正、专业胜任能力和应有的关注、保密、良好职业行为。

（一）诚信

诚信原则要求注册会计师在所有的职业关系和商业关系中，保持正直和诚实，秉公处事、实事求是。诚信原则要求注册会计师不得与有问题的信息发生牵连，如果发生牵连，则应当消除牵连。

1. 如果注册会计师认为审计客户的业务报告、申报资料或者其他信息存在以下情况，则不得与这些有问题的信息发生牵连：

（1）含有严重虚假或误导性的陈述；

（2）含有缺乏充分依据的陈述或信息；

（3）存在遗漏或含糊其辞的信息。

2. 如果注意到已有问题的信息发生牵连，则应当采取措施消除牵连。

3. 如果对鉴证业务中有问题的信息出具了恰当的非标准业务报告，则不被视为违反诚信原则。

（二）独立性

独立性是注册会计师执行鉴证业务的灵魂，因为注册会计师要以自身的信誉向社会公众表明，被审计单位的财务报表是真实与公允的。独立性是指注册会计师执行审计或其他鉴证业务，应当在形式上和实质上独立于委托单位和其他组织。实质上的独立，是指注册会计师在发表意见时其专业判断不受影响；公正执业，保持客观和专业怀疑；形式上的独立，是指会计师事务所或鉴证小组避免出现这样重大的情形，即使得拥有充分相关信息的理性第三方推断其公正性、客观性或专业怀疑受到损害。

（三）客观和公正

客观性原则是指注册会计师对有关事项的调查、判断和意见表述，应当基于客观的立场，应当力求公平，以客观事实为依据，实事求是，不掺杂个人的主观愿望，也不为委托单位或第三者的意见所左右；不得因成见或偏见、利益冲突和他人影响而损害其客观性。在分析、处理问题时，不能以个人的好恶或成见、偏见行事。

公正性原则是指注册会计师在提供服务时应当将社会公众利益置于个人利益之上，不偏不倚地对待有关利益各方，不以牺牲一方利益为条件而使另一方受益。无论提供何种服务，担任何种职务，注册会计师都应维护其专业服务的公正性，并在判断中保持客观。公正还有公平交易和真实的含义。

（四）专业胜任能力和应有关注

注册会计师应当具有专业知识、技能或经验，能够胜任工作。“专业胜任能力”既要求注册会计师具有专业知识、技能和经验，又要求其经济、有效地完成客户委托的业务。注册会计师如果不能保持和提高专业胜任能力，就难以完成客户委托的业务。事实上，如果注册会计师缺乏足够的知识、技能和经验提供专业服务，就构成了一种欺诈。当然，注册会计师依法取得了执业证书，就表明其在该领域具备了一定的知识。一个合格的注册会计师，不仅要充分认识自己的能力，对自己充满信心，更重要的是，必须清醒地认识到自己在专业胜任能力方面的不足，不承接自己不能胜任的业务。如果注册会计师不能认识到这一点，承接了难以胜任的业务，就可能给客户乃至社会公众带来危害。注册会计师作为专业人士，在许多方面都要履行相应的责任，保持和提高专业胜任能力就是其中之一。

注册会计师在提供专业服务时，应保持应有的职业关注、专业胜任能力和勤勉，并且随着业务、法规和技术的不断发展，使自己的专业知识和技能保持在一定水平之上，以确保客户能够享受到高水平的专业服务。应有关注要求注册会计师在执业过程中保持职业谨慎，以质疑的思维方式评价所获取证据的有效性，并对产生怀疑的证据保持警觉。

（五）保密

注册会计师能否与客户维持正常的关系，有赖于双方能否自愿而又充分地进行沟通和交流，不掩盖任何重要的事实和情况。只有这样，注册会计师才能有效地完成工作。如果注册会计师受到客户的严重限制，不能充分了解情况，就无法发表审计意见。同时，注册会计师与客户的沟通，必须建立在为客户信息保密的基础上。因此，注册会计师在签订业务约定书时，应当书面承诺对在执行业务过程中获知的客户信息保密。这里所说的客户信息，通常是指商业秘密。一旦商业秘密被泄露或被利用，往往给客户造成损失。因此，许多国家规定，在公众领域执业的注册会计师，应当对在提供专业服务过程中获知的信息保密，除非有法定的或专业的披露权力或义务。在未经适当或特别授权的情况下，注册会计师不得使用或披露任何相关信息。同时，还应确保协助其工作的业务助理人员及其所在的会计师事务所信守保密原则。

会员与客户的沟通，必须建立在为客户信息保密的基础之上。在没有取得客户同意的情况下，不能泄露任何客户的涉密信息。

1. 不得披露客户的涉密信息

保密原则要求会员应当对在职业活动中获知的涉密信息予以保密，不得有下列行为：

（1）未经客户授权或法律法规允许，向会计师事务所以外的第三方披露其所获知的涉密信息；

（2）利用所获知的涉密信息为自己或第三方谋取利益。

会员应当警惕无意泄密的可能性，特别是警惕无意中向近亲属或关系密切的人员泄密的可能性。

2. 可以披露客户的涉密信息

会员在下列情况下可以披露涉密信息：

（1）法律法规允许披露，并且取得客户或工作单位的授权；

（2）根据法律法规的要求，为法律诉讼、仲裁准备文件或提供证据，以及向有关监管机构报告发现的违法行为；

（3）法律法规允许的情况下，在法律诉讼、仲裁中维护自己的合法权益；

（4）接受注册会计师协会或监管机构的执业质量检查，答复其询问和调查；

（5）法律法规、执业准则和职业道德规范规定的其他情形。

3. 良好职业行为

注册会计师的行为应符合本职业的良好声誉，不得有任何损害职业形象的行为。

会员在向公众传递信息以及推介自己和工作时，应当客观、真实、得体、不得损害职业形象。

会员应当诚实、实事求是，不得有以下行为：

（1）夸大宣传提供的服务、拥有的资质或获得的经验；

（2）贬低或无根据地比较其他注册会计师的工作。

三、审计职业道德概念框架

（一）职业道德概念框架内涵

职业道德概念框架是指解决职业道德问题的思路和方法，用以指导注册会计师：

1. 识别对遵循职业道德基本原则的不利影响；

2. 评价不利影响的重要程度；

3. 必要时采取防范措施消除不利影响或将其降至可接受水平。

可用八个字来说，即识别、评价、采取措施。在运用职业道德概念框架时，会员应当运用职业判断，如果发现存在可能违反职业道德基本原则的情形，会员应当评价其对职业道德基本原则的不利影响。如果认为对职业道德基本原则的不利影响超出可接受的水平，会员应当确定是否能够采取防范措施消除不利影响或将其降至可接受的低水平。如果某些不利影响是重大的，或者合理的防范措施不行或无法实施，会员可能面临不能消除不利影响或将其降至可接受水平的情形。如果无法采取适当的防范措施，注册会计师应当拒绝或终止所从事的特定专业服务，必要时与客户解除合约关系，或向其工作单位辞职。

（二）对职业道德基本原则产生不利影响的因素及预防措施

注册会计师对职业道德基本原则的遵循可能受到多种因素的威胁。威胁的性质和严重程度因注册会计师提供服务类型的不同而不同。可能对职业道德基本原则产生威胁的因素包括自身利益、自我评价、过度推荐、密切关系和外在压力。自身利益，比如说你作为一名注册会计师，在对某一单位进行审计时，你在这个单位所拥有的直接经济利益；自我评价，比如说，你给你的审计单位代理记账，编制原始数据，而这些数据又构成了你所鉴证这项业务的对象；过度推介，比如说，会计师事务所推介审计客户的股份；密切关系，比如说，你的爱人担任你所审计单位的董事或高级管理人员；外在压力，比如说，会计师事务所受到客户解除业务关系的威胁。

预防措施是指可以消除威胁或将其降低至可接受水平的行动或其他措施。应对威胁的防范措施包括法律法规和职业规范规定的防范措施和在具体工作中采取的防范措施。

法律法规和职业规范规定的防范措施主要包括：

1. 取得注册会计师资格必需的教育、培训和经验要求；
2. 持续的职业发展要求；
3. 公司治理方面的规定；
4. 职业准则和职业道德规范要求；
5. 监管机构或注册会计师的监控和惩戒程序；
6. 由已授权的第三方对注册会计师编制的业务报告/申报资料或其他信息进行外部复核。

（三）道德冲突解决

在遵循职业道德基本原则时，注册会计师应当解决遇到的道德冲突问题。在解决道德冲突问题时，会员应当考虑下列因素：

1. 与道德冲突问题有关的事实；
2. 涉及的道德问题；
3. 道德冲突问题涉及的职业道德基本原则；
4. 会计师事务所或工作单位制定的解决道德冲突问题的程序；
5. 可供选择的措施。

在考虑上述因素并权衡可供选择措施的后果后，注册会计师应当确定适当的措施。参见表1－2。

表 1－2 注册会计师解决道德冲突问题的途径及措施

解决途径	措施
事务所单位内部	如果道德冲突问题仍无法解决，会员应当考虑向会计师事务所或工作单位内部的适当人员咨询，寻求帮助解决问题
职业团体法律顾问	如果某项重大冲突未能解决，会员可以考虑向相关职业团体或法律顾问获取专业建议
解除业务或辞职	在考虑所有相关可能措施后，如果道德冲突仍未解决，会员不得再与产生冲突的事项发生关联。会员应当确定是否退出项目组或不再承担相关任务，或向所在会计师事务所或者工作单位辞职

四、审计职业道德概念框架的具体运用

注册会计师提供的专业服务的类型很多，包括审计和审阅服务、其他鉴证服务和非鉴证服务。无论提供何种专业服务，注册会计师都应当对可能对职业道德基本原则产生不利影响的各种情形保持警惕，运用职业道德概念框架识别、评价和应对不利影响，从而使职业道德基本原则不受伤害。下面对注册会计师遇到的不利影响、产生不利影响的各种情形和关系两方面做了详细阐述。包括专业服务委托、利益冲突、应客户要求提供第二次意见、收费、专业服务营销、礼品和款待、保管客户资产、对客观和公正原则的要求。

（一）可能对职业道德基本原则产生不利影响的因素

1. 自身利益导致不利影响的情形主要包括：

（1）鉴证业务项目组成员在鉴证客户中拥有直接经济利益；

（2）会计师事务所的收入过分依赖某一客户；

（3）鉴证业务项目组成员与鉴证客户存在重要且密切的商业关系；

（4）会计师事务所担心可能失去某一重要客户；

（5）鉴证业务项目组成员正在与鉴证客户协商受雇于该客户；

（6）会计师事务所与客户就鉴证业务达成或有收费的协议；

（7）注册会计师在评价所在会计师事务所以往提供的专业服务时，发现了重大错误。

2. 自我评价导致不利影响的情形主要包括：

（1）会计师事务所在对客户提供财务系统的设计或操作服务后，又对系统的运行有效性出具鉴证报告；

（2）会计师事务所为客户编制原始数据，这些数据构成鉴证业务的对象；

（3）鉴证业务项目组成员担任或最近曾经担任客户的董事或高级管理人员；

（4）鉴证业务项目组成员目前或最近曾受雇于客户，并且所处职位能够对鉴证对象施加重大影响；

（5）会计师事务所为鉴证客户提供直接影响鉴证对象信息的其他服务。

3. 过度推介导致不利影响的情形主要包括：

（1）会计师事务所推介审计客户的股份；

（2）在审计客户与第三方发生诉讼或纠纷时，注册会计师担任该客户的辩护人。

4. 密切关系导致不利影响的情形主要包括：

（1）项目组成员的近亲属担任客户的董事或高级管理人员；

（2）项目组成员的近亲属是客户的员工，其所处职位能够对业务对象施加重大影响；

（3）客户的董事、高级管理人员或所处职位能够对业务对象施加重大影响的员工，最近曾担任会计师事务所的项目合伙人；

（4）注册会计师接受客户的礼品或款待；

（5）会计师事务所的合伙人或高级员工与鉴证客户存在长期业务关系。

5. 外在压力导致不利影响的情形主要包括：

（1）会计师事务所受到客户解除业务关系的威胁；

（2）审计客户表示，如果会计师事务所不同意对某项交易的会计处理，则不再委托其承办拟议中的非鉴证业务；

（3）客户威胁将起诉会计师事务所；

（4）会计师事务所受到降低收费的影响而不恰当地缩小工作范围；

（5）由于客户员工对所讨论的事项更具有专长，注册会计师面临服从其判断的压力；

（6）会计师事务所合伙人告知注册会计师，除非同意审计客户不恰当的会计处理，否则将影响晋升。

（二）应对不利影响的防范措施

注册会计师应当运用判断，确定如何应对超出可接受水平的不利影响，包括采取防范措施消除不利影响或将其降低至可接受的水平，或者终止业务约定书或拒绝接受业务委托书。

在具体工作中采取的防范措施包括会计师事务所层面的和具体业务层面的两个方面。

1. 会计师事务所层面的防范措施包括：

（1）强调遵循职业道德基本原则的重要性；

（2）强调鉴证业务项目组成员应当维护公众利益；

（3）制定有关政策和程序，实施项目质量控制，监督业务质量；

（4）识别对职业道德基本原则的不利影响，评价不利影响的严重程度，采取防范措施消除不利影响或将其降至可接受的低水平；

（5）保证遵循职业道德基本原则；

（6）识别会计师事务所或项目组成员与客户之间的利益或关系；

（7）监控对某一客户收费的依赖程度；

（8）防止项目组以外的人员对业务结果施加不当影响；

（9）鼓励员工就遵循职业道德基本原则方面的问题与领导层沟通；

（10）向鉴证客户提供非鉴证服务时，指派鉴证业务项目组以外的其他合伙人和项目组，并确保鉴证业务项目组和非鉴证业务项目组分别向各自的业务主管报告工作；

（11）及时向所有合伙人和专业人员传达会计师事务所的政策和程序及其变化情况，并就这些政策和程序进行适当的培训；

（12）指定高级管理人员负责监督质量控制系统是否有效运行；

（13）向合伙人和专业人员提供鉴证客户及其关联实体的名单，并要求合伙人和专业人员与之保持独立；

（14）建立惩戒机制，保障相关政策和程序得到遵守。

2. 具体业务层面的防范措施包括：

（1）对已执行的非鉴证业务，由未参与该业务的注册会计师进行复核，或在必要时提供建议；

（2）对已执行的鉴证业务，由鉴证业务项目组以外的注册会计师进行复核，或在必要时提供建议；

（3）向客户审计委员会、监管机构或注册会计师协会咨询；

（4）与客户治理层讨论有关的职业道德问题；

（5）向客户治理层说明提供服务的性质和收费的范围；

（6）由其他会计师事务所执行或重新执行部分业务；

（7）轮换鉴证业务项目组合伙人和高级员工。

（三）专业服务委托

1. 接受客户关系

在接受客户关系前，注册会计师应当确定接受客户关系是否对职业道德基本原则产生不利影响。注册会计师应当考虑客户的主要股东、关键管理人员和治理层是否诚信，以及客户是否涉足非法活动（如洗钱）或存在可疑的财务报告问题等。

客户存在的问题可能对注册会计师遵循诚信原则或良好职业行为原则产生不利影响。其防范措施主要包括：对客户及其主要股东、关键管理人员、治理层和负责经营活动的人员进行了解；要求客户对完善公司治理结构或内部控制作出承诺。

当然，如果不能将客户存在的问题产生的不利影响降至可接受的低水平，注册会计师应当拒绝接受客户关系。

2. 承接业务

注册会计师应当遵循专业胜任能力和应有关注原则，仅向客户提供能够胜任的专业服务。在承接某一客户业务前，注册会计师应当确定承接该业务是否对职业道德基本原则产生不利影响。比如说，某企业招聘会计，你恰好学的是会计专业，对做账什么的又很精通，那么，这个职位你就可以考虑一下。

对其影响的防范措施主要包括：了解客户的业务性质、经营的复杂程度以及所在行业的情况；了解专业服务的具体要求和业务对象以及注册会计师拟执行工作的目的、性质和范围；了解相关监管要求或报告要求；分派足够的具有胜任能力的员工；必要时利用专家的工作；就执行业务的时间安排与客户达成一致意见；遵守质量控制政策和程序，以合理保证仅承接能够胜任的业务。

3. 客户变更委托

如果应客户要求或考虑以投标方式接替前任注册会计师，那么应当从专业角度或其他方面确定应否承接该业务。由于客户变更委托的表面理由可能并未完全反映事实真相，根据业务性质，注册会计师可能需要与前任进行直接的沟通，核实与变更委托相关的事实和情况，以确定是否适宜承接该项业务。

对其防范措施包括：当应邀投标时，在投标书中说明，在承接业务前需要与前任进行沟通，以了解是否存在不应接受委托的理由；要求前任注册会计师提供已知悉的相关事实或情况，即前任注册会计师认为后任注册会计师在作出承接业务的决定前，需要了解的事实或情况；从其他渠道获取必要的信息。

注册会计师可能应客户要求在前任注册会计师工作的基础上提供进一步的服务，如果缺乏完整的信息，可能对专业胜任能力和应有关注产生不利的影响。对其采取的防范措施主要包括：将拟承担的工作告知前任注册会计师，提请其提供相关信息，以便恰当地完成工作。注册会计师与前任注册会计师在进行沟通前，应当征得客户的同意，前任注册会计师在提供信息时，应当实事求是，清晰明了。

（四）利益冲突

注册会计师与客户存在直接竞争关系，或与客户的主要竞争者存在合资或类似关系，可能会对客观和公正原则产生不利影响。注册会计师为两个以上客户提供服务，而这些客户之间存在利益冲突或者对某一项交易存在争议，可能对客观和公正原则或保密原则产生不利影响。

注册会计师应当根据可能产生利益冲突的具体情形，采取的防范措施包括：

1. 如果会计师事务所的商业利益或业务活动可能与客户存在利益冲突，注册会计师应当告知客户，并在征得其同意的情况下执行业务；

2. 如是为存在利益冲突的两个以上客户服务，注册会计师应当告知所有已知相关方，并在征得他们同意的情况下执行业务；

3. 如果为某一特定行业或领域中的两个以上客户提供服务，注册会计师应当告知客户，并在征得他们同意的情况下执行业务；

4. 如果客户不同意注册会计师为存在利益冲突的其他客户提供服务，注册会计师应当终止为其中一方或多方提供服务。

除了采取上述防范措施外，还应采取以下一种或多种防范措施：

1. 分派不同的项目组为相关客户提供服务；
2. 实施必要的保密程序，防止未经授权接触信息；
3. 向项目组成员提供有关安全和保密问题的指引；
4. 要求会计师事务所的合伙人和员工签订保密协议；
5. 由未参与执行相关业务的高级员工定期复核防范措施的执行情况。

（五）应客户要求提供第二次意见

在某客户运用会计准则对特定交易和事项进行处理，且已由前任注册会计师发表意见的情况下，如果注册会计师应客户的要求提供二次意见，可能对专业胜任能力和应有关注产生不利影响。

应采取的防范措施包括：

1. 征得客户同意与前任注册会计师沟通；
2. 在与客户沟通中说明注册会计师发表专业意见的局限性；
3. 向前任注册会计师提供第二次意见的副本；
4. 若客户不允许与前任沟通，那么，注册会计师就应当在考虑所有情况后决定是否适宜提供第二次意见。

（六）收费

在承接业务时，如果收费报价过低，可能导致难以按照执业准则和相关职业道德规范的要求执行业务，从而对专业胜任能力和应有的关注原则产生不利影响。除法律法规允许外，注册会计师不得以或有收费方式提供鉴证服务，收费与否或收费多少不得以鉴证工作结果或实现特定目的为条件。

采取的防范措施包括：

1. 预先就收费的基础与客户达成书面协议；
2. 向预期的报告使用者披露注册会计师所执行的工作及收费的基础；
3. 实施质量控制政策和程序；
4. 由独立的第三方复核注册会计师已执行的工作。

（七）专业服务营销

注册会计师通过广告或其他营销方式招揽业务，可能对职业道德基本原则产生不利影响。在向公众传递信息时，注册会计师应做到客观、真实、得体。在营销专业服务时，不得有以下行为：

1. 夸大宣传提供的服务、拥有资质或获得的经验；
2. 贬低或无根据地比较其他注册会计师的工作；
3. 暗示有能力影响有关主管部门、监管机构或类似机构；
4. 不得采用强迫、欺诈、利诱或骚扰等方式招揽业务。不得对其能力进行广告宣传以招揽业务，但可利用媒体刊登设立、合并、分立、解散、迁址、名称变更和招聘员工等信息。

（八）礼品和款待

若注册会计师接受礼品、超出正常款待，将会对职业道德基本原则产生不利影响。因此不得向客户索取、收受委托合同约定以外的酬金或其他财物，或利用执行业务之便，牟取其他不正当的利益。

（九）保管客户资产

除非法律法规允许或要求，注册会计师不得提供保管客户资金或其他资产的服务。注册会计师保管客户资金或其他资产，应当履行相应的法定义务。保管客户资金或其他资产可能对客观和公正原则及良好职业行为原则产生不利影响。

（十）对客观和公正原则的要求

在提供专业服务时，注册会计师如果在客户中拥有经济利益，或者与客户董事、高级管理人员或员工存在家庭和私人关系或商业关系，应当确定是否对客观和公正原则产生不利影响。

防范措施主要包括：

1. 退出项目组；

2. 实施督导程序；

3. 终止产生不利影响的经济利益或商业关系；

4. 与会计师事务所内部较高级别的管理人员讨论有关事项；

5. 与客户治理层讨论有关事项。

如果防范措施不能消除不利影响或将其降至可接受的低水平，注册会计师应当拒绝接受业务委托或终止业务。

在提供鉴证服务时，应当从实质上和形式上独立于鉴证客户，客观公正地提出结论，并且从外界看来没有偏见、无利益冲突、不受他人的不当影响。

案例 1.3

注册会计师小王做了许多努力，希望能扩展业务，请你指出他下面的这些举动是否违反了注册会计师职业道德规范，并解释其原因。

1. 小王想和别人合伙成立一个事务所，取名叫“ABC”，这样在电话黄页上可以被放在第一位的醒目位置，从而达到做广告的效果；

2. 小王以前和他的同事审计过许多国有企业。他计划与其他注册会计师联系，请他们帮忙介绍更多类型的工作。他打算付给每个介绍人 2000 元人民币的介绍费；

3. 小王精通税法。他有许多朋友都自己编制所得税申报单。他向他们提议，在向税务局申报以前，他先为他们进行复核，如果通过他的复核能够为他们找到合适的避税机会，省下来税款的 1/3 作为他的收入，如果找不到，他不收取费用。

本章小结

本章主要阐述了审计的产生与发展、审计的含义与分类、审计假设、审计目标与对象、审计的职业道德等内容。审计是社会经济发展到一定阶段的产物，是基于经济监督的客观需要而产生的。现代审计与社会经济结构之间的关系可以通过两权分离理论、委托代理理论和信息不对称理论加以说明。

审计假设是人们根据现有的审计经验和已知的事实，建立在已有的相关理论知识基础上，对审计事物的基本特征和其运动规律的认识。

审计目标是在一定历史环境下，审计主体通过审计实践活动所期望达到的境地或最终结果，体现了审计的基本职能，是构成审计理论结构的基石，是整个审计系统运行的定向机制，是审计工作的出发点和落脚点。审计对象是指审计所要考察的客体，即被审单位的财务收支及其有关的经营管理活动和作为提供这些经济活动信息载体的会计报表及其他有关资料。

职业道德不仅是从业人员在职业活动中的行为标准和要求，而且是本职业对社会所承担的道德责任和义务，是社会道德在职业生活中的具体化表现。而注册会计师的职业道德基本原则包括：诚信、独立性、客观和公正、专业胜任能力和应有的关注、保密、良好职业行为。

练习题

一、单项选择题

1. 审计产生的前提条件是（　　）。
A. 私有制的产生　　B. 受托经济责任关系的确定
C. 社会化大生产的形成　　D. 市场经济的形成

2. 标志我国社会主义审计监督制度建立的是（　　）。
A. 1932 年成立中央苏区审计委员会
B. 1934 年颁布《审计条例》
C. 1982 年五届人大五次会议通过修改的《宪法》
D. 1983 年审计署正式成立

3. 我国“审计”这个名词正式出现是在（　　）。
A. 西周　　B. 汉朝　　C. 宋朝　　D. 清朝

4.《中华人民共和国审计法》正式实施的时间是（　　）。
A. 1994 年 8 月 31 日　　B. 1995 年 1 月 1 日
C. 1995 年 7 月 14 日　　D. 1995 年 7 月 19 日

5. 一般认为，世界上第一个会计师职业团体是（　　）。
A. 爱丁堡会计师协会　　B. 美国注册公共会计师协会
C. 东京会计师协会　　D. 蒙特利尔会计师协会

6. 审计性质应当表述为（　　）。
A. 经济监督　　B. 财政、财务收支的审查
C. 会计检查　　D. 独立性的经济监督

7. 现代审计实务中，最能体现经济评价职能的审计种类是（　　）。
A. 财政审计　　B. 财务审计
C. 财经法纪审计　　D. 经济效益审计

8. 研究审计演进历史，可以发现牵动审计产生、存在和发展的一条主线是（　　）。
A. 生产力发展　　B. 资源财产私有制出现
C. 国家权力加强　　D. 受托经济责任关系

9. 经济效益审计的主体（　　）。
A. 只能是内部审计　　B. 只能是外部审计
C. 只能是国家审计机关　　D. 外部审计、内部审计都可以

10. 按审计的范围不同，审计可分为（　　）。
A. 全部审计和局部审计　　B. 详细审计和抽样审计
C. 全部审计和抽样审计　　D. 局部审计和详细审计

11. 下列属于社会审计特点的是（　　）。
A. 内向性　　B. 广泛性　　C. 委托性　　D. 针对性

12. 按审计执行地点的不同，可以将审计划分为（ ）。

A. 送达审计和就地审计　　B. 强制审计和任意审计

C. 内部审计和外部审计　　D. 预告审计和突击审计

13. 社会审计组织接受委托人的委托，按照委托人的要求进行的财务审计或经济效益审计，属于（ ）。

A. 强制审计　B. 任意审计　C. 送达审计　D. 不定期审计

14. 在业务上指导和管理社会审计组织的是（ ）。

A. 国家审计机关　　B. 被审计单位的股东

C. 被审计单位的主要投资人　　D. 行业协会

15. 我国国家审计准则的适用范围包括（ ）。

A. 全国审计机关和社会审计组织

B. 全国审计机关和内部审计机构

C. 全国审计机关、内部审计机构和社会审计组织

D. 全国审计机关及承办国家审计机关审计事项的其他审计组织

二、多项选择题

1. 审计产生和发展的社会基础的含义是指（ ）。

A. 受托经济责任关系出现

B. 社会财富分配不合理

C. 资源财产所有权与经营管理权分离

D. 经济责任授权人无法直接经常监督检查

E. 会计核算业务的发展

2. 作为审计产生和发展的直接原因，经济责任授权人无法直接经常监督检查，是由于（ ）。

A. 地理上的限制　B. 人际上的限制　C. 时间上的限制

D. 法律上的限制　E. 技术上的限制

3. 总结国内外审计实践，我国审计独立性应体现在（ ）。

A. 组织上的独立　B. 人员上的独立　C. 工作上的独立

D. 经费上的独立　E. 目的上的独立

4. 著名审计会计学家莫茨和夏拉夫等人认为审计的独立应是（ ）。

A. 财务利益方面的独立　B. 精神状态方面的独立　C. 评价依据方面的独立

D. 组织地位方面的独立　E. 自由调查方面的独立

5. 在《利马宣言——审计规则指南》中专门提出的独立性问题，是指（ ）。

A. 最高审计机关的独立性　　B. 最高审计机关成员和官员的独立性

C. 最高审计机关行为的独立性　　D. 最高审计机关报告的独立性

E. 最高审计机关财政上的独立性

6. 下列职能不属于我国审计职能范畴的有（ ）。

A. 经济监督　B. 经济司法　C. 经济鉴证

D. 经济预测　E. 经济仲裁

7. 审计的作用可以概括为（　　）。

A. 公允性作用　　B. 防护性作用　　C. 建设性作用

D. 综合性作用　　E. 效益性作用

8. 根据审计关系理论，与审计对象息息相关的是（　　）。

A. 审计主体　　B. 审计客体　　C. 审计原则

D. 审计地位　　E. 审计作用

三、简答题

1. 简述注册会计师行业在美国快速发展的主要原因。

2. 你认为国家审计、民间审计与内部审计这三种审计职业各自独立存在的社会意义是什么？

第二章

注册会计师管理

本章重点

1. 中国会计师事务所的组织形式和质量控制制度的要素
2. 注册会计师鉴证业务的范围、要素和类型
3. 注册会计师法律责任的认定与种类

第一节　注册会计师概述

注册会计师是指通过国家认定或统一考试取得注册会计师资格证书的专业人员。注册会计师审计是市场经济监督体系重要的制度安排，注册会计师行业是高端服务业中重要的专业服务。目前，世界上许多国家为了保证审计工作质量，保护投资者合法权益，维护注册会计师职业在公众心目中的权威性，都相继制定了较为完善的注册会计师考试制度和其他相关制度。在美国，注册会计师申请者必须通过由美国注册会计师协会考试委员会组织的全国注册会计师统一考试。在英国，注册会计师申请者在完成大学水平的学业后，将与某会计师事务所签订一份为期三年的培训合同，并必须通过规定课程的考试和考查。在日本，注册会计师申请者也必须通过类似英美考试制度的国家考试。在中国，1991 年开始组织全国注册会计师统一考试，已有一大批优秀人才通过考试加入了注册会计师队伍。

一、注册会计师考试制度

（一）报名条件

根据《中华人民共和国注册会计师法》和《注册会计师全国统一考试办法》的规定，符合下列条件的中国公民，可以报名参加中国注册会计师全国统一考试：①具有完全民事行为能力；②具有高等专科以上学校毕业学历或者具有会计或者相关专业中级以上技术职称。另外，港澳台地区居民及按互惠原则确认的外国籍公民在符合学历条件和已取得境外法律认可的相应资格条件下，也可申请参加中国注册会计师考试。

有下列情形之一的人员，不得报名参加中国注册会计师全国统一考试：①因被吊销注册会计师证书，自处罚决定之日起至申请报名之日止不满 5 年者；②以前年度参加注册会计师全国统一考试因违规而受到停考处理期限未满者。

（二）考试组织

我国自改革开放以来，非常重视注册会计师制度建设。国家于1991年开始实行注册会计师全国统一考试制度，注册会计师全国统一考试办法由国务院财政部制定，由中国注册会计师协会组织实施。财政部成立注册会计师考试委员会（简称财政部考委会），组织领导注册会计师全国统一考试工作。财政部考委会设立注册会计师考试委员会办公室（简称财政部考办），组织实施注册会计师全国统一考试工作。财政部考办设在中国注册会计师协会。

各省、自治区、直辖市财政厅（局）成立地方注册会计师考试委员会（简称地方考委会），组织领导本地区注册会计师全国统一考试工作。地方考委会设立地方注册会计师考试委员会办公室（简称地方考办），组织实施本地区注册会计师全国统一考试工作，贯彻实施财政部考委会的决定，处理本地区考试组织工作的重大问题。地方考办设在各省、自治区、直辖市注册会计师协会。

（三）考试科目

中国注册会计师（简称CPA）考试分为专业阶段和综合阶段两个阶段。考生在通过专业阶段考试的全部科目后才能参加综合阶段考试。专业阶段主要测试考生是否具备注册会计师执业所需的专业知识，是否掌握基本技能和职业道德规范，考试设会计、审计、财务成本管理、经济法、税法和公司战略与风险管理6个科目，具有会计或者相关专业高级技术职称的人员，可以申请免予该阶段考试1个专长科目的考试。考试每科实行百分制，60分为成绩合格分数线，单科考试合格成绩在以后的连续四次考试中有效。对在连续5个年度考试中取得专业阶段全部科目考试合格成绩的考生，财政部考委会颁发注册会计师全国统一考试专业阶段考试合格证书；综合阶段主要测试考生是否具备在职业环境中运用专业知识，保持职业价值观、职业道德，有效解决实务问题的能力；综合阶段考试设职业能力综合测试科目，分成试卷一和试卷二。该科目应在取得专业阶段考试合格证书后规定的时间内完成。对取得综合阶段考试科目成绩合格的考生，财政部考委会颁发注册会计师全国统一考试全科考试合格证书。

二、注册会计师注册制度

根据《中华人民共和国注册会计师法》的规定，通过注册会计师考试全科成绩合格的，均可申请加入注册会计师协会取得非执业会员资格，但不能执业。注册会计师依法执行业务，必须取得财政部统一印制的中华人民共和国注册会计师证书。根据规定，参加注册会计师考试全科成绩合格，并在中国境内从事审计业务两年以上的，可以向省级注册会计师协会申请注册，取得注册会计师证书，成为执业会员。

申请注册者，如果有下列情形之一的，受理申请的注册会计师协会不予注册：①不具有完全民事行为能力的；②因受刑事处罚，自刑罚执行完毕之日起至申请注册之日止不满5年的；③因在财务、会计、审计、企业管理或者经济管理工作中犯有严重错误受行政处罚、撤职以上处分，自处罚、处分决定生效之日起至申请注册之日止不满2年的；④受吊销注册会计师证书的处罚，自处罚决定生效之日起至申请注册之日止不满5年的；⑤因以欺骗、贿赂等不正当手段取得注册会计师证书而被撤销注册，自撤销注册决定生效之日起至申请注册之日止不满 3 年的；⑥不在会计师事务所专职执业的；⑦年龄超过 70 周岁的。

已取得注册会计师证书的人员，如果注册后出现下列情形之一的，准予注册的注册会计师协会将撤销注册，收回注册会计师证书：①完全丧失民事行为能力的；②受刑事处罚的；③自行停止执行注册会计师业务满 1 年的；④以欺骗、贿赂等不正当手段取得注册会计师证书的；⑤受吊销注册会计师证书处罚的；⑥不在会计师事务所专职执业的。

三、注册会计师后续教育制度

为保持和提升注册会计师的专业素质、执业能力和职业道德水平，加强注册会计师行业人才培养，根据《中华人民共和国注册会计师法》及有关规定，中国注册会计师协会制定了中国注册会计师后续教育制度。制度要求中国注册会计师应当在执业期间接受后续教育。

注册会计师后续教育可以采用组织形式及其他形式的教育活动来完成。例如，参加各级注册会计师协会举办的专业培训、专业课程进修、专题研讨会；公开出版专业著作或发表专业论文；承担专业课题研究并取得研究成果等。

目前，中国注册会计师协会确定：执业会员接受后续教育的时间三年累计不得少于 180 个学时，且任何一年不得少于 40 个学时；接受脱产培训的时间三年累计不得少于 120 个学时，且任何一年不得少于 20 个学时。上一考核周期超过的学时数不得滚动到下一考核周期。由于特殊原因，未按照规定完成后续教育的注册会计师，如在规定的情形范围内，可以向所在的地方注协提出书面申请，经批准可以不参加当年的后续教育培训，但不得影响下一年度后续教育学时的完成。对未完成后续教育学时，且不符合规定情形的注册会计师，由地方注协进行公告，并限期接受强制培训，否则不予通过年检。

第二节　会计师事务所及质量控制

注册会计师审计是由依法批准成立的民间审计组织所实施的审计。不同国家和地区的民间审计组织各不相同，有会计公司、会计师行、会计师事务所等，中国的民间审计组织为会计师事务所。会计师事务所是注册会计师依法承办业务、独立核算、依法纳税的社会中介服务机构。

一、国外会计师事务所的组织形式

从世界各国来看，会计师事务所的组织形式主要有独资制、普通合伙制、有限责任制、有限责任合伙制等四种形式。

（一）独资制会计师事务所

独资制会计师事务所是由具有注册会计师执业资格的个人独立开办的事务所。其特点是：个人出资并承担无限责任，执业灵活，能在代理记账、代理纳税等方面很好地满足小型企业的需求。但难以承担大型审计业务，缺乏发展后劲。

（二）普通合伙制会计师事务所

普通合伙制会计师事务所是由两位或两位以上执业注册会计师作为合伙人设立的会计师事务所。其特点是：多人共同出资，合伙人以各自的财产对事务所债务承担无限连带责任。它的优点是能够在风险制约和共同利益驱动下，促使事务所提高执业质量，能有效扩展业务。缺点是任何一个合伙人执业中的过失或欺诈行为都可能给整个事务所带来灭顶之灾。

（三）有限责任制会计师事务所

有限责任制会计师事务所是由多个合伙人通过设立股份有限公司方式组建的事务所。其特点是：多人共同出资，执业注册会计师以其所认购事务所股份承担有限责任，事务所以其全部资产对事务所债务承担有限责任。它的优点是可以通过公司制形式迅速聚集一批注册会计师，组成大型会计师事务所承办大型业务。缺点是降低了风险责任对职业行为的约束，弱化了注册会计师的个人责任，对注册会计师的不谨慎执业行为缺乏威慑力。

（四）有限责任合伙制会计师事务所

有限责任合伙制会计师事务所是由多个合伙人通过设立有限责任公司方式组建的事务所。其特点是：多人共同出资，事务所以全部资产对其债务承担有限责任，各合伙人对个人执业行为承担无限责任，无过失的合伙人对于其他合伙人的过失或不当执业行为承担有限责任。它的优点是，既吸收了合伙制和有限责任制事务所的优点，又摒弃了它们的不足。这种组织形式已成为世界各国会计师事务所组织形式发展的一大趋势。

二、中国会计师事务所的组织形式

根据《中华人民共和国注册会计师法》规定，目前中国只批准设立合伙制会计师事务所、有限责任制会计师事务所和特殊普通合伙制会计师事务所三种组织形式的会计师事务所。

（一）合伙会计师事务所

合伙会计师事务所由执业注册会计师合伙设立。合伙人按照出资比例或者协议的约定，以各自的财产承担责任，合伙人对会计师事务所的债务承担连带责任。

设立合伙会计师事务所必须符合以下条件：①有两名以上的合伙人；②有书面合伙协议；③有固定的办公场所；④审批机关规定的其他条件。

根据财政部《会计师事务所审批和监督暂行办法》的规定，担任会计师事务所的合伙人或者股东应当具备下列条件：①持有中华人民共和国注册会计师证书；②在会计师事务所专职执业；③成为合伙人或者股东前 3 年内没有因为执业行为受到行政处罚；④取得注册会计师证书后最近连续 5 年在会计师事务所从事审计业务；⑤年龄为 65 周岁以下。

申请担任会计师事务所的合伙人或者股东时应向省级注协递交以下材料：①拟担任会计师事务所合伙人或股东变动申请表；②注册会计师执业证书原件和复印件；③新设会计师事务所合伙人或者股东从事审计业务及转所情况的证明；④最近连续 5 年的执业报告清单，每个年度必须填写申请人直接参与审计、验资报告各 10 份；⑤省级注协在执业报告清单中抽取的最近连续5年申请人直接参与审计、验资的报告及工作底稿原件（每年度两份，其中至少1份为审计报告）。

（二）有限责任会计师事务所

有限责任会计师事务所是指由执业注册会计师出资发起设立、承办注册会计师业务并负有限责任的社会中介机构。事务所以其全部资产对事务所债务承担责任，出资人承担责任以其出资额为限。

根据财政部《有限责任会计师事务所审批办法》的规定，设立有限责任会计师事务所必须符合以下条件：①有5名以上符合该办法第六条规定条件的发起人；②有10名以上国家规定的职龄以内的专职从业人员，其中包括5名以上中国注册会计师；③有不少于人民币30万元的注册资本；④有固定的办公场所；⑤审批机关规定的其他条件。

《有限责任会计师事务所审批办法》第六条规定，申请设立有限责任会计师事务所的发起人应当具备以下条件：①取得中国注册会计师证书，并且具有3年以上在事务所从事独立审计业务的经验和良好的职业道德记录；②为事务所的出资人；③不在其他单位从事获取工资等劳动报酬的工作；④年龄在国家规定的职龄以内；⑤审批机关规定的其他条件。

（三）特殊普通合伙会计师事务所

为了贯彻落实《国务院办公厅转发财政部关于加快发展我国注册会计师行业若干意见的通知》（国办发〔2009〕56号），推动大中型会计师事务所采用特殊普通合伙组织形式，促进我国会计师事务所做大做强，根据《中华人民共和国合伙企业法》《会计师事务所审批和监督暂行办法》，财政部、国家工商行政管理总局于2010年7月21日印发了《关于推动大中型会计师事务所采用特殊普通合伙组织形式的暂行规定》（财会〔2010〕12号）。该暂行规定明确了大中型会计师事务所是指在人才、品牌、规模、技术标准、执业质量和管理水平等方面居于行业领先地位或具有较高水准，能够为我国企业"走出去"提供国际化综合服务，能够为大中型企事业单位、上市公司提供专业服务，行业排名前200位的会计师事务所（其中行业排名前10位为大型会计师事务所）。

特殊普通合伙会计师事务所的一个合伙人或者数个合伙人在执业活动中因故意或者重大过失造成事务所债务的，应当承担无限责任或者无限连带责任，其他合伙人以其在事务所中的财产份额为限承担责任。如果合伙人在执业活动中非因故意或者重大过失造成事务所债务以及事务所的其他债务，由全体合伙人承担无限连带责任。

会计师事务所转制为特殊普通合伙会计师事务所必须符合以下条件：①有25名以上合伙人；②有50名以上注册会计师；③有人民币1000万元以上的资本。

特殊普通合伙会计师事务所的合伙人应当具备以下条件：①在会计师事务所专职执业；②成为合伙人前3年内没有因为执业行为受到行政处罚；③有取得注册会计师证书后最近连续5年在会计师事务所从事审计业务的经历，其中在境内会计师事务所的经历不少于3年；④成为合伙人前1年内没有因采取隐瞒或提供虚假材料、欺骗、贿赂等不正当手段申请设立会计师事务所而被省级财政部门作出不予受理、不予批准或者撤销会计师事务所的决定；⑤年龄不超过65周岁。

三、会计师事务所质量控制

执业质量是会计师事务所的生命线，是注册会计师行业维护公众利益的专业基础和诚信义务。加强业务质量控制制度建设，制定并实施科学、严谨的质量控制政策和程序，是保障会计师事务所执业质量、实现行业科学健康发展的重要制度保障和长效机制。会计师事务所应当按照《会计师事务所质量控制准则第 5101 号——业务质量控制》的要求，建立健全本事务所的业务质量控制制度。

（一）质量控制制度的目标

会计师事务所应当根据《会计师事务所质量控制准则第 5101 号——业务质量控制》制定质量控制制度，以合理保证业务质量。质量控制制度的目标是：（1）会计师事务所及其人员遵守职业准则和适用的法律法规的规定；（2）会计师事务所和项目合伙人出具适合具体情况的报告。

项目合伙人，是指会计师事务所中负责某项业务及其执行，并代表会计师事务所在出具的报告上签字的合伙人。在有限责任制的会计师事务所，项目合伙人是指主任会计师、副主任会计师或同等职位的高级管理人员。

（二）质量控制制度的要素

会计师事务所质量控制制度的要素包括：对业务质量承担的领导责任；相关职业道德要求；客户关系和具体业务的接受与保持；人力资源；业务执行；监控。会计师事务所应当围绕这些要素制定质量控制政策和程序，并应当将质量控制政策和程序形成书面文件，传达到全体人员。在记录和传达时，应清楚地描述质量控制政策和程序及其拟实现的目标。

1. 对业务质量承担的领导责任

明确质量控制制度的最终责任人，对会计师事务所的业务质量控制起着决定作用。为此，会计师事务所应当制定政策和程序，培育以质量为导向的内部文化。这些政策和程序应当要求会计师事务所主任会计师对质量控制制度承担最终责任。主任会计师对质量控制制度承担最终责任，在制度上保证了质量控制制度的地位和执行力。同时，会计师事务所的领导层应当树立质量至上的意识。在审计实务中，会计师事务所需要建立与业务规模相匹配的质量控制部门，以具体落实各项质量控制措施。质量控制措施的实施，一部分可能由专职的质量控制人员执行，另一部分可能是由业务人员或职能部门的人员执行。

会计师事务所各级管理层应当通过清晰、一致及经常的行动示范和信息传达，强调质量控制政策和程序的重要性。采取的途径通常有培训、研讨会、谈话、发表文章等，通过行动示范和信息传达，可以起到强化质量文化的效果。

会计师事务所应当通过下列措施实现质量控制的目标：合理确定管理责任，以避免重商业利益轻业务质量；建立以质量为导向的业绩评价、工薪及晋升的政策和程序；投入足够的资源制定和执行质量控制政策和程序，并形成相关文件记录。

会计师事务所主任会计师对质量控制制度承担最终责任，为保证质量控制制度的具体运作效果，主任会计师必须委派适当的人员并授予其必要的权限，以帮助主任会计师正确履行其职责。

2. 相关职业道德要求

会计师事务所应当制定政策和程序，以合理保证会计师事务所及其人员遵守相关职业道德要求。这里所说的遵守相关职业道德要求，不仅包括遵守职业道德的基本原则，如诚信、独立性、客观和公正、专业胜任能力和应有的关注、保密、良好职业行为等，还包括遵守有关职业道德的具体规定。

会计师事务所可通过必要的途径予以强化遵守相关职业道德要求的重要性。这些途径有：会计师事务所领导层的示范；教育和培训；监控（会计师事务所定期检查）；对违反相关职业道德要求行为的处理。

3. 客户关系和具体业务的接受与保持

会计师事务所应当制定有关客户关系和具体业务接受与保持的政策和程序，以合理保证只有在：(1) 能够胜任该项业务，并具有执行该项业务必要的素质、时间和资源；(2) 能够遵守相关职业道德要求；(3) 已考虑客户的诚信，没有信息表明客户缺乏诚信等情况下，才能接受与保持客户关系和具体业务。

针对有关客户的诚信，会计师事务所应当考虑下列主要事项：(1) 客户主要股东、关键管理人员及治理层的身份和商业信誉；(2) 客户的经营性质，包括其业务；(3) 有关客户主要股东、关键管理人员及治理层对内部控制环境和会计准则等态度的信息；(4) 客户是否过分考虑将会计师事务所的收费维持在尽可能低的水平；(5) 工作范围受到不适当限制的迹象；(6) 客户可能涉嫌洗钱或其他刑事犯罪行为的迹象；(7) 变更会计师事务所的理由；(8) 关联方的名称、特征和商业信誉。会计师事务所在评价客户诚信情况时，可以通过曾为客户提供专业会计服务的人员进行沟通；询问会计师事务所其他人员或金融机构、法律顾问和客户的同行等第三方；从相关数据库中搜索客户的背景信息（如客户的年度财务报表、向监管机构提交的报告）等途径，获取与客户诚信相关的信息。

会计师事务所在接受新业务前，必须评价自身的执业能力，不得承接不能胜任和无法完成的业务。会计师事务所应当考虑下列事项：(1) 会计师事务所人员是否熟悉相关行业或业务对象；(2) 会计师事务所人员是否了解相关监管要求或报告要求，或具备有效获取必要技能和知识的能力；(3) 会计师事务所是否拥有足够的具有必要胜任能力和素质的人员；(4) 需要时是否能够得到专家的帮助；(5) 如果需要项目质量控制复核，是否具备符合标准和资格要求的项目质量控制复核人员；(6) 会计师事务所是否能够在提交报告的最后期限内完成业务。

4. 人力资源

会计师事务所应当制定政策和程序，合理保证拥有足够的具有胜任能力和必要素质并承诺遵守相关职业道德要求的人员。会计师事务所制定的人力资源政策和程序应当解决下列人事问题：招聘；业绩评价、薪酬、晋升；人员素质和胜任能力；项目组委派。

业绩评价、工薪和晋升是事关每个人员切身利益的重大问题。因此，会计师事务所应当制定业绩评价、工薪及晋升程序，对发展和保持胜任能力并遵守相关职业道德要求的人员给予应有的肯定和奖励。会计师事务所制定的业绩评价、工薪及晋升程序应当强调：使人员知晓会计师事务所对业绩的期望和对遵守职业道德基本原则的要求；向人员提供业绩、晋升和职业发展方面的评价和辅导；帮助人员了解提高业务质量及遵守职业道德基本原则是晋升更高职位的主要途径，而不遵守会计师事务所的政策和程序可能招致惩戒。

会计师事务所可以通过下列途径提高人员素质和胜任能力：职业教育和培训；增加工作经验；由经验更丰富的员工提供辅导。

在实务中，会计师事务所承接的每项业务都是委派给项目组具体办理的。因此，委派项目组是否得当，直接关系到业务完成的质量。在委派项目组时，会计师事务所应当考虑员工是否具有以下素质：(1) 通过适当的培训和参与业务，获取的执行类似性质和复杂程度业务的知识和实践经验；(2) 对职业准则和适用的法律法规规定的掌握程度；(3) 具有的技术知识和专长，包括相关的信息技术知识；(4) 对客户所处行业的了解；(5) 具有的职业判断能力；(6) 对会计师事务所质量控制政策和程序的了解。另外，会计师事务所应当对每项业务委派至少一名项目合伙人（负责人）。

5. 业务执行

业务执行是指会计师事务所委派项目组按照执业准则和适用的法律法规的规定执行业务，使会计师事务所能够出具适合具体情况的报告。由于业务执行对业务质量有直接的重大影响，是业务质量控制的关键环节。因此，会计师事务所应当要求项目负责人负责组织对业务执行实施指导、监督与复核。

(1) 指导的具体要求。

①使项目组了解工作目标。让项目组的所有成员都了解拟执行工作的目标，对于有效执行所分派的工作很重要，因此，项目组的所有成员应当了解拟执行工作的目标。

②提供适当的团队工作和培训。适当的团队工作和培训，对于帮助经验较少的项目组成员清楚了解所分派工作的目标十分必要。因此，项目合伙人应当通过适当的团队工作和培训，使经验较少的项目组成员清楚了解所分派工作的目标。

(2) 监督的具体要求。

监督也是质量控制的一个重要因素。合理有效的监督工作，是提高会计师事务所工作质量，向客户提供符合质量要求服务的必要保证。

①跟进审计业务的进程。要求项目合伙人在业务进行中适时实施必要的监督，以检查各成员是否能够顺利完成业务工作。

②关注项目组各成员的胜任能力和素质。成员是否有足够的时间执行审计工作，是否理解工作指令，是否按照计划的方案执行工作。项目合伙人可能决定提供进一步的指导，或在各成员之间做适当的工作调整，或要求成员采取补救措施使其执行的工作达到要求。

③解决在执行业务过程中出现的重大问题，并适当修改原计划的方案。各成员在执行业务过程中可能会遇到各种难以解决的重大问题。项目合伙人在了解到这些情况后，应按照会计师事务所质量控制制度的要求，根据具体情况，运用职业判断，确定是否需要调整工作程序。这种调整是根据变动事项对业务工作的影响来确定的。

④识别在执行业务过程中需要咨询和解决分歧的事项。项目组在业务执行中时常会遇到各种各样的疑难问题或者意见分歧。当这些问题和分歧在项目组内不能得到解决时，有必要向项目组之外的适当人员咨询解决。为此，会计师事务所应当建立咨询、解决分歧的政策和程序，以合理保证业务执行效果。

(3) 复核的具体要求。

复核分为项目组成员复核和项目质量控制复核。

项目组成员复核是项目内部复核，复核人员应当拥有适当的经验、专业胜任能力和责任感，只有这样，复核才能达到目的。复核人员应当考虑：

①是否已按照职业准则和适用的法律法规的规定执行工作；

②重大事项是否已提请进一步考虑；

③相关事项是否已进行适当咨询，由此形成的结论是否已得到记录和执行；

④是否需要修改已执行工作的性质、时间安排和范围；

⑤已执行的工作是否支持形成的结论，并得以适当记录；

⑥已获取的证据是否充分、适当以支持报告；

⑦业务程序的目标是否已实现。

项目质量控制复核，是指会计师事务所挑选不参与该业务的人员，在出具审计报告前，对项目组做出的重大判断和在准备报告时形成的结论做出客观评价的过程。项目质量控制复核过程仅适用于上市实体财务报表审计，以及会计师事务所确定需要实施项目质量控制复核的其他审计业务。为了保证特定业务执行的质量，除了需要项目组实施组内复核外，会计师事务所还应当制定政策和程序，要求对特定业务实施项目质量控制复核，以客观评价项目组做出的重大判断以及在编制报告时得出的结论。复核人员应当考虑：

①项目组就具体业务对会计师事务所独立性做出的评价；

②在审计过程中识别的特别风险以及采取的应对措施；

③做出的判断，尤其是关于重要性和特别风险的判断；

④是否已就存在的意见分歧、其他疑难问题或争议事项进行适当咨询，以及咨询得出的结论；

⑤在审计中识别的已更正和未更正的错报的重要程度及处理情况；

⑥拟与管理层、治理层以及其他方面沟通的事项；

⑦所复核的审计工作底稿是否反映了针对重大判断执行的工作，是否支持得出的结论；

⑧拟出具的审计报告的适当性。

值得注意的是，项目质量控制复核并不减轻项目合伙人的责任，更不能替代项目合伙人的责任。

另外，会计师事务所通常使用书面或电子手册、软件工具、标准化底稿以及行业和特定业务对象的指南性材料等作为业务工作底稿。因此，会计师事务所应当制定政策和程序，以安全保管业务工作底稿并对业务工作底稿保密；保证业务工作底稿的完整性；便于使用和检索业务工作底稿；按照规定的期限保存业务工作底稿。

6. 监控

会计师事务所应当制定监控政策和程序，以合理保证质量控制制度中的政策和程序是相关、适当的，并正在有效运行。

对会计师事务所质量控制制度实施监控的内容包括：质量控制制度设计的适当性；质量控制制度运行的有效性。

对会计师事务所质量控制制度的监控应当由具有专业胜任能力的人员实施。会计师事务所可以委派主任会计师、副主任会计师或具有足够、适当经验和权限的其他人员履行监控责任。监控人员应当适当记录下列监控事项：制定的监控程序；对监控程序实施情况的评价；识别出的缺陷，对其影响的评价，是否采取行动及采取何种行动的依据。

第三节 注册会计师业务

根据《中华人民共和国注册会计师法》及其他法律、行政法规的规定，我国注册会计师可以承办鉴证业务（亦称“审计业务”）和会计咨询、会计服务业务及其他业务。其中，鉴证业务属于注册会计师的法定业务，非注册会计师不得承办。

一、鉴证业务

鉴证业务是指注册会计师对鉴证对象信息提出结论，以增强除责任方之外的预期使用者对鉴证对象信息信任程度的业务。鉴证对象信息是按照标准对鉴证对象进行评价和计量的结果。如责任方按照会计准则和相关会计制度（标准）对其财务状况、经营成果和现金流量（鉴证对象）进行确认、计量和列报而形成的财务报表信息。

注册会计师鉴证业务范围大致是：①财务报表审计或审阅；②内部控制审计；③验证资本；④企业合并、分立、清算过程中的审计业务；⑤提供农村财务公开鉴证服务；⑥提供企业节能减排、投资绩效等方面的鉴证服务；⑦基建预决算鉴证服务；⑧司法会计鉴定；⑨法律法规规定的其他鉴证业务。

（一）鉴证业务的要素

鉴证业务的要素包括鉴证业务的三方关系、鉴证对象、标准、证据和鉴证报告。

1. 三方关系

三方关系人分别是注册会计师、责任方（被审计单位管理层）和预期使用者。责任方与预期使用者可能是同一方，也可能不是同一方。三方关系是注册会计师对由责任方负责的鉴证对象或鉴证对象信息提出结论，以增强除责任方之外的预期使用者对鉴证对象信息的信任程度。

注册会计师的鉴证结论主要是向除责任方之外的预期使用者提供的。在某些情况下，责任方和预期使用者可能来自同一企业，但并不意味着两者就是同一方。例如，某公司同时设有董事会和监事会，监事会需要对董事会和管理层提供的信息进行监督。

由于注册会计师的鉴证结论有利于提高鉴证对象信息的可信性，有可能对责任方有用。在这种情况下，责任方也会成为预期使用者之一，但不是唯一的预期使用者。例如，在财务报表审计中，责任方是被审计单位的管理层，此时被审计单位的管理层便是审计报告的预期使用者之一，但同时预期使用者还包括企业的股东、债权人、监管机构等。

因此，是否存在三方关系人是判断某项业务是否属于鉴证业务的重要标准之一。如果某项业务不存在除责任方之外的其他预期使用者，那么该业务不构成一项鉴证业务。

2. 鉴证对象

鉴证对象具有多种不同的表现形式，如财务或非财务的业绩或状况、物理特征、系统与过程、行为等。

当鉴证对象为财务业绩或状况时（如历史或预测的财务状况、经营成果和现金流量），鉴证对象信息是财务报表；

当鉴证对象为非财务业绩或状况时（如企业的运营情况），鉴证对象信息可能是反映效率或效果的关键指标；

当鉴证对象为物理特征时（如设备的生产能力），鉴证对象信息可能是有关鉴证对象物理特征的说明文件；

当鉴证对象为某种系统和过程时（如企业的内部控制或信息技术系统），鉴证对象信息可能是关于其有效性的认定；

当鉴证对象为一种行为时（如遵守法律法规的情况），鉴证对象信息可能是对法律法规遵守情况或执行效果的声明。

3. 标准

标准即用来对鉴证对象进行评价或计量的基准，当涉及列报时，还包括列报的基准。标准是对所要发表意见的鉴证对象进行“度量”的一把“尺子”，责任方和注册会计师可以根据这把“尺子”对鉴证对象进行“度量”。

标准可以是正式的规定，如编制财务报表所使用的会计准则和相关会计制度；也可以是某些非正式的规定，如单位内部制定的行为准则或确定的绩效水平。

4. 证据

获取充分、适当的证据是注册会计师提出鉴证结论的基础。证据的充分性是对证据数量的衡量，证据的适当性是对证据质量的衡量（即证据的相关性和可靠性）。

注册会计师在计划和执行鉴证业务时，应当以职业怀疑态度获取有关鉴证对象信息的充分、适当证据。职业怀疑态度是指注册会计师以质疑的思维方式评价所获取证据的有效性，并对相互矛盾的证据，以及引起对文件记录或责任方提供的信息的可靠性产生怀疑的证据保持警觉。

注册会计师可以考虑获取证据的成本与所获取信息有用性之间的关系，但不应仅以获取证据的困难和成本为由减少不可替代的证据。在评价证据的充分性和适当性以支持鉴证报告时，注册会计师应当运用职业判断，并保持职业怀疑态度。

5. 鉴证报告

注册会计师应当针对鉴证对象信息在所有重大方面是否符合适当的标准，以书面报告的形式发表能够提供一定保证程度的结论。提出鉴证结论的方式有积极方式和消极方式两种，它们分别适用于合理保证的鉴证业务和有限保证的鉴证业务。

在合理保证的鉴证业务中，鉴证报告应当以积极方式提出鉴证结论，如“我们认为，根据××标准，内部控制在所有重大方面是有效的”。在有限保证的鉴证业务中，鉴证报告应当以消极方式提出鉴证结论，如“基于本报告所述的工作，我们没有注意到任何事项使我们相信，根据××标准，××系统在任何重大方面是无效的”。

（二）鉴证业务的类型

1. 鉴证业务按是否有责任方认定可分为基于责任方认定的业务和直接报告业务

基于责任方认定的业务是指责任方对鉴证对象进行评价或计量而形成鉴证对象信息，为预期使用者获取，注册会计师对其出具审计报告。如在财务报表审计中，被审计单位管理层对财务状况、经营成果和现金流量（鉴证对象）进行确认、计量和列报而形成的财务报表（鉴证对象信息，即责任方的认定），该财务报表可为预期使用者获取，注册会计师针对财务报表出具审计报告。

直接报告业务是指注册会计师直接对鉴证对象进行评价或计量，或者从责任方获取鉴证对象信息（认定），而该认定无法为预期使用者获取，预期使用者只能通过阅读鉴证报告获取鉴证对象信息。如在内部控制鉴证业务中，注册会计师可能无法从责任方获取其对内部控制有效性的评价报告（责任方认定），或虽然注册会计师能够获取该报告，但预期使用者无法获取该报告，注册会计师直接对内部控制的有效性进行评价并出具鉴证报告，预期使用者只能通过阅读该鉴证报告获得内部控制的有效性信息（鉴证对象信息）。

在基于责任方认定的业务中，由于责任方已经将既定标准应用于鉴证对象，形成了鉴证对象信息。责任方应当对鉴证对象信息负责，同时也要对鉴证对象负责。例如，在财务报表审计中，被审计单位管理层既要对财务报表（鉴证对象信息）负责，也要对财务状况、经营成果和现金流量（鉴证对象）负责。而在直接报告业务中，无论注册会计师是否获取了责任方认定，鉴证报告中都不体现责任方的认定，责任方仅需要对鉴证对象负责。

2. 鉴证业务按保证程度可分为合理保证业务和有限保证业务

合理保证的鉴证业务是注册会计师将鉴证业务风险降至该业务环境下可接受的低水平。如在历史财务信息审计中，要求注册会计师将审计风险降至该业务环境下可接受的低水平，对审计后的历史财务信息提供高水平保证（合理保证），在审计报告中对历史财务信息采用积极方式提出结论。这种业务属于合理保证的鉴证业务。

有限保证的鉴证业务是注册会计师将鉴证业务风险降至该业务环境下可接受的水平。如在历史财务信息审阅中，要求注册会计师将审阅风险降至该业务环境下可接受的水平（高于历史财务信息审计中可接受的低水平），对审阅后的历史财务信息提供低水平保证（有限保证），在审阅报告中对历史财务信息采用消极方式提出结论。这种业务属于有限保证的鉴证业务。

合理保证的保证水平要高于有限保证的保证水平。

二、会计咨询、会计服务业务

注册会计师会计咨询、会计服务业务主要包括：①设计财务会计制度；②担任会计顾问；③代理记账、纳税申报和报关；④代办申请注册登记，协助拟定合同协议、章程及其他经济文件；⑤培训会计人员；⑥为企事业单位提供内部控制、战略管理、并购重组、资信调查、业绩评价、投资决策等会计管理咨询服务；⑦代理企业进行市场调查；⑧项目可行性研究和项目评价；⑨审核企业前景财务资料；⑩其他会计咨询和会计服务业务。

三、其他业务

主要包括：提供与会计师事务所业务相关的资产评估、工程造价等专业服务；担任企业破产清算的管理人，提供破产管理相关事项的服务；法律法规规定和委托人委托的其他业务。

第四节 注册会计师法律责任

注册会计师在执行审计业务时，应当按照审计准则的要求审慎执业，保证执业质量，控制审计风险。否则，一旦出现审计失败，就有可能承担相应的法律责任。法律责任的出现，通常是因为注册会计师在执业时没有保持应有的职业谨慎，并因此导致了对他人权利的损害。应有的职业谨慎是指注册会计师应当具备足够的专业知识和业务能力，按照执业准则的要求执业。

一、注册会计师法律责任的认定

（一）违约

所谓违约，是指合同的一方或多方未能履行合同（审计业务约定书）条款规定的义务。当违约给他人造成损失时，注册会计师应负违约责任。比如，会计师事务所在商定的期间内未能提交纳税申报表，或违反了与被审计单位订立的保密协议等。

（二）过失

所谓过失，是指在一定条件下，没有保持应有的职业谨慎。评价注册会计师的过失，是以其他合格注册会计师在相同条件下可做到的谨慎为标准的。当过失给他人造成损失时，注册会计师应负过失责任。过失按程度不同区分为普通过失和重大过失。

普通过失，有的也称一般过失，通常是指没有保持应有的职业谨慎；对注册会计师而言则是指没有完全遵循专业准则的要求。比如，未对审计项目获取充分、适当的审计证据就出具审计报告的情况，可视为一般过失。

重大过失是指连起码的职业谨慎都没有保持。对注册会计师而言，则是指根本没有遵循专业准则或没有按专业准则的基本要求执行审计。

（三）欺诈

欺诈（又称舞弊）是以欺骗或坑害他人为目的的一种故意的错误行为。作案具有不良动机是欺诈的重要特征，也是欺诈与普通过失和重大过失的主要区别之一。对于注册会计师而言，欺诈就是为了达到欺骗他人的目的，明知委托单位的财务报表有重大错报，却加以虚伪的陈述，出具无保留意见的审计报告。

与欺诈相关的另一个概念是“推定欺诈”（又称“涉嫌欺诈”），是指虽无故意欺诈或坑害他人的动机，但却存在极端或异常的过失。推定欺诈和重大过失这两个概念的界限往往很难界定，在美国，许多法院曾经将注册会计师的重大过失解释为推定欺诈，特别是近年来有些法院放宽了“欺诈”一词的范围，使得推定欺诈和欺诈在法律上成为等效的概念。这样，具有重大过失的注册会计师的法律责任就进一步加大了。

二、注册会计师承担法律责任的种类

注册会计师因违约、过失或欺诈给被审计单位或其他利害关系人造成损失的，按照有关法律规定，可能被判承担行政责任、民事责任或刑事责任。这三种责任可单处，也可并处。行政责任，对注册会计师而言，包括警告、暂停执业、吊销注册会计师证书；对会计师事务所而言，包括警告、没收违法所得、罚款、暂停执业、撤销等。民事责任主要是指赔偿受害人损失。刑事责任是指触犯刑法所必须承担的法律后果，其种类包括罚金、有期徒刑以及其他限制人身自由的刑罚等。

（一）民事责任

1.《民法通则》的规定

1987年1月1日施行的《民法通则》第一百零六条规定："公民、法人违反合同或者不履行其他义务的，应当承担民事责任。公民、法人由于过错侵害国家的、集体的财产，侵害他人财产、人身的，应当承担民事责任。没有过错，但法律规定应当承担民事责任的，应当承担民事责任。"

2.《注册会计师法》的规定

1994年1月1日实施的《注册会计师法》在第六章"法律责任"中规定了注册会计师的行政、刑事和民事责任。其中，关于民事责任的条款是第四十二条"会计师事务所违反本法规定，给委托人、其他利害关系人造成损失的，应当依法承担赔偿责任。"

3.《证券法》的规定

2005年10月27日新修订的《证券法》第一百七十三条规定："证券服务机构为证券的发行、上市、交易等证券业务活动制作、出具审计报告、资产评估报告、财务顾问报告、资信评级报告或者法律意见书等文件，应当勤勉尽责，对所依据的文件资料内容的真实性、准确性、完整性进行核查和验证。其制作、出具的文件有虚假记载、误导性陈述或者重大遗漏，给他人造成损失的，应当与发行人、上市公司承担连带赔偿责任，但是能够证明自己没有过错的除外。"

4.《公司法》的规定

2005年10月27日新修订的《公司法》第二百零八条第三款规定："承担资产评估、验资或者验证的机构因出具的评估结果、验资或者验证证明不实，给公司债权人造成损失的，除能够证明自己没有过错的外，在其评估或者证明不实的金额范围内承担赔偿责任。"

（二）行政责任

1.《注册会计师法》的规定

《注册会计师法》第三十九条第一款规定："会计师事务所违反本法第二十条、第二十一条规定的，由省级以上人民政府财政部门给予警告，没收违法所得，可以并处违法所得一倍以上五倍以下的罚款；情节严重的，并可以由省级以上人民政府财政部门暂停其经营业务或者予以撤销。"

《注册会计师法》第三十九条第二款规定："注册会计师违反本法第二十条、第二十一条规定的，由省级以上人民政府财政部门给予警告，情节严重的，可以由省级以上人民政府财政部门暂停其执行业务或者吊销注册会计师证书。"

2.《证券法》的规定

《证券法》第二百零一条规定："为股票的发行、上市、交易出具审计报告、资产评估报告或者法律意见书等文件的证券服务机构和人员，违反本法第四十五条的规定买卖股票的，责令依法处理非法持有的股票，没收违法所得，并处以买卖股票等值以下的罚款。"

第二百零七条规定："违反本法第七十八条第二款的规定，在证券交易活动中作出虚假陈述或者信息误导的，责令改正，处以三万元以上二十万元以下的罚款；属于国家工作人员的，还应当依法给予行政处分。"

第二百二十三条规定：“证券服务机构未勤勉尽责，所制作、出具的文件有虚假记载、误导性陈述或者重大遗漏的，责令改正，没收业务收入，暂停或者撤销证券服务业务许可，并处以业务收入一倍以上五倍以下的罚款。对直接负责的主管人员和其他直接责任人员给予警告，撤销证券从业资格，并处以三万元以上十万元以下的罚款。”

第二百二十五条规定：“上市公司、证券公司、证券交易所、证券登记结算机构、证券服务机构，未按照有关规定保存有关文件和资料的，责令改正，给予警告，并处以三万元以上三十万元以下的罚款；隐匿、伪造、篡改或者毁损有关文件和资料的，给予警告，并处以三十万元以上六十万元以下的罚款。”

3.《公司法》的规定

《公司法》第二百零八条第一款规定：“承担资产评估、验资或者验证的机构提供虚假材料的，由公司登记机关没收违法所得，处以违法所得一倍以上五倍以下的罚款，并可以由有关主管部门依法责令该机构停业、吊销直接责任人员的资格证书，吊销营业执照。”

第二百零八条第一款规定：“承担资产评估、验资或者验证的机构因过失提供有重大遗漏的报告的，由公司登记机关责令改正，情节较严重的，处以所得收入一倍以上五倍以下的罚款，并可以由有关主管部门依法责令该机构停业、吊销直接责任人员的资格证书，吊销营业执照。”

4.《违反注册会计师法处罚暂行办法》的规定

为加强注册会计师行业的监督管理，促进注册会计师事业的健康发展，维护社会公共利益和当事人的合法权益，1998 年财政部根据《注册会计师法》和《行政处罚法》，制定发布了《违反注册会计师法处罚暂行办法》（以下简称《办法》）。《办法》第四条规定：“对注册会计师的处罚种类包括：（1）警告；（2）没收违法所得；（3）罚款；（4）暂停执业部分或全部业务，暂停执业的最长期限为 12 个月；（5）吊销有关执业许可证；（6）吊销注册会计师证书。”

第五条规定：“对事务所的处罚种类包括：（1）警告；（2）没收违法所得；（3）罚款；（4）暂停执行部分或全部业务，暂停执行的最长期限为 12 个月；（5）吊销有关执行许可证；（6）撤销事务所。”

《办法》除细化规定了注册会计师和事务所违反《注册会计师法》应当承担的行政责任的种类外，还具体规定了对违反《注册会计师法》的注册会计师和事务所实施行政处罚的主体、条件、程序以及注册会计师和事务所减轻、免除行政责任的情形和救济途径等。

（三）刑事责任

1.《注册会计师法》的规定

《注册会计师法》第三十九条第三款规定：“会计师事务所、注册会计师违反本法第二十条、第二十一条的规定，故意出具虚假的审计报告、验资报告，构成犯罪的，依法追究刑事责任。”

2.《证券法》的规定

《证券法》第二百三十一条规定：“违反本法规定，构成犯罪的，依法追究刑事责任。”

3.《公司法》的规定

《公司法》第二百一十六条规定：“违反本法规定，构成犯罪的，依法追究刑事责任。”

4.《刑法》的规定

《刑法》第二百二十九条第一款规定:“承担资产评估、验资、验证、会计、审计、法律服务等职责的中介组织的人员故意提供虚假证明文件,情况严重的,处五年以下有期徒刑或者拘役,并处罚金。”

第二百二十九条第二款规定:“前款规定的人员,索取他人财物或者非法收受他人财物,犯前款罪的,处五年以上十年以下有期徒刑,并处罚金。”

第二百二十九条第三款规定:“第一款规定的人员,严重不负责任,出具的证明文件有重大失实,造成严重后果的,处三年以下有期徒刑或者拘役,并处或者单处罚金。”

第二百三十一条规定:“单位犯有本节第二百二十一条至第二百三十条规定之罪的,对单位判处罚金,并对其直接负责的主管人员和其他直接责任人员,依照本节各该条的规定处罚。”

5.《违反注册会计师法处罚暂行办法》的规定

《违反注册会计师法处罚暂行办法》第三十一条规定:“注册会计师和事务所的违法行为构成犯罪的,应当移交司法机关,依法追究刑事责任。”

第五节 注册会计师协会

一、国外注册会计师协会

(一)美国注册会计师协会

美国注册会计师协会(AICPA)的前身是美国公共会计师联盟,成立于1887年。AICPA设有管理理事会,决定协会的各项活动和政策,由约260名来自各州的成员组成。董事会是理事会的执行委员会,负责协会理事会闭会期间的工作,董事会由23名成员组成。

AICPA设有以下委员会:会计及检查服务委员会、会计准则执行委员会、同业互查委员会、审计准则委员会、考试委员会、管理后续教育委员会、信息技术执行委员会、咨询服务执行委员会、个人财务计划执行委员会、私营公司业务执行委员会、职业道德执行委员会、税务执行委员会等。

AICPA的主要职责是:制定准则和规则;组织注册会计师考试和阅卷;进行后续教育;促进准则和规则的实施;等等。

(二)英国特许公认会计师协会

英国特许公认会计师协会(ACCA)的前身是伦敦会计师公会,成立于1904年。ACCA总部设在伦敦。目前拥有约40万名会员和学员,分布在全球170多个国家和地区。

ACCA的宗旨是:为全世界有能力的人提供机会和通道,并为其会员从事的会计、商业和财务的职业生涯提供支持;实现并推广高标准的专业、职业行为和管理准则;促进公众利益。其组织架构和职责类似美国注册会计师协会。

(三) 日本公认会计士协会

日本公认会计士协会(JICPA)成立于1949年,由公认会计士、境外公认会计士、审计公司和初级公认会计士等4部分组成。JICPA总部位于东京。该会日常事务由秘书处处理,秘书长负责。设有8个专门委员会:审计委员会、会计委员会、管理咨询委员会、国际事务委员会、会计职业委员会、质量控制委员会、交流委员会和注册委员会。

JICPA的主要职责是:对会员执业质量情况进行监督;继续教育;积极参与企业会计委员会;增加会员服务机会;积极参加国际组织;出版JICPA月刊;等等。

(四) 亚太会计师联合会

亚太会计师联合会(CAPA)是亚太地区会计行业组织的代表,正式成立于1976年。CAPA常设办事机构设于马来西亚的吉隆坡。目前,亚太会计师联合会拥有来自22个国家和地区的32个会计组织会员。中国注册会计师协会于1996年10月加入亚太会计师联合会。

理事会是亚太会计师联合会的决策机构,由会员选举理事组成。理事会下设战略委员会、财务委员会和审计委员会。

亚太会计师联合会的宗旨是:在亚太地区会计行业的发展、提高和协调方面发挥领导作用,使会计行业能够不断为社会公众提供高质量的服务。

(五) 国际会计师联合会

国际会计师联合会(IFAC)成立于1977年10月14日,是目前世界上规模最大的国际会计师组织,总部位于美国纽约。会员来自118个国家和地区的155个行业组织。中国注册会计师协会于1997年5月正式加入国际会计师联合会。

国际会计师联合会最高领导机构是代表大会和理事会。代表大会由其成员各国会计师职业团体各出一人组成,理事会由来自15个不同国家职业会计师团体的代表组成。

国际会计师联合会的宗旨是:以统一的标准发展和提高世界范围的会计专业,促进国际范围内的会计协调。

二、中国注册会计师协会

中国注册会计师协会(简称"中注协")是中国注册会计师行业的自律组织,依据《中华人民共和国注册会计师法》和《社会团体登记条例》的有关规定设立,依法接受财政部、民政部的监督和指导。

(一) 中国注册会计师协会的宗旨和职责

依据《中国注册会计师协会章程》,中国注册会计师协会的宗旨是:服务、监督、管理、协调,即以诚信建设为主线,服务本会会员,监督会员执业质量、职业道德,依法实施注册会计师行业管理,协调行业内、外部关系,维护社会公众利益和会员合法权益,促进行业科学发展。

中国注册会计师协会的主要职责是:审批和管理本会会员;拟订注册会计师执业准则、规则,监督、检查实施情况;组织对注册会计师的任职资格、注册会计师和会计师事务所的执业情况进行年度检查；制定行业自律管理规范，对会员违反相关法律法规和行业管理规范的行为予以惩戒；组织实施注册会计师全国统一考试；组织、推动会员培训和行业人才建设工作；组织业务交流，开展理论研究，提供技术支持；开展注册会计师行业宣传；协调行业内、外部关系，支持会员依法执业，维护会员合法权益；代表中国注册会计师行业开展国际交往活动；指导地方注册会计师协会工作；承担法律、行政法规规定和国家机关委托或授权的其他有关工作。

（二）中国注册会计师协会会员

中国注册会计师协会会员分为团体会员和个人会员。依法批准设立的会计师事务所为协会团体会员。凡参加注册会计师全国统一考试全科合格并经申请批准者和依照规定原考核取得协会会员资格者为协会个人会员。个人会员分为执业会员和非执业会员。其中，依法取得中国注册会计师执业证书的为执业会员。

中国注册会计师协会个人会员享有下列权利：协会的选举权和被选举权；对协会给予的惩戒提出申诉；参加协会举办的学习和培训活动；参加协会举办的有关专业研究和经验交流活动；获得协会提供的有关资料；通过协会向有关方面提出意见和要求；监督协会工作，提出批评和建议；监督协会的会费收支；依照规定申请退出协会。

中国注册会计师协会个人会员应当履行下列义务：遵守协会章程；执行协会决议；遵守会员职业道德守则；遵守协会纪律；接受协会的监督、管理；按规定交纳会费；完成规定的继续教育；自觉维护注册会计师职业声誉，维护会员间的团结；承担协会委托的任务。中国注册会计师协会执业会员除应当履行前款规定的义务外，还应当履行遵守执业准则、规则的义务。

中国注册会计师协会团体会员享有个人会员权利中除“协会的选举权和被选举权”以外的其他权利，承担个人会员义务中除“完成规定的继续教育”以外的其他义务。

（三）中国注册会计师协会机构

中国注册会计师协会最高权力机构为全国会员代表大会，全国会员代表大会选举产生理事会。理事会选举产生会长一人、副会长若干人、常务理事若干人，理事会设若干专门委员会和专业委员会。常务理事会在理事会闭会期间行使理事会职权。协会下设秘书处，为其常设执行机构。

本章小结

注册会计师是指通过国家认定或统一考试取得注册会计师资格证书的专业人员。注册会计师审计是市场经济监督体系重要的制度安排。我国于 1991 年开始实行注册会计师全国统一考试制度，由中国注册会计师协会组织实施。根据规定，参加全国注册会计师考试全科成绩合格，并在中国境内从事审计业务两年以上的，可以向省级注册会计师协会申请注册，取得注册会计师证书，成为执业会员。根据《中华人民共和国注册会计师法》及有关规定，中国注册会计师应当在执业期间接受后续教育。

注册会计师审计是由依法批准成立的民间审计组织所实施的审计。中国的民间审计组织为会计师事务所。会计师事务所是注册会计师依法承办业务、独立核算、依法纳税的社会中介服务机构。根据《中华人民共和国注册会计师法》规定，目前中国只批准设立合伙制会计师事务所、有限责任制会计师事务所和特殊普通合伙制会计师事务所三种组织形式的会计师事务所。

执业质量是会计师事务所的生命线，是注册会计师行业维护公众利益的专业基础和诚信义务。加强业务质量控制制度建设，制定并实施科学、严谨的质量控制政策和程序，是保障会计师事务所执业质量、实现行业科学健康发展的重要制度保障和长效机制。会计师事务所质量控制制度的要素包括：对业务质量承担的领导责任；相关职业道德要求；客户关系和具体业务的接受与保持；人力资源；业务执行；监控。会计师事务所应当围绕这些要素制定质量控制政策和程序，并应当将质量控制政策和程序形成书面文件，传达到全体人员。

根据《中华人民共和国注册会计师法》及其他法律、行政法规的规定，我国注册会计师可以承办鉴证业务和会计咨询、会计服务业务及其他业务。其中，鉴证业务属于注册会计师的法定业务，非注册会计师不得承办。鉴证业务的要素包括鉴证业务的三方关系、鉴证对象、标准、证据和鉴证报告。

注册会计师在执行审计业务时，应当按照审计准则的要求审慎执业，保证执业质量，控制审计风险。否则，一旦出现审计失败，就有可能承担相应的法律责任。法律责任的出现，通常是因为注册会计师在执业时没有保持应有的职业谨慎，并导致了对他人权利的损害。

中国注册会计师协会是中国注册会计师行业的自律组织。中国注册会计师协会最高权力机构为全国会员代表大会。中国注册会计师协会会员分为团体会员和个人会员。依法批准设立的会计师事务所为协会团体会员。个人会员分为执业会员和非执业会员。其中，依法取得中国注册会计师执业证书的为执业会员。

练习题

一、单项选择题

1. 对会计师事务所和注册会计师进行自我教育和自我管理的单位是（　　）。

A. 财政部会计司　　B. 审计署指导司

C. 中国注册会计师协会　　D. 中国会计学会

2. 由财政部统一制发注册会计师证书的注册会计师必须（　　）。

A. 考试合格　　B. 政审合格

C. 批准注册　　D. 批准考试

3. 注册会计师鉴证业务包括但不限于（　　）。

A. 设计财务会计制度　　B. 代理记账

C. 验证企业资本　　D. 税务咨询

4. 下列各项中，不可能属于鉴证业务责任方的是（　　）。

A. 注册会计师聘请协助的专家　　B. 预期使用者

C. 鉴证业务的委托人　　D. 被审计单位管理层

5. 鉴证业务涉及的三方关系人是指（　　）。

A. 注册会计师、委托人、被鉴证单位

B. 注册会计师、委托人、责任方

C. 注册会计师、责任方、预期使用者

D. 注册会计师、委托人、预期使用者

6. 在《注册会计师鉴证业务基本准则》中规定，注册会计师应当以（　　）计划和执行鉴证业务，获取有关鉴证对象信息是否存在重大错报的充分、适当的证据。

A. 职业怀疑态度　　B. 毫无怀疑

C. 全部质疑　　D. 平常心

7. 鉴证标准是用于评价或计量鉴证对象的基准。下列各项中，不能作为标准的是(　　)。

A. 财政部颁布的企业会计准则

B. 被审计单位集团制定的会计制度

C. 被审计单位自行制定的绩效考核标准

D. 注册会计师运用专业判断对鉴证对象作出的估计

8. 如果注册会计师指派了不具有专业胜任能力的助理人员进行审计而导致未能发现应当发现的财务报表中存在的重大错报，应该属于（　　）。

A. 经营失败　　B. 审计失败

C. 欺诈　　D. 审计风险

9. 会计师事务所应当培育以（　　）为导向的内部文化。

A. 服务　　B. 质量　　C. 业务量　　D. 收费

10. 在审计中，注册会计师未能发现现金等资产短缺，被审计单位可以以过失为由控告注册会计师，但注册会计师申辩现金等问题是由于被审计单位缺乏适当的内部控制造成的。这种情况可能使法院判定被审计单位负有（　　）责任。

A. 违约　　B. 共同过失　　C. 重大过失　　D. 普通过失

二、多项选择题

1. 鉴证业务按照提供的保障程度不同分为（　　）。

A. 合理保证　　B. 有限保证　　C. 绝对保证　　D. 中等保证

2. 关于鉴证业务三方关系，下列叙述正确的有（　　）。

A. 鉴证业务涉及的三方关系人包括注册会计师、委托人和预期使用者

B. 鉴证业务涉及的三方关系人包括注册会计师、责任方和预期使用者

C. 预期使用者通常会包括委托人，在鉴证业务中，委托人可能会是唯一的预期使用者

D. 预期使用者有时会包括责任方，在鉴证业务中，责任人可能会是唯一的预期使用者

3. 我国会计师事务所的组织形式有（　　）。

A. 独资会计师事务所　　B. 公司制会计师事务所

C. 特殊普通合伙会计师事务所　　D. 合伙会计师事务所

4. 基于责任方认定的业务和直接报告业务的主要区别表现在以下（　　）方面。

A. 预期使用者获取信息的方式　　B. 注册会计师提出结论的对象

C. 责任方的责任　　D. 鉴证报告的内容和格式

5. 注册会计师对鉴证业务提供的保证程度通常是合理保证而非绝对保证。这是因为，下列（　　）因素的存在，注册会计师将鉴证业务风险降至零几乎不可能，也不符合成本效益原则。

A. 注册会计师在获取和评价证据以及由此得出结论时，涉及大量判断

B. 在某些情况下，鉴证对象具有特殊性

C. 注册会计师所能获取的大多数证据是说服性的而非结论性的

D. 注册会计师选择性测试方法的运用和鉴证客户内控的固有局限性

6. 会计师事务所应当制定有关客户关系和具体业务接受与保持的政策和程序，以合理保证只有在下列（　　）情况下，才能接受或保持客户关系和具体业务。

A. 具有执行业务必要的素质、专业胜任能力、时间和资源

B. 能够遵守职业道德规范

C. 已考虑客户的诚信，没有信息表明客户缺乏诚信

D. 客户以前是否委托其他会计师事务所

7. 质量控制制度的目标是合理保证（　　）。

A. 项目组成员按照质量控制制度的规定规范地执行审计业务

B. 会计师事务所和项目合伙人出具适合具体情况的报告

C. 降低审计成本，提高审计效率

D. 会计师事务所及其人员遵守职业准则和适用的法律法规的规定

8. 注册会计师法律责任的种类有（　　）。

A. 民事责任　　B. 刑事责任

C. 过失　　D. 行政责任

9. 我国会计师事务所的业务范围具体包括（　　）。

A. 司法业务　　B. 鉴证业务

C. 审计培训业务　　D. 会计咨询业务

10. 我国会计师事务所的鉴证业务具体包括（　　）。

A. 财务报表审计或审阅　　B. 验证企业资本

C. 企业破产清算审计　　D. 参与调解经济纠纷

三、简答题

1. 简述鉴证业务的五个要素。
2. 简述鉴证业务的三方关系人及关系。
3. 什么是基于责任方认定的业务和直接报告业务？
4. 会计师事务所的质量控制应当包括针对哪些要素而制定的政策和程序？
5. 设立合伙会计师事务所的条件是什么？
6. 中国注册会计师协会的职责有哪些？

第三章

审计技术

本章重点

1. 审计证据的两个基本特性
2. 审计工作底稿的要素与归档
3. 获取审计证据的方法（程序）
4. 抽样风险与非抽样风险
5. 样本设计、样本选取与样本结果评价

第一节　审计证据

一、审计证据的含义和内容

（一）审计证据的含义

审计证据是指审计人员为了得出审计结论、形成审计意见而使用的所有信息，包括构成财务报表基础的会计记录所含有的信息和其他信息。审计人员应当获取充分、适当的审计证据，以得出合理的审计结论，作为形成审计意见的基础。审计证据是审计中的一个核心概念，是审计理论的一个重要组成部分。

（二）审计证据的内容

审计证据的内容包括构成财务报表基础的会计记录中含有的信息和其他信息。

1. 会计记录中含有的信息

依据会计记录编制财务报表是被审计单位管理层的责任，审计人员应当测试会计记录以获取审计证据。会计记录主要包括原始凭证、记账凭证、总分类账和明细分类账、未在记账凭证中反映的对财务报表的其他调整，以及支持成本分配、计算、调节和披露的手工计算表和电子数据表。上述会计记录是编制财务报表的基础，构成审计人员执行财务报表审计业务所需获取的审计证据的重要部分。这些会计记录通常是电子数据，因而要求审计人员对内部控制予以充分关注，以获取这些记录的真实性、准确性和完整性。进一步说，电子形式的会计记录可能只能在特定时间获取，如果不存在备份文件，特定期间之后有可能无法再获取这些记录。

会计记录取决于相关交易的性质，它既包括被审计单位内部生成的手工或电子形式的凭证，也包括从与被审计单位进行交易的其他企业收到的凭证。除此之外，会计记录还可能包括：销售发运单和发票、顾客对账单以及顾客的汇款通知单；附有验货单的订购单、购货发票和对账单；考勤卡和其他工时记录、工薪单、个别支付记录和人事档案；支票存根、电子转移支付记录、银行存款单和银行对账单；合同记录；分类账账户调节表等。将这些会计记录作为审计证据时，其来源和被审计单位内部控制的相关强度（对内部生成的证据而言）都会影响审计人员对这些原始凭证的信赖程度。

2. 其他信息

会计记录中含有的信息本身并不足以提供充分的审计证据，作为对财务报表发表审计意见的基础，审计人员还应当获取用作审计证据的其他信息。

其他信息的范围很广，可用作审计证据的其他信息包括：

（1）审计人员从被审计单位内部或外部获取的会计记录以外的信息，如被审计单位会议记录、内部控制手册、询证函的回函、分析师的报告、与竞争者的比较数据等；

（2）审计人员通过询问、观察和检查等审计程序获取的信息，如通过检查存货获取存货存在性的证据等；

（3）审计人员自身编制或获取的可以通过合理推断得出结论的信息，如审计人员编制的各种计算表、分析表等。

财务报表依据的会计记录中包含的信息和其他信息共同构成了审计证据，两者缺一不可。如果没有前者，审计工作将无法进行；如果没有后者，可能无法识别重大错报风险。只有将两者结合在一起，才能将审计风险降至可接受的低水平，为审计人员发表审计意见提供合理基础。

二、审计证据的类型

（一）按审计证据的表现形态分类

按审计证据的表现形态分类，可以分为实物证据、书面证据、口头证据和环境证据。

1. 实物证据

实物证据是指以实物的外部特征和内含性能来证明事物真相的各种财产物资。实物证据可以通过实际观察或清点取得，用以确定某些实物资产存在的实在性、数量和计价的正确性，如现金、存货、固定资产、在建工程等。实物证据的存在本身就具有很大的可靠性，所以实物证据具有较强的证明力。但应防止伪造和混淆实物证据，如核实物资的所有权是否转移，有无外单位寄存的材料、产品等物资，以及有无经营租入的固定资产等情况。

2. 书面证据

书面证据是以文字记载的内容来证明被审计事项的各种书面资料。书面证据是审计人员获取的各种以书面文件为形式的证据，主要包括：原始凭证、会计记录（记账凭证、会计账簿、明细表）、各种会议记录、文件、合同函件等。书面证据是审计证据中最基本和最多的组成部分，是证明力最强的基本证据。

3. 口头证据

口头证据是指以视听资料、证人证词，有关人员的陈述、意见、说明和答复等形式存在的审计证据。口头证据是被审计单位职员或其他有关人员对审计人员的提问作口头答复所形成的一类证据，包括审计人员询问会计记录、文件的存放地点，采用特殊会计政策和方法的理由，收回逾期应收账款的可能性等。一般而言，口头证据可靠性较差，本身并不足以说明事实真相，不能据此说明结论，但口头证据可以为审计人员提供重要审计线索，在一定程度上起到佐证作用。

4. 环境证据

环境证据是指对审计事项产生影响的各种环境事实。环境证据主要包括以下几种：

（1）被审计单位的有关内部控制情况；

（2）被审计单位管理人员的素质；

（3）被审计单位的各种管理条件和管理水平。

环境证据一般不属于主要的审计证据，证明力较弱，但可帮助审计人员了解被审计单位经济活动所处的环境，是审计人员进行判断所必须掌握的资料，是一种辅助证据。

（二）按审计证据的来源分类

按审计证据的来源分类，可以分为外部证据、内部证据和亲历证据。

1. 外部证据

外部证据是指由被审计单位以外的组织机构或人士所编制和处理的书面证据。例如，采购时的购置发票、函证回函等，一般具有较强的证明力。

按照证据的处理过程，外部证据主要包括：

（1）由被审计单位以外的机构或人士编制，并由其直接递交给审计人员的外部证据。例如，应收账款函证回函，被审计单位律师与其他独立的专家关于被审计单位资产所有权和或有负债等的证明函件，保险公司、寄售公司、证券经纪人的证明等，此类证据不仅由完全独立于被审计单位的外界机构或人士提供，而且未经被审计单位有关职员之手，从而排除了伪造、更改凭证或业务记录的可能性，其证明力最强；

（2）由被审计单位以外的机构或人士编制，但为被审计单位持有并提交给审计人员的书面证据。例如，银行对账单、购货发票、应收票据、顾客订购单、有关的契约及合同等，由于此类证据已经过被审计单位有关职员之手，在评价其可靠性时，审计人员应考虑被涂改或伪造的难易程度及其已被涂改的可能性。当获取的书面证据有被涂改或伪造的痕迹时，审计人员应予以高度警觉。尽管如此，在一般情况下，外部证据仍是相对于被审计单位的内部证据更具证明力的一种书面证据。

2. 内部证据

内部证据是指由被审计单位内部机构或职员编制和提供的书面证据。它包括被审计单位的会计记录、被审计单位管理层声明书，以及其他各种由被审计单位编制和提供的有关书面文件。

按照证据的处理过程，可以将内部证据再进一步分为两类：

（1）只在被审计单位内部流转的证据；

（2）由被审计单位产生，但在被审计单位外部流转，并获其他单位或个人承认的内部证据。

一般而言，内部证据不如外部证据可靠。但如果内部证据在外部流转，并获得其他单位或个人的承认（如销货发票、付款支票等），则具有较强的可靠性。即使是只在被审计单位内部流转的书面证据，其可靠程度也因被审计单位内部控制的好坏而异。若内部凭证（如收料单与发料单）经过了被审计单位不同部门的审核、签章，且所有凭证预先都有连续编号并按序号依次处理，则这些内部证据也具有较强的可靠性；相反，若被审计单位的内部控制不健全，审计人员就不能过分地信赖其内部自制的书面证据。

3. 亲历证据

亲历证据是指审计人员在被审计单位目击或亲自执行某些活动时取得或编制的证据，包括两种：

（1）审计人员重新执行被审计单位的一部分经济业务或监督、参与盘点财产物资等取得的证据；

（2）审计人员自己编制的各种计算表、分析表及审计工作的相关记录。在通常情况下，审计人员具有专业胜任能力，因此，其亲自获得的证据也具有较强的可靠性。

（三）按审计证据的相关程度分类

按审计证据的相关程度分类，可以分为直接证据和间接证据。

1. 直接证据

直接证据是指对审计事项具有直接证明力，能单独、直接地证明审计事项真相的资料和事实。如在审计人员亲自监督实物和现金盘点情况下的盘点实物和现金的记录，就是证明实物和现金实存数的直接证据。

2. 间接证据

间接证据又称旁证，是指对审计事项只起间接证明作用，需要与其他证据结合起来，经过分析、判断、核实才能证明审计事项真相的资料和事实。例如，应证事项是销售收入的公允性，就应收账款而言，其是与销售收入相关的资料，因此应收账款是对销售收入公允性证明的间接证据。

（四）按审计证据的重要性分类

按审计证据的重要性分类，可以分为基本证据、辅助证据和矛盾证据。

1. 基本证据

基本证据是指对审计人员形成审计意见、作出审计结论具有直接影响的审计证据。如证明被审计单位财务状况好坏时，被审计单位的财务报表、会计账簿等就是基本证据。审计人员如果离开了基本证据，就无法提出审计意见和作出审计结论。

2. 辅助证据

辅助证据是指作为基本证据的一种必要补充，补充说明基本证据的证据。如要证明账簿记录的真实性，各种记账凭证是基本证据，而附在记账凭证后面的各种原始凭证，是编制记账凭证的依据，它们补充说明记账凭证来证明账簿的真实性，因而它们是辅助证据。

3. 矛盾证据

矛盾证据是指证明的方向与基本证据相反，或证明的内容与基本证据不一致的证据。例如，被审计单位财务报表上的“固定资产”是10亿元，而会计账簿上的“固定资产”只有9亿元，那么“固定资产”会计账簿就是财务报表的矛盾证据。遇有矛盾证据，审计人员必须进一步收集审计证据，并加以深入分析和鉴定，以肯定或否定证据间的矛盾。

三、审计证据的特性

审计证据的充分性和适当性是审计证据说服力的两个方面，两者密切相关，是审计证据的两个基本特性。

（一）审计证据的充分性

审计证据的充分性又称为足够性。按照审计准则的含义，它是指审计证据的数量能足以支持审计人员的审计意见。因此，它是审计人员为形成审计意见所需审计证据的最低数量要求，与审计人员确定的样本量有关。

客观公正的审计意见必须建立在有足够数量的审计证据的基础之上，但是这并不是说，审计证据的数量越多越好。为了使审计人员进行有效率、有效益的审计，审计人员通常把需要足够数量审计证据的范围降低到最低限度。因此，每一审计项目对审计证据的需要量，以及取得这些证据的途径和方法，应当根据该项目的具体情况来定。在某些情况下，由于时间、空间或成本的限制，审计人员不能获取最为理想的审计证据时，可考虑通过其他途径或用其他审计证据来替代。审计人员只有通过不同的渠道和方法取得他认为足够的审计证据时，才能据以发表审计意见。

审计人员判断审计证据是否充分时，主要考虑以下因素：

1. 审计风险大小

审计风险由重大错报风险和检查风险组成。这里，审计人员判断审计证据是否充分时应考虑的是重大错报风险。一般来说，如果审计人员对会计报表层次和账户余额或某类交易层次重大错报风险的性质估计得严重，其风险水平估计得很高，那么，所需收集的证据的数量就多；反之，所需收集的证据的数量就少。

2. 具体审计项目的重要性

越是重要的审计项目，审计人员就越需获取充分的审计证据以支持其审计结论或意见；否则，一旦出现判断错误，就会影响审计人员对审计整体的判断，从而导致审计人员的整体判断失误。相对而言，对于不太重要的审计项目，即使审计人员出现判断上的偏差，也不至于引发审计人员的整体判断失误，故此时审计人员可相应减少审计证据的数量。

3. 审计人员及其业务助理人员的审计经验

丰富的审计经验，可使审计人员及其助理人员从较少的审计证据中判断出被审事项是否存在错误或舞弊行为。相对来说，此时就可减少对审计证据数量的依赖程度。相反，当审计人员及其助理人员缺乏审计经验时，少量的审计证据就不一定能使其发现被审事项是否存在错误或舞弊行为，因而应增加审计证据的需要量。

4. 审计过程中是否发现错误或舞弊

一旦审计过程中发现了被审事项存在错误或舞弊的行为，则被审计单位整体会计报表存在问题的可能性就增加，因此，审计人员需增加审计证据的数量，以确保能做出合理的审计结论，形成恰当的审计意见。

5. 审计证据的类型与获取途径

如果大多数审计证据都是从独立于被审计单位的第三者所获取的，而且这些证据本身不易伪造，则审计证据的质量就较高。相对而言，审计人员所需获取的审计证据的数量就可减少；反之，审计证据的数量就应增加。

6. 成本效益制约

审计工作中的成本效益原则决定审计证据的数量并非越多越好，审计人员应在既定的审计时间和合理的成本限度内取得满足需要的适量的审计证据。

7. 审计总体规模和特征

在现代审计中，对很多会计报表项目都采用抽样的方法来收集证据。通常，抽样总体规模越大，所需证据的数量就越多。这里的总体规模是指包括在总体中的项目数量，比如，赊销交易数、应收账款明细账数量及账户余额的金额数量等。总体特征是指总体中各组成项目的同质性或变异性。审计人员对不同质的总体可能比对同质的总体需要较大的样本量和更多的佐证信息。

（二）审计证据的适当性

审计证据的适当性是指审计证据质量的衡量，即审计证据在支持审计意见所依据结论方面具有的相关性和可靠性。前者是指审计证据应与审计目标相关联；后者是指审计证据应能如实地反映客观事实。相关性和可靠性是审计证据适当性的核心内容，只有相关且可靠的审计证据才是高质量的。

1. 审计证据的相关性

相关性，是指用作审计证据的信息与审计程序的目的和所考虑的相关认定之间的逻辑联系。审计人员只能利用与审计目的相关联的审计证据来证明和否定被审计单位所认定的事项。例如，存货监盘结果只能证明存货是否存在、是否有毁损及短缺，而不能证明存货的计价和所有权的情况。

审计人员通过实质性程序获取审计证据时，应考虑的相关事项主要包括：资产或负债在某一特定时日是否存在；资产或负债在某一特定时日是否归属于被审计单位；经济业务的发生是否与被审计单位有关；是否有未入账的资产、负债或其他交易事项；会计记录金额是否恰当；资产或负债的计价是否恰当，并前后一致。

2. 审计证据的可靠性

审计证据的可靠性是指证据的可信程度。例如，审计人员亲自检查存货所获得的证据，就比被审计单位管理层提供给审计人员的存货数据更可靠。

审计证据的可靠性受其来源和性质的影响，并取决于获取审计证据的具体环境。不同来源的审计证据的可靠程度通常可用下述标准来判断：

（1）以文件、记录形式（无论是纸质、电子或其他介质）存在的审计证据，比口头形式的审计证据更可靠。

（2）取自被审计单位以外的独立的第三者的外部证据，比取自被审计单位内部的证据更可靠；已获独立的第三者确认的内部证据，比未获独立的第三者确认的内部证据更可靠。

（3）审计人员直接获取的审计证据比间接获取或推论得出的审计证据更可靠。

（4）被审计单位内部控制有效时所提供的内部证据，比被审计单位内部控制薄弱时所提供的内部证据更可靠。

（5）从原件获取的审计证据比从传真或复印件获取的审计证据更可靠。

（6）不同来源或不同性质的审计证据能够相互印证时，审计证据更可靠；反之，若通过某一来源所获取的证据与通过其他来源所获取的证据相互印证时不相一致，或者不同性质的证据相互矛盾时，则审计人员就需进一步审计。

审计人员在按照上述标准评价审计证据的可靠性时，还应当注意可能出现的重要例外情况。例如，审计证据虽然是从独立的外部来源获得，但如果该证据是由不知情或不具备资格者提供，审计证据也可能是不可靠的。同样，如果审计人员不具备评价证据的专业能力，那么即使是直接获取的证据，也可能不可靠。

（三）充分性和适当性之间的关系

充分性和适当性是审计证据的两个重要特性，两者缺一不可，只有充分且适当的审计证据才是有证明力的。

审计证据的适当性会影响其充分性。一般而言，审计证据的相关与可靠程度越高，则所需审计证据的数量就可减少；反之，审计证据的数量就要相应增加。例如，被审计单位内部控制健全时生成的审计证据更可靠，审计人员只需获取适量的审计证据，就可以为发表审计意见提供合理的基础。

需要注意的是，尽管审计证据的充分性和适当性相关，但如果审计证据的质量存在缺陷，那么审计人员仅靠获取更多的审计证据可能无法弥补其质量上的缺陷。例如，审计人员应当获取与销售收入完整性相关的证据，实际获取到的却是有关销售收入真实性的证据，审计证据与完整性目标不相关，即使获取的证据再多，也证明不了收入的完整性。同样地，如果审计人员获取的证据不可靠，那么证据再多也难以起到证明作用。

（四）评价充分性和适当性时的特殊考虑

1. 对文件记录可靠性的考虑

审计工作通常不涉及鉴定文件记录的真伪，审计人员也不是鉴定文件记录真伪的专家，但应当考虑用作审计证据的信息的可靠性，并考虑与这些信息生成和维护相关控制的有效性。

如果在审计过程中识别出的情况使其认为文件记录是伪造的，或文件记录中的某些条款已发生变动，审计人员应做出进一步调查，包括直接向第三方询证，或考虑利用专家的工作以评价文件记录的真伪。

2. 使用被审计单位生成信息时的考虑

审计人员为获取可靠的审计证据，实施审计程序时使用的被审计单位生成的信息需要足够完整和准确，审计人员应当就这些信息的准确性和完整性获取审计证据。

3. 证据相互矛盾时的考虑

如果针对某项认定从不同来源获取的审计证据或获取的不同性质的审计证据能够相互印证，与该项认定相关的审计证据则具有更强的说服力。如果针对某项认定从不同来源获取的审计证据或获取的不同性质的审计证据不一致，则表明某项审计证据不可靠，审计人员应当追加必要的审计程序。

4. 获取审计证据时对成本的考虑

审计人员获取审计证据时，可以考虑成本效益原则，但不应以获取审计证据的困难和成本为由减少不可替代的审计程序。对于重要的审计项目，审计人员不应以审计成本的高低或获取审计证据的难易程度作为减少必要审计程序的理由。此时，审计人员如若无法取得充分且适当的审计证据，则应视情况发表保留意见或无法表示意见的审计报告。

四、获取审计证据的方法

审计人员在审计过程中可以采用检查、观察、询问、函证、重新计算、重新执行以及分析程序等审计方法获取审计证据。这些审计方法可以单独或综合运用于风险评估程序、控制测试和实质性程序。

第二节 审计工作底稿

一、审计工作底稿概述

（一）审计工作底稿的含义

审计工作底稿，是指审计人员对制定的审计计划、实施的审计程序、获取的相关审计证据，以及得出的审计结论作出的记录。审计工作底稿是审计证据的载体，是审计人员在审计过程中形成的审计工作记录和获取的资料。它形成于审计过程，也反映整个审计过程。

（二）审计工作底稿的编制目的

审计工作底稿在计划和执行审计工作中发挥着关键作用。它提供了审计工作实际执行情况的记录，并形成审计报告的基础。审计工作底稿也可用于质量控制复核、监督会计师事务所对审计准则的遵守情况以及第三方的检查等。在会计师事务所因执业质量而涉及诉讼或有关监管机构进行执业质量检查时，审计工作底稿能够提供证据，证明会计师事务所是否按照《中国注册会计师审计准则》（以下简称《审计准则》）的规定执行了审计工作。

因此，审计人员应当及时编制审计工作底稿，以实现下列目的：

1. 提供充分、适当的记录，作为出具审计报告的基础；

2. 提供证据，证明审计人员已按照审计准则和相关法律法规的规定计划和执行了审计工作。

除上述目的外，编制审计工作底稿还可以实现下列目的：

1. 有助于项目组计划和执行审计工作；

2. 有助于负责督导的项目组成员按照《中国注册会计师审计准则第1121号——对财务报表审计实施的质量控制》的规定。履行指导、监督与复核审计工作的责任；

3. 便于项目组说明其执行审计工作的情况；

4. 保留对未来审计工作持续产生重大影响的事项的记录；

5. 便于会计师事务所按照《质量控制准则第5101号——会计师事务所对执行财务报表审计和审阅、其他鉴证和相关服务业务实施的质量控制》的规定，实施质量控制复核与检查；

6. 便于监管机构和注册会计师协会根据相关法律法规或其他相关要求，对会计师事务所实施执业质量检查。

（三）审计工作底稿的编制要求

审计人员编制的审计工作底稿，应当使未曾接触该项审计工作的有经验的专业人士清楚地了解：

1. 按照审计准则和相关法律法规的规定实施的审计程序的性质、时间安排和范围；
2. 实施审计程序的结果和获取的审计证据；
3. 审计中遇到的重大事项和得出的结论，以及在得出结论时作出的重大职业判断。

有经验的专业人士，是指会计师事务所内部或外部的具有审计实务经验，并且对下列方面有合理了解的人士：

1. 审计过程；
2. 审计准则和相关法律法规的规定；
3. 被审计单位所处的经营环境；
4. 与被审计单位所处行业相关的会计和审计问题。

（四）审计工作底稿的性质

1. 审计工作底稿的存在形式

审计工作底稿可以以纸质、电子或其他介质形式存在。

随着信息技术的广泛运用，审计工作底稿的形式从传统的纸质形式扩展到电子或其他介质形式。但无论审计工作底稿以哪种形式存在，会计师事务所都应当针对审计工作底稿设计和实施适当的控制，以实现下列目的：

（1）使审计工作底稿清晰地显示其生成、修改及复核的时间和人员；

（2）在审计业务的所有阶段，尤其是在项目组成员共享信息或通过互联网将信息传递给其他人员时，保护信息的完整性和安全性；

（3）防止未经授权改动审计工作底稿；

（4）允许项目组和其他经授权的人员为适当履行职责而接触审计工作底稿。

为便于会计师事务所内部进行质量控制和外部执业质量检查或调查，以电子或其他介质形式存在的审计工作底稿，应与其他纸质形式的审计工作底稿一并归档，并应能通过打印等方式，转换成纸质形式的审计工作底稿。

在实务中，为便于复核，审计人员可以将以电子或其他介质形式存在的审计工作底稿通过打印等方式，转换成纸质形式的审计工作底稿，并与其他纸质形式的审计工作底稿一并归档，同时，单独保存这些以电子或其他介质形式存在的审计工作底稿。

2. 审计工作底稿通常包括的内容

审计工作底稿通常包括总体审计策略、具体审计计划、分析表、问题备忘录、重大事项概要、询证函回函和声明、核对表、有关重大事项的往来函件（包括电子邮件），审计人员还可以将被审计单位文件记录的摘要或复印件（如重大的或特定的合同和协议）作为审计工作底稿的一部分。

此外，审计工作底稿通常还包括业务约定书、管理建议书、项目组内部或项目组与被审计单位举行的会议记录、与其他人士（如其他审计人员、律师、专家等）的沟通文件及错报汇总表等。但是，审计工作底稿并不能代替被审计单位的会计记录。

一般情况下，分析表主要是指对被审计单位财务信息执行分析程序的记录。例如，记录对被审计单位本年各月收入与上一年度的同期数据进行比较的情况，记录对差异的分析等。

问题备忘录一般是指对某一事项或问题的概要的汇总记录。在问题备忘录中，审计人员通常记录该事项或问题的基本情况、执行的审计程序或具体审计步骤，以及得出的审计结论。例如，有关存货监盘审计程序或审计过程中发现问题的备忘录。

核对表一般是指会计师事务所内部使用的、为便于核对某些特定审计工作或程序的完成情况的表格。例如，特定项目（如财务报表列报）审计程序核对表、审计工作完成情况核对表等。它通常以列举的方式列出审计过程中审计人员应当进行的审计工作或程序以及特别需要提醒注意的问题，并在适当情况下索引至其他审计工作底稿，便于审计人员核对是否已按照审计准则的规定进行审计。

在实务中，会计师事务所通常采取以下方法从整体上提高工作（包括复核工作）效率及工作质量，并进行统一质量管理：

(1) 会计师事务所基于审计准则及在实务中的经验等，统一制定某些格式、索引及涵盖内容等方面相对固定的审计工作底稿模板和范例，如核对表、审计计划及业务约定书范例等，某些重要的或不可删减的工作会在这些模板或范例中予以特别标识；

(2) 在此基础上，审计人员再根据各具体业务的特点加以必要的修改，制定用于具体项目的审计工作底稿。

3. 审计工作底稿通常不包括的内容

审计工作底稿通常不包括已被取代的审计工作底稿的草稿或财务报表的草稿、反映不全面或初步思考的记录、存在印刷错误或其他错误而作废的文本，以及重复的文件记录等。由于这些草稿、错误的文本或重复的文件记录不直接构成审计结论和审计意见的支持性证据，因此，审计人员通常无须保留这些记录。

二、审计工作底稿的格式、要素和范围

（一）确定审计工作底稿的格式、要素和范围时考虑的因素

在确定审计工作底稿的格式、要素和范围时，审计人员应当考虑下列因素：

1. 被审计单位的规模和复杂程度。通常来说，对大型被审计单位进行审计形成的审计工作底稿，通常比对小型被审计单位进行审计形成的审计工作底稿要多；对业务复杂被审计单位进行审计形成的审计工作底稿，通常比对业务简单被审计单位进行审计形成的审计工作底稿要多。

2. 拟实施审计程序的性质。通常，不同的审计程序会使得审计人员获取不同性质的审计证据，由此审计人员可能会编制不同的审计工作底稿。例如，审计人员编制的有关函证程序的审计工作底稿（包括询证函及回函、有关不符事项的分析等）和存货监盘程序的审计工作底稿（包括盘点表、审计人员对存货的测试记录等）在内容、格式及范围方面是不同的。

3. 识别出的重大错报风险。识别和评估的重大错报风险水平的不同可能导致审计人员实施的审计程序和获取的审计证据不尽相同。例如，如果审计人员识别出应收账款存在较高的重大错报风险，而其他应收款的重大错报风险较低，则审计人员可能对应收账款实施较多的审计程序并获取较多的审计证据，因而对测试应收账款的记录会比针对测试其他应收款记录的内容多且范围广。

4. 已获取的审计证据的重要程度。审计人员通过执行多项审计程序可能会获取不同的审计证据，有些审计证据的相关性和可靠性较高，有些质量则较差，审计人员可能区分不同的审计证据进行有选择性的记录，因此，审计证据的重要程度也会影响审计工作底稿的格式、内容和范围。

5. 识别出的例外事项的性质和范围。有时审计人员在执行审计程序时会发现例外事项，由此可能导致审计工作底稿在格式、内容和范围方面的不同。例如，某个函证的回函表明存在不符事项，如果在实施恰当的追查后发现该例外事项并未构成错报，审计人员可能只在审计工作底稿中解释发生该例外事项的原因及影响；反之，如果该例外事项构成错报，审计人员可能需要执行额外的审计程序并获取更多的审计证据，由此编制的审计工作底稿在内容和范围方面可能有很大不同。

6. 当从已执行审计工作或获取审计证据的记录中不易确定结论或结论的基础时，记录结论或结论基础的必要性。在某些情况下，特别是在涉及复杂的事项时，审计人员仅将已执行的审计工作或获取的审计证据记录下来，并不容易使其他有经验的审计人员通过合理的分析，得出审计结论或结论的基础。此时，审计人员应当考虑是否需要进一步说明并记录得出结论的基础（即得出结论的过程）及该事项的结论。

7. 审计方法和使用的工具。审计方法和使用的工具可能影响审计工作底稿的格式、内容和范围。例如，如果使用计算机辅助审计技术对应收账款的账龄进行重新计算，通常可以针对总体进行测试，而采用人工方式重新计算时，则可能会针对样本进行测试，由此形成的审计工作底稿会在格式、内容和范围方面有所不同。

考虑以上因素有助于审计人员确定审计工作底稿的格式、内容和范围是否恰当。审计人员在考虑以上因素时需注意，根据不同情况确定审计工作底稿的格式、内容和范围均是为达到审计准则中所述的编制审计工作底稿的目的，特别是提供证据的目的。例如，细节测试和实质性分析程序的审计工作底稿所记录的审计程序有所不同，但两类审计工作底稿都应当充分、适当地反映审计人员执行的审计程序。

（二）审计工作底稿的要素

通常，审计工作底稿包括下列全部或部分要素：

1. 审计工作底稿的标题；
2. 审计过程记录；
3. 审计结论；
4. 审计标识及其说明；
5. 索引号及编号；
6. 编制者姓名及编制日期；
7. 复核者姓名及复核日期；
8. 其他应说明事项。

下面分别对以上所述要素中的第 1 ~7 项进行说明。

1. 审计工作底稿的标题

每张底稿应当包括被审计单位的名称、审计项目的名称以及资产负债表日或底稿覆盖的会计期间（如果与交易相关）。

2. 审计过程记录

在记录审计过程时，应当特别注意以下几个重点方面：

（1）具体项目或事项的识别特征。在记录实施审计程序的性质、时间安排和范围时，审计人员应当记录测试的具体项目或事项的识别特征，记录具体项目或事项的识别特征可以实现多种目的，例如，既能反映项目组履行职责的情况，也便于对例外事项或不符事项进行调查，以及对测试的项目或事项进行复核。

识别特征是指被测试的项目或事项表现出的征象或标志。识别特征因审计程序的性质和测试的项目或事项不同而不同。对某一个具体项目或事项而言，其识别特征通常具有唯一性，这种特性可以使其他人员根据识别特征在总体中识别该项目或事项并重新执行该测试。为帮助理解，以下列举部分审计程序中所测试的样本的识别特征：

如在对被审计单位生成的订购单进行细节测试时，审计人员可以以订购单的日期或其唯一编号作为测试订购单的识别特征。需要注意的是，在以日期或编号作为识别特征时，审计人员需要同时考虑被审计单位对订购单编号的方式，例如，若被审计单位按年对订购单依次编号，则识别特征是××年的××号；若被审计单位按序列号进行编号，则可以直接将该号码作为识别特征。

对于需要选取或复核既定总体内一定金额以上的所有项目的审计程序，审计人员可以记录实施程序的范围并指明该总体。例如，银行存款日记账中一定余额以上的所有会计分录。

对于需要系统化抽样的审计程序，审计人员可能会通过记录样本的来源、抽样的起点及抽样间隔来识别已选取的样本。例如，若被审计单位对发运单顺序编号，测试的发运单的识别特征可以是对 4 月 1 日至 9 月 30 日的发运记录，从第 12345 号发运单开始每隔 125 号系统抽取发运单。

对于需要询问被审计单位中特定人员的审计和程序，审计人员可能会以询问的时间、被询问人的姓名及职位作为识别特征。

对于观察程序，审计人员可以以观察的对象或观察过程、相关被观察人员及其各自的责任、观察的地点和时间作为识别特征。

（2）重大事项及相关重大职业判断。审计人员应当根据具体情况判断某一事项是否属于重大事项。重大事项通常包括：

①引起特别风险的事项；

②实施审计程序的结果，该结果表明财务信息可能存在重大错报，或需要修正以前对重大错报风险的评估和针对这些风险拟采取的应对措施；

③导致审计人员难以实施必要审计程序的情形；

④导致出具非标准审计报告的事项。

审计人员应当记录与管理层、治理层和其他人员对重大事项的讨论，包括所讨论的重大事项的性质以及讨论的时间、地点和参加人员。

有关重大事项的记录可能分散在审计工作底稿的不同部分。将这些分散在审计工作底稿中的有关重大事项的记录汇总在重大事项概要中，不仅可以帮助审计人员集中考虑重大事项对审计工作的影响，还便于审计工作的复核人员全面、快速地了解重大事项，从而提高复核工作的效率。对于大型、复杂的审计项目，重大事项概要的作用尤为重要。因此，审计人员应当考虑编制重大事项概要，将其作为审计工作底稿的组成部分，以有效地复核和检查审计工作底稿，并评价重大事项的影响。

重大事项概要包括审计过程中识别的重大事项及其如何得到解决，或对其他支持性审计工作底稿的交叉索引。

审计人员在执行审计工作和评价审计结果时运用职业判断的程度，是决定记录重大事项的审计工作底稿的格式、内容和范围的一项重要因素。在审计工作底稿中对重大职业判断进行记录，能够解释审计人员得出的结论并提高职业判断的质量。这些记录对审计工作底稿的复核人员非常有帮助，同样也有助于执行以后期间审计的人员查阅具有持续重要性的事项（如根据实际结果对以前作出的会计估计进行复核）。

当涉及重大事项和重大职业判断时，审计人员需要编制与运用职业判断相关的审计工作底稿。例如：

①如果审计准则要求审计人员“应当考虑”某些信息或因素，并且这种考虑在特定业务情况下是重要的，记录审计人员得出结论的理由；

②记录审计人员对某些方面主观判断的合理性（如某些重大会计估计的合理性）得出结论的基础；

③如果审计人员针对审计过程中识别出的导致其对某些文件记录的真实性产生怀疑的情况实施了进一步调查（如适当利用专家的工作或实施函证程序），记录审计人员对这些文件记录真实性得出结论的基础。

（3）针对重大事项如何处理不一致的情况。如果识别出的信息与针对某重大事项得出的最终结论不一致，审计人员应当记录如何处理不一致的情况。

上述情况包括但不限于审计人员针对该信息执行的审计程序、项目组成员对某事项的职业判断不同而向专业技术部门的咨询情况，以及项目组成员和被咨询人员不同意见（如项目组与专业技术部门的不同意见）的解决情况。

记录如何处理识别出的信息与针对重大事项得出的结论不一致的情况是非常必要的，它有助于审计人员关注这些不一致，并对此执行必要的审计程序以恰当地解决这些不一致。

但是，对如何解决这些不一致的记录要求并不意味着审计人员需要保留不正确的或被取代的审计工作底稿。例如，某些信息初步显示与针对某重大事项得出的最终结论不一致，审计人员发现这些信息是错误的或不完整的，并且初步显示的不一致可以通过获取正确或完整的信息得到满意的解决，则审计人员无须保留这些错误的或不完整的信息。此外，对于职业判断的差异，若初步的判断意见是基于不完整的资料或数据，则审计人员也无须保留这些初步的判断意见。

3. 审计结论

审计工作的每一部分都应包含与已实施审计程序的结果及其是否实现既定审计目标相关的结论，还应包括审计程序识别出的例外情况和重大事项如何得到解决的结论。审计人员恰当地记录审计结论非常重要。审计人员需要根据所实施的审计程序及获取的审计证据得出结论，并以此作为对财务报表发表审计意见的基础。在记录审计结论时需注意在审计工作底稿中记录的审计程序和审计证据是否足以支持所得出的审计结论。

4. 审计标识及其说明

审计标识被用于与已实施审计程序相关的底稿。每张底稿都应包含对已实施程序的性质和范围所作的解释，以支持每一个标识的含义。审计工作底稿中可使用各种审计标识，但应说明其含义，并保持前后一致。以下是审计人员在审计工作底稿中列明标识并说明其含义的例子，供参考。在实务中，审计人员也可以依据实际情况运用更多的审计标识。

∧：纵加核对

<：横加核对

B：与上年结转数核对一致

T：与原始凭证核对一致

G：与总分类账核对一致

S：与明细账核对一致

T/B：与试算平衡表核对一致

C：已发询证函

C\：已收回询证函

5. 索引号及编号

通常，审计工作底稿需要注明索引号及顺序编号，相关审计工作底稿之间需要保持清晰的勾稽关系。为了汇总及便于交叉索引和复核，每个事务所都会制定特定的审计工作底稿归档流程。因此，每张表或记录都应有一个索引号，例如，A1、D6 等等，以说明其在审计工作底稿中的放置位置。工作底稿中每张表所包含的信息都应当与另一张表中的相关信息进行交叉索引，例如，现金盘点表应当与列示所有现金余额的导表进行交叉索引。利用计算机编制工作底稿时，可以采用电子索引和链接。随着审计工作的推进，链接表还可予以自动更新。例如，审计调整表可以链接到试算平衡表，当新的调整分录编制完后，计算机会自动更新试算平衡表，为相关调整分录插入索引号。同样，评估的固有风险或控制风险可以与针对特定风险领域设计的相关审计程序进行交叉索引。

在实务中，审计人员可以按照所记录的审计工作的内容层次进行编号。例如，固定资产汇总表的编号为 C1，按类别列示的固定资产明细表的编号为 C1-1，房屋建筑物的编号为 C1-1-1，机器设备的编号为 C1-1-2，运输工具的编号为 C1-1-3，其他设备的编号为 C1-1-4。相互引用时，需要在审计工作底稿中交叉注明索引号。

以下是不同审计工作底稿之间相互索引的例子，供参考。

例如，固定资产的原值、累计折旧及净值的总额应分别与固定资产明细表的数字互相勾稽。以下是从固定资产汇总表工作底稿（见表 3-1）及固定资产明细表工作底稿（见表 3-2）中节选的部分，以作为相互索引的示范。

表 3-1　　固定资产汇总表（工作底稿索引号：C1）（节选）

工作底稿索引号	固定资产	20×2 年 12 月 31 日	20×1 年 12 月 31 日
C1-1	原值	×××G	×××
C1-1	累计折旧	×××G	×××
	净值	×××T/B∧	×××B∧

表 3－2 固定资产明细表（工作底稿索引号：C1－1）（节选）

工作底稿索引号	固定资产	期初余额	本期增加	本期减少	期末余额
	原值				
C1－1－1	1. 房屋建筑物	×××		×××	×××S
C1－1－2	2. 机器设备	×××	×××		×××S
C1－1－3	3. 运输工具	×××			×××S
C1－1－4	4. 其他设备	×××			×××S
	小计	×××B∧	×××∧	×××∧	×××<C1∧
	累计折旧				
C1－1－1	1. 房屋建筑物	×××			×××S
C1－1－2	2. 机器设备	×××	×××		×××S
C1－1－3	3. 运输工具	×××			×××S
C1－1－4	4. 其他设备	×××			×××S
	小计	×××B∧	×××∧	×××∧	×××<C1∧
	净值	×××B∧			×××C1∧

注：“∧”纵加核对相符；“<”横加核对相符。

6. 编制人员和复核人员及执行日期

为了明确责任，在各自完成与特定工作底稿相关的任务之后，编制者和复核者都应在工作底稿上签名并注明编制日期和复核日期。在记录已实施审计程序的性质、时间安排和范围时，审计人员应当记录：

（1）测试的具体项目或事项的识别特征；

（2）审计工作的执行人员及完成审计工作的日期；

（3）审计工作的复核人员及复核的日期和范围。

在需要项目质量控制复核的情况下，还需要注明项目质量控制复核人员及复核的日期。

通常，需要在每一张审计工作底稿上注明执行审计工作的人员和复核人员、完成该项审计工作的日期以及完成复核的日期。

在实务中，如果若干页的审计工作底稿记录同一性质的具体审计程序或事项，并且编制在同一个索引号中，此时可以仅在审计工作底稿的第一页上记录审计工作的执行人员和复核人员并注明日期。例如，应收账款函证核对表的索引号为 L3－1－1/21，相对应的询证函回函共有 20 份，每一份应收账款询证函回函索引号以 L3－1－2/21、L3－1－3/21……L3－1－21/21 表示，对于这种情况，就可以仅在应收账款函证核对表上记录审计工作的执行人员和复核人员并注明日期。

三、审计工作底稿的归档

（一）审计工作底稿归档工作的性质

在出具审计报告前，审计人员应完成所有必要的审计程序，取得充分、适当的审计证据并得出适当的审计结论。由此，在审计报告日后将审计工作底稿归整为最终审计档案是一项事务性的工作，不涉及实施新的审计程序或得出新的结论。

如果在归档期间对审计工作底稿做出的变动属于事务性的，审计人员可以做出变动，主要包括：

1. 删除或废弃被取代的审计工作底稿；

2. 对审计工作底稿进行分类、整理和交叉索引；

3. 对审计档案归整工作的完成核对表签字认可；

4. 记录在审计报告日前获取的、与项目组相关成员进行讨论并达成一致意见的审计证据。

（二）审计档案的结构

对每项具体审计业务，注册会计师应当将审计工作底稿归整为审计档案。

以下是典型的审计档案结构。

1. 沟通和报告相关工作底稿。

（1）审计报告和经审计的财务报表；

（2）与主审审计人员的沟通和报告；

（3）与治理层的沟通和报告；

（4）与管理层的沟通和报告；

（5）管理建议书。

2. 审计完成阶段工作底稿。

（1）审计工作完成情况核对表；

（2）管理层声明书原件；

（3）重大事项概要；

（4）错报汇总表；

（5）被审计单位财务报表和试算平衡表；

（6）有关列报的工作底稿（如现金流量表、关联方和关联方交易的披露等）；

（7）财务报表所属期间的董事会会议纪要；

（8）总结会会议纪要。

3. 审计计划阶段工作底稿。

（1）总体审计策略和具体审计计划；

（2）对内部审计职能的评价；

（3）对外部专家的评价；

（4）对服务机构的评价；

（5）被审计单位提交资料清单；

（6）主审审计人员的指示；

（7）前期审计报告和经审计的财务报表；

（8）预备会会议纪要。

4. 特定项目审计程序表。

（1）舞弊；

（2）持续经营；

（3）对法律法规的考虑；

（4）关联方。

5. 进一步审计程序工作底稿。

（1）有关控制测试工作底稿；

（2）有关实质性程序工作底稿（包括实质性分析程序和细节测试）。

（三）审计工作底稿归档的期限

《质量控制准则第5101号——会计师事务所对执行财务报表审计和审阅、其他鉴证和相关服务业务实施的质量控制》要求会计师事务所制定有关及时完成最终业务档案归整工作的政策和程序。审计工作底稿的归档期限为审计报告日后60天内。如果审计人员未能完成审计业务，审计工作底稿的归档期限为审计业务中止后的60天内。

如果针对客户的同一财务信息执行不同的委托业务，出具两个或多个不同的报告，会计师事务所应当将其视为不同的业务，根据会计师事务所内部制定的政策和程序，在规定的归档期限内分别将审计工作底稿归整为最终审计档案。

（四）审计工作底稿归档后的变动

在完成最终审计档案的归整工作后，审计人员不应在规定的保存期限届满前删除或废弃任何性质的审计工作底稿。

1. 需要变动审计工作底稿的情形

审计人员发现有必要修改现有审计工作底稿或增加新的审计工作底稿的情形主要有以下两种：

（1）审计人员已实施了必要的审计程序，取得了充分、适当的审计证据并得出了恰当的审计结论，但审计工作底稿的记录不够充分。

（2）审计报告日后，发现例外情况要求审计人员实施新的或追加审计程序，或导致审计人员得出新的结论。例外情况主要是指审计报告日后发现与已审计财务信息相关，且在审计报告日已经存在的事实，该事实如果被审计人员在审计报告日前获知，可能影响审计报告。例如，审计人员在审计报告日后才获知法院在审计报告日前已对被审计单位的诉讼、索赔事项作出最终判决结果。例外情况可能在审计报告日后发现，也可能在财务报表报出日后发现，审计人员应当按照《中国注册会计师审计准则第1332号——期后事项》有关“财务报表报出后发现的事实”的相关规定，对例外事项实施新的或追加的审计程序。

2. 变动审计工作底稿时的记录要求

在完成最终审计档案的归整工作后，如果发现有必要修改现有审计工作底稿或增加新的审计工作底稿，无论修改或增加的性质如何，审计人员均应当记录下列事项：

（1）修改或增加审计工作底稿的理由；

（2）修改或增加审计工作底稿的时间和人员，以及复核的时间和人员。

（五）审计工作底稿的保存期限

会计师事务所应当自审计报告日起，对审计工作底稿至少保存10年。如果审计人员未能完成审计业务，会计师事务所应当自审计业务中止日起，对审计工作底稿至少保存10年。

在完成最终审计档案的归整工作后，审计人员不应在归档的保存期届满前删除或废弃任何性质的审计工作底稿。

第三节 审计常用方法

在审计准则中，将获取审计证据的技术方法称为审计人员实施的“审计程序”。在实施风险评估程序、控制测试或实质性程序中，审计人员可以根据需要单独或综合运用以下技术方法，以获取充分、适当的审计证据。

一、检查

检查是指审计人员对被审计单位内部或外部生成的，以纸质、电子或其他介质形式存在的记录和文件进行审查，或对资产进行实物审查。检查记录或文件可以提供可靠程度不同的审计证据，审计证据的可靠性取决于记录或文件的性质和来源，而在检查内部记录或文件时，其可靠性则取决于生成该记录或文件的内部控制的有效性。将检查用作控制测试的一个例子，是检查记录以获取关于授权的审计证据。

某些文件是表明一项资产存在的直接审计证据，如构成金融工具的股票或债券，但检查此类文件并不一定能提供有关所有权或计价的审计证据。此外，检查已执行的合同可以提供与被审计单位运用会计政策（如收入确认）相关的审计证据。

检查有形资产可为其存在提供可靠的审计证据，但不一定能够为权利和义务或计价等认定提供可靠的审计证据。对个别存货项目进行的检查，可与存货监盘一同实施。

二、观察

观察是指审计人员查看相关人员正在从事的活动或实施的程序。例如，审计人员对被审计单位人员执行的存货盘点或控制活动进行观察。观察可以提供执行有关过程或程序的审计证据，但观察所提供的审计证据仅限于观察发生的时点，而且被观察人员的行为可能因被观察而受到影响，这也会使观察提供的审计证据受到限制。因此，审计人员有必要获取其他类型的佐证证据。

三、询问

询问是指审计人员以书面或口头方式，向被审计单位内部或外部的知情人员获取财务信息和非财务信息，并对答复进行评价的过程。作为其他审计程序的补充，询问广泛应用于整个审计过程中。

知情人员对询问的答复可能为审计人员提供尚未获悉的信息或佐证证据。另外，对询问的答复也可能提供与审计人员已获取的其他信息存在重大差异的信息，例如，关于被审计单位管理层凌驾于控制之上的可能性的信息。在某些情况下，对询问的答复为审计人员修改审计程序或实施追加的审计程序提供了基础。

询问本身不足以发现认定层次存在的重大错报，也不足以测试内部控制运行的有效性，审计人员还应当实施其他审计程序以获取充分、适当的审计证据。

四、函证

函证，是指审计人员直接从第三方（被询证者）获取书面答复以作为审计证据的过程，书面答复可以采用纸质、电子或其他介质等形式。当针对的是与特定账户余额及其项目相关的认定时，函证常常是相关的程序。但是，函证不必局限于账户余额。例如，审计人员可能要求对被审计单位与第三方之间的协议和交易条款进行函证。审计人员可能在询证函中询问协议是否作过修改，如果作过修改，要求被询证者提供相关的详细信息。此外，函证程序还可以用于获取不存在某些情况的审计证据，如不存在可能影响被审计单位收入确认的“背后协议”。

（一）函证的内容

1. 银行存款、借款及与金融机构往来的其他重要信息

审计人员应当对银行存款（包括零余额账户和在本期内注销的账户），借款及与金融机构往来的其他重要信息实施函证程序，除非有充分证据表明某一银行存款、借款及与金融机构往来的其他重要信息对财务报表不重要且与之相关的重大错报风险很低。如果不对这些项目实施函证程序，审计人员应当在审计工作底稿中说明理由。

2. 应收账款

审计人员应当对应收账款实施函证程序，除非有充分证据表明应收账款对财务报表不重要，或函证很可能无效。如果认为函证很可能无效，审计人员应当实施替代审计程序，获取相关、可靠的审计证据。如果不对应收账款函证，审计人员应当在审计工作底稿中说明理由。

3. 函证的其他内容

审计人员可以根据具体情况和实际需要对下列内容（包括但并不限于）实施函证：

（1）交易性金融资产；（2）应收票据；（3）其他应收款；（4）预付账款；（5）由其他单位代为保管、加工或销售的存货；（6）长期股权投资；（7）应付账款；（8）预收账款；（9）保证、抵押或质押；（10）或有事项；（11）重大或异常的交易。

（二）函证的时间

审计人员通常以资产负债表日为截止日，在资产负债表日后适当时间内实施函证。如果重大错报风险评估为低水平，审计人员可选择资产负债表日前适当日期为截止日实施函证，并对所函证项目自该截止日起至资产负债表日止发生的变动实施实质性程序。

根据评估的重大错报风险，审计人员可能会决定函证非期末的某一日的账户余额，例如，当审计工作将在资产负债表日之后很短的时间内完成时，可能会这么做。对于各类在年末之前完成的工作，审计人员应当考虑是否有必要针对剩余期间获取进一步的审计证据。

以应收账款为例，审计人员通常在资产负债日后某一天函证资产负债表日的应收账款余款。如果在资产负债表日前对应收账户余额实施函证程序，审计人员应当针对询证函指明的截止日期与资产负债表日之间实施进一步的实质性程序，或将实质性程序和控制测试结合使用，以将期中测试得出的结论合理延伸至期末。实质性程序包括测试该期间发生的影响应收账款余额的交易或实施分析程序等。控制测试包括测试销售交易、收款交易及与应收账款冲

销有关的内部控制的有效性等。

（三）管理层要求不实施函证时的处理

当被审计单位管理层要求对拟函证的某些账户余额或其他信息不实施函证时，审计人员应当考虑该项要求是否合理，并获取审计证据予以支持。如果认为管理层的要求合理，审计人员应当实施替代审计程序，以获取与这些账户余额或其他信息相关的充分、适当的审计证据。如果认为管理层的要求不合理，且被其阻挠而无法实施函证，审计人员应当视为审计范围受到限制，并考虑对审计报告可能产生的影响。

（四）询证函的设计

1. 设计询证函的总体要求

审计人员应当根据特定审计目标设计询证函。询证函的设计服从于审计目标的需要。通常，在针对账户余额的存在性认定获取审计证据时，审计人员应当在询证函中列明相关信息，要求对方核对确认。但在针对账户余额的完整性认定获取审计证据时，审计人员则需要改变询证函的内容设计或者采用其他审计程序。

例如，在函证应收账款时，询证函中不列出账户余额，而是要求被询证者提供余额信息，这样才能发现应收账款低估错报。再如，在对应付账款的完整性获取审计证据时，根据被审计单位的供货商明细表向被审计单位的主要供货商发出询证函，就比从应付账款明细表中选择询证对象更容易发现未入账的负债。

2. 设计询证函需要考虑的因素

审计人员可采用积极的或消极的函证方式实施函证，也可将两种方式结合使用。

如果采用积极的函证方式，审计人员应当要求被询证者在所有情况下必须回函，确认询证函所列示信息是否正确，或填列询证函要求的信息。积极的函证方式又分为两种：一种是在询证函中列明拟函证的账户余额或其他信息，要求被询证者确认所函证的款项是否正确。通常认为，对这种询证函的回复能够提供可靠的审计证据。但是，其缺点是被询证者可能对所列示信息根本不加以验证就予以回函确认。审计人员通常难以发觉是否发生了这种情形。为了避免这种风险，审计人员可以采用另外一种询证函，即在询证函中不列明账户余额或其他信息，而要求被询证者填写有关信息或提供进一步信息。由于这种询证函要求被询证者做出更多的努力，可能会导致回函率降低，进而导致审计人员执行更多的替代程序。在采用积极的函证方式时，只有审计人员收到回函，才能为财务报表认定提供审计证据。审计人员没有收到回函，可能是由于被询证者根本不存在，或是由于被询证者没有收到询证函，也可能是由于询证者没有理会询证函，因此，无法证明所函证信息是否正确。

如果采用消极的函证方式，审计人员只要求被询证者仅在不同意询证函列示信息的情况下才予以回函。对消极式询证函而言，未收到回函并不能明确表明预期的被询证者已经收到询证函或已经核实了询证函中包含的信息的准确性。因此，未收到消极式询证函的回函提供的审计证据，远不如积极式询证函的回函提供的审计证据有说服力。如果询证函中的信息对询证者不利，则被询证者更有可能回函表示其不同意；相反，如果询证函中的信息对被询证者有利，回函的可能性就会相对较小。例如，被审计单位的供应商如果认为询证函低估了被审计单位的应付账款余额，则其更有可能回函；如果高估了该余额，则回函的可能性很小。

因此，审计人员在考虑这些余额是否可能低估时，向供应商发出消极式询证函可能是有用的程序。当同时存在下列情况时，审计人员可考虑采用消极的函证方式：①重大错报风险评估为低水平；②涉及大量余额较小的账户；③预期不存在大量的错误；④没有理由相信被询证者不认真对待函证。

（五）函证的实施

如果审计人员对函证程序控制不严密，就可能给被审计单位造成可乘之机，导致函证结果发生偏差和函证程序失效。审计人员应当采取下列措施对函证实施过程进行控制：①将被询证者的名称、单位名称和地址与被审计单位有关记录核对；②将询证函中列示的账户余额或其他信息与被审计单位有关资料核对；③在询证函中指明直接向接受审计业务委托的会计师事务所回函；④询证函经被审计单位盖章后，由审计人员直接发出；⑤将发出询证函的情况形成审计工作记录；⑥将收到的回函形成审计工作记录，并汇总统计函证结果。

对以电子形式收到的回函（如传真或电子邮件），由于回函者的身份及其授权情况很难确定，对回函的更改也难以发觉，因此可靠性存在风险。审计人员和回函者采用一定的程序为电子形式的回函创造安全环境，可以降低该风险。如果审计人员确信这种程序安全并得到适当控制，则会提高相关回函的可靠性。电子函证程序涉及多种确认发件人身份的技术，如加密技术、电子数码签名技术、网页真实性认证程序。

（六）积极式函证未收到回函实施替代程序

如果未收到被询证方的回函，审计人员应当实施替代审计程序，例如：①检查资产负债表日后收回的货款。值得注意的是，审计人员不能仅查看应收账款的贷方发生额，而是要查看相关的收款单据，以证实付款方确为该客户且确与资产负债表日的应收账款相关；②检查相关的销售合同、销售单、发运凭证等文件。审计人员需要根据被审计单位的收入确认条件和时点，确定能够证明收入发生的凭证；③检查被审计单位与客户之间的往来邮件，如有关发货、对账、催款等事宜邮件。

需要指出的是，审计人员应当将询证函回函作为审计证据，纳入审计工作底稿管理，询证函回函的所有权归属所在会计师事务所。

（七）对不符事项的处理

对回函中出现的不符事项，审计人员需要调查核实原因，确定其是否构成错报。审计人员不能仅通过询问被审计单位相关人员对不符事项的性质和原因得出结论，而是要在询问原因的基础上，检查相关的原始凭证和文件资料予以证实。必要时与被询证方联系，获取相关信息和解释。对应收账款而言，登记入账的时间不同而产生的不符事项主要表现为：①客户已经付款，被审计单位尚未收到货款；②被审计单位的货物已经发出并已作销售记录，但货物仍在途中，客户尚未收到货物；③客户由于某种原因将货物退回，而被审计单位尚未收到；④客户对收到的货物数量和质量及价格等方面有异议而全部或部分拒付货款等。

五、重新计算

重新计算是指审计人员对记录或文件中的数据计算的准确性进行核对。重新计算可通过手工方式或电子方式进行。重新计算通常包括计算销售发票和存货的总金额，加总日记账和明细账，检查折旧费用和预付费用的计算，检查应纳税额的计算等。

六、重新执行

重新执行是指审计人员独立执行原本作为被审计单位内部控制组成部分的程序或控制。例如，审计人员利用被审计单位的银行存款日记账和银行对账单，重新编制银行存款余额调节表，并与被审计单位编制的银行存款余额调节表进行比较。

七、分析程序

分析程序，是指审计人员通过分析不同财务数据之间以及财务数据与非财务数据之间的内在关系，对财务信息作出评价。分析程序还包括在必要时对识别出的、与其他相关信息不一致或与预期值差异重大的波动或关系进行调查。

（一）分析程序的目的

审计人员实施分析程序的目的包括：

1. 用作风险评估程序，了解被审计单位及其环境并评估财务报表层次和认定层次的重大错报风险。

2. 当使用分析程序比细节测试能更有效地将认定层次的检查风险降至可接受的水平时，分析程序可以用作实质性程序。

3. 在审计结束或临近结束时对财务报表进行总体复核。在审计结束或临近结束时，对财务报表的合理性作最终把关，以便为发表审计意见提供合理基础。

（二）分析程序在三个阶段运用的说明

1. 用作风险评估程序

（1）审计人员在实施风险评估程序时，应当运用分析程序，以了解被审计单位及其环境。

（2）风险评估程序中运用分析程序的主要目的在于识别哪些可能表明财务报表存在重大错报风险的异常变化。

（3）需要注意的是，审计人员无须了解被审计单位及其环境的每一方面时都实施分析程序。例如，在了解内部控制时，审计人员一般不会运用分析程序。

2. 用作实质性程序

实质性程序又分为细节测试和实质性分析程序。

（1）分析程序在三个阶段中都可以使用，但是用作实质性程序的时候可以叫作实质性分析程序，实质性分析程序专指风险应对的分析程序。

（2）在实质性程序中，并非必须使用分析程序，是根据情况使用分析程序。

（3）分析程序有其运用的前提和限制，故并不适用所有的财务报表认定。

（4）当使用分析程序比细节测试能更有效地将认定层次的检查风险降至可接受的水平时，审计人员可以考虑单独或结合细节测试，运用实质性分析程序。

（5）实质性分析程序不仅仅是细节测试的一种补充，在某些审计领域，如果重大错报风险较低且数据之间具有稳定的预期关系，审计人员可以单独使用实质性分析程序获取充分、适当的审计证据。

（6）当针对评估的风险实施实质性分析程序时，如果使用被审计单位编制的信息，审计人员可能需要考虑测试与信息编制相关的控制的有效性。

（7）实质性分析程序对使用数据可靠性的要求。

数据的可靠性受其来源和性质的影响，并取决于获取该数据的环境。因此，在确定数据的可靠性是否能够满足实质性分析程序的需要时，下列因素是相关的：

①可获得信息的来源；

数据来源的客观性或独立性愈强，所获取数据的可靠性将愈高；来源不同的数据相互印证时比单一来源的数据更可靠；

②可获得信息的可比性。实施分析程序使用的相关数据必须具有可比性；

③可获得信息的性质和相关性；

④与信息编制相关的控制。

（8）实质性分析程序对可接受的差异额的考虑：

①考虑重要性和计划的保证水平，可容忍错报越低，可接受的差异额越小；计划的保证水平越高，可接受的差异额越小。

②考虑更多的审计证据，可接受的差异额越低，审计人员需要收集越多审计证据，以尽可能发现财务报表中的重大错报，获取计划的保证水平。

3. 用作总体复核

（1）在审计结束或临近结束时，审计人员运用分析程序的目的是确定财务报表整体是否与其对被审计单位的了解一致，审计人员应当围绕这一目的运用分析程序；

（2）在总体复核阶段执行分析程序，所进行的比较和使用的手段与风险评估程序中使用的分析程序基本相同，但两者的目的不同；

（3）再评估重大错报风险。在运用分析程序进行总体复核时，如果识别出以前未识别的重大错报风险，审计人员应当重新考虑对全部或部分各类交易、账户余额和披露评估的风险是否恰当，并在此基础上重新评价之前计划的审计程序是否充分、是否有必要追加审计程序。

第四节　审计抽样

一、审计抽样的基本概念

企业规模的扩大和经营复杂程度的不断上升，使得审计人员对每一笔交易进行检查日益变得既不可行，又没有必要。为了在合理的时间内以合理的成本完成审计工作，审计抽样应运而生。审计抽样旨在帮助审计人员确定实施审计程序的范围，以获取充分、适当的审计证据，得出合理的结论，作为形成审计意见的基础。本节讨论审计抽样方法。

（一）审计抽样的定义

审计抽样（即抽样），是指审计人员对具有审计相关性的总体中低于百分之百的项目实施审计程序，使所有抽样单元都有被选取的机会，为审计人员针对整个总体得出结论提供合理基础。审计抽样能够使审计人员获取和评价有关所选项目某一特征的审计证据，以形成或有助于形成有关总体的结论。总体，是指审计人员从中选取样本并期望据此得出结论的整个数据集合。

审计抽样应当具备三个基本特征：（1）对某类交易或账户余额中低于百分之百的项目实施审计程序；（2）所有抽样单元都有被选取的机会；（3）审计测试的目的是为了评价该账户余额或交易类型的某一特征。

审计抽样并非在所有审计程序中都可以使用。审计人员拟实施的审计程序将对运用审计抽样产生重要影响。在风险评估程序、控制测试和实质性程序中，有些审计程序可以使用审计抽样，有些审计程序则不宜使用审计抽样。

风险评估程序通常不涉及审计抽样。如果审计人员在了解控制的设计和确定控制是否得到执行的同时计划和实施控制测试，则可能涉及审计抽样，但此时审计抽样仅适用于控制测试。

当控制的运行留下轨迹时，审计人员可以考虑使用审计抽样实施控制测试。对于未留下运行轨迹的控制，审计人员通常实施询问、观察等审计程序，以获取有关控制运行有效性的审计证据，此时不宜使用审计抽样。

实质性程序包括对各类交易、账户余额和披露的细节测试以及实质性分析程序。在实质性细节测试时，审计人员可以使用审计抽样获取审计证据，以验证有关财务报表金额的一项或多项认定（如应收账款的存在性），或对某些金额做出独立估计（如陈旧存货的价值）。在实施实质性分析程序时，审计人员不宜使用审计抽样。

（二）抽样风险和非抽样风险

在获取审计证据时，审计人员应当运用职业判断，评估重大错报风险，并设计进一步审计程序，以确保将审计风险降至可接受的低水平。在使用审计抽样时，审计风险既可能受到抽样风险的影响，又可能受到非抽样风险的影响。抽样风险和非抽样风险通过影响重大错报风险的评估和检查风险的确定而影响审计风险。

1. 抽样风险

抽样风险，是指审计人员根据样本得出的结论，可能不同于如果对整个总体实施与样本相同的审计程序得出的结论的风险。

控制测试中的抽样风险包括信赖过度风险和信赖不足风险。信赖过度风险是指推断的控制有效性高于其实际有效性的风险，也可以说，尽管样本结果支持审计人员计划信赖内部控制的程度，但实际偏差率不支持该信赖程度的风险。信赖过度风险与审计的效果有关。如果审计人员评估的控制有效性高于其实际有效性，从而导致评估的重大错报风险水平偏低，审计人员可能不适当地减少从实质性程序中获取的证据，因此审计的有效性下降。对于审计人员而言，信赖过度风险更容易导致审计人员发表不恰当的审计意见，因而更应予以关注。相反，信赖不足风险是指推断的控制有效性低于其实际有效性的风险，也可以说，尽管样本结果不支持审计人员计划信赖内部控制的程度，但实际偏差率支持该信赖程度的风险。信赖不足风险与审计的效率有关。当审计人员评估的控制有效性低于其实际有效性时，评估的重大风险水平高于实际水平，审计人员可能会增加不必要的实质性程序。在这种情况下，审计效率可能降低。

在实施细节测试时，审计人员也要关注两类抽样风险：误受风险和误拒风险。误受风险是指审计人员推断某一重大错报不存在而实际上存在的风险。如果账面金额实际上存在重大错报而审计人员认为其不存在重大错报，审计人员通常会停止对该账面金额继续进行测试，并根据样本结果得出账面金额无重大错报的结论。与信赖过度风险类似，误受风险影响审计效果，容易导致审计人员发表不恰当的审计意见，因此审计人员更应予以关注。误拒风险是指审计人员推断某一重大错报存在而实际上不存在的风险。与信赖不足风险类似，误拒风险影响审计效率。如果账面金额不存在重大错报而审计人员认为其存在重大错报，审计人员会扩大细节测试的范围并考虑获取其他审计证据，最终审计人员会得出恰当的结论。在这种情况下，审计效率可能降低。

只要使用了审计抽样，抽样风险就会存在。在使用统计抽样时，审计人员可以准确地计量和控制抽样风险，在使用非统计抽样时，审计人员无法量化抽样风险，只能根据职业判断对其进行定性的评价和控制。抽样风险与样本规模反方向变动：样本规模越小，抽样风险越大；样本规模越大，抽样风险越小。无论是控制测试还是细节测试，审计人员都可以通过扩大样本规模降低抽样风险。如果对总体中的所有项目都实施检查，就不存在抽样风险，此时审计风险完全由非抽样风险产生。

2. 非抽样风险

非抽样风险，是指审计人员由于任何与抽样风险无关的原因而得出错误结论的风险。审计人员即使对某类交易或账户余额的所有项目实施审计程序，也可能仍未能发现重大错报或控制失效。在审计过程中，可能导致非抽样风险的原因包括下列情况：

（1）审计人员选择的总体不适合于测试目标。例如，审计人员在测试销售收入完整性认定时将主营业务收入日记账界定为总体。

（2）审计人员未能适当地定义误差（包括控制偏差或错报），导致审计人员未能发现样本中存在的偏差或错报。例如，审计人员在测试现金支付授权控制的有效性时，未将签字人未得到适当授权的情况界定为控制偏差。

（3）审计人员选择了不适于实现特定目标的审计程序。例如，审计人员依赖应收账款函证来揭露未入账的应收账款。

（4）审计人员未能适当地评价审计发现的情况。例如，审计人员错误解读审计证据可能导致没有发现误差。审计人员对所发现误差的重要性的判断有误，从而忽略了性质十分重要的误差，也可能导致得出不恰当的结论。

（5）其他原因。

非抽样风险是由人为错误造成的，因而可以降低、消除或防范。虽然在任何一种抽样方法中审计人员都不能量化非抽样风险，但通过采取适当的质量控制政策和程序，对审计工作进行适当的指导、监督和复核，以及对审计人员实务的适当改进，可以将非抽样风险降至可以接受的水平。审计人员也可以通过仔细设计其审计程序尽量降低非抽样风险。

（三）统计抽样和非统计抽样

审计人员在运用审计抽样时，既可以使用统计抽样方法，也可以使用非统计抽样方法，这取决于审计人员的职业判断。统计抽样，是指同时具备下列特征的抽样方法：（1）随机选取样本项目；（2）运用概率论评价样本结果，包括计量抽样风险。不同时具备上述提及的两个特征的抽样方法为非统计抽样。一方面，即使审计人员严格按照随机原则选取样本，如果没有对样本结果进行统计评估，就不能认为使用了统计抽样；另一方面，基于非随机选样的统计评估也是无效的。

审计人员应当根据具体情况并运用职业判断，确定使用统计抽样或非统计抽样方法，以最有效率地获取审计证据。审计人员在统计抽样与非统计抽样方法之间进行选择时主要考虑成本效益。统计抽样的优点在于能够客观地计量抽样风险，并通过调整样本规模精确地控制风险，这是与非统计抽样最重要的区别。另外，统计抽样还有助于审计人员高效地设计样本，计量所获取证据的充分性，以及定量评价样本结果。但统计抽样又可能发生额外的成本。首先，统计抽样需要特殊的专业技能，因此使用统计抽样需要增加额外的支出对审计人员进行培训。其次，统计抽样要求单个样本项目符合统计要求，这些也可能需要支出额外的费用。非统计抽样如果设计适当，也能提供与统计抽样方法同样有效的结果。审计人员使用非统计抽样时，也必须考虑抽样风险并将其降至可接受水平，但无法精确地测定出抽样风险。

不管统计抽样还是非统计抽样，两种方法都要求审计人员在设计、实施和评价样本时运用职业判断。另外，对选取的样本项目实施的审计程序通常与使用的抽样方法无关。

二、审计抽样的基本原理和步骤

在使用审计抽样时，审计人员的目标是为得出有关抽样总体的结论提供合理的基础。审计人员在控制测试和细节测试中使用审计抽样方法，主要分为三个阶段进行。第一阶段是样本设计阶段，旨在根据测试的目标和抽样总体，制定选取样本的计划。第二阶段是选取样本阶段，旨在按照适当的方法从相应的抽样总体中选取所需的样本，并对其实施检查，以确定是否存在误差。第三阶段是评价样本结果阶段，旨在根据对误差的性质和原因的分析，将样本结果推断至总体，形成对总体的结论。

（一）样本设计阶段

在设计审计样本时，审计人员应当考虑审计程序的目的和抽样总体的特征。也就是说，审计人员首先应考虑拟实现的具体目标，并根据目标和总体的特点确定能够最好地实现该目标的审计程序组合，以及如何在实施审计程序时运用审计抽样。审计抽样中样本设计阶段的工作主要包括以下几个步骤：

1. 确定测试目标

审计抽样必须紧紧围绕审计测试的目标展开，因此确定测试目标是样本设计阶段的第一项工作。一般而言，控制测试是为了获取关于某项控制运行是否有效的证据，而细节测试的目的是确定某类交易或账户余额的金额是否正确，获取与存在的错报有关的证据。

2. 定义总体与抽样单元

(1) 总体。在实施抽样之前，审计人员必须仔细定义总体，确定抽样总体的范围。总体可以包括构成某类交易或账户余额的所有项目，也可以只包括某类交易或账户余额中的部分项目。例如，如果应收账款中没有单个重大项目，审计人员直接对应收账款账面余额进行抽样，则总体包括构成应收账款期末余额的所有项目，如果审计人员已使用选取特定项目的方法将应收账款中的单个重大项目挑选出来单独测试，只对剩余的应收账款余额进行抽样，则总体只包括构成应收账款期末余额的部分项目。

审计人员应当确保总体的适当性和完整性。也就是说，审计人员所定义的总体应具备下列两个特征：

①适当性。审计人员应确定总体适合于特定的审计目标，包括适合于测试的方向。例如，在控制测试中，如果要测试用以保证所有发运商品都已开单的控制是否有效运行，审计人员从已开单的项目中抽取样本不能发现误差，因为该总体不包含那些已发运但未开单的项目。为发现这种误差，将所有已发运的项目作为总体通常比较适当。又如，在细节测试中，如果审计人员的目标是测试应付账款的高估，总体可以定义为应付账款清单。但在测试应付账款的低估时，总体就不是应付账款清单，而是后来支付的证明、未付款的发票、供货商的对账单、没有销售发票对应的收货报告，或能提供低估应付账款的审计证据的其他总体。

②完整性。在实施审计抽样时，审计人员需要实施审计程序，以获取有关总体的完整性的审计证据。审计人员应当从总体项目内容和涉及时间等方面确定总体的完整性。例如，如果审计人员从档案中选取付款证明，除非确信所有的付款证明都已归档，否则审计人员不能对该期间的所有付款证明得出结论。又如，如果审计人员对某一控制活动在财务报告期间是否有效运行得出结论，总体应包括来自整个报告期间的所有相关项目。

(2) 定义抽样单元。抽样单元，是指构成总体的个体项目。抽样单元可能是实物项目（如支票簿上列示的支票信息，银行对账单上的贷方记录，销售发票或应收账款余额），也可能是货币单元。在定义抽样单元时，审计人员应使其与审计测试目标保持一致。审计人员在定义总体时通常都指明了适当的抽样单元。

(3) 分层。如果总体项目存在重大的变异性，审计人员可以考虑将总体分层。分层，是指将总体划分为多个子总体的过程，每个子总体由一组具有相同特征（通常为货币金额）的抽样单元组成。分层可以降低每一层中项目的变异性，从而在抽样风险没有成比例增加的前提下减小样本规模，提高审计效率。审计人员应当仔细界定子总体，以使每一抽样单元只能属于一个层。

在实施细节测试时，审计人员通常根据金额对总体进行分层。这使审计人员能够将更多审计资源投向金额较大的项目，而这些项目最有可能包含高估错报。例如，为了函证应收账款，审计人员可以将应收账款账户按其金额大小分为三层，即账户金额在10000元以上的；账户金额为5000～10000元的；账户金额在5000元以下的。然后，根据各层的重要性分别采取不同的选样方法。对于金额在10000元以上的应收账款账户，应进行全部函证；对于金额在5000～10000元以及5000元以下的应收账款账户，则可采用适当的选样方法选取进行函证的样本。同样，审计人员也可以根据表明更高错报风险的特定特征对总体分层，例如，在测试应收账款计价中的坏账准备时，审计人员可以根据账龄对应收账款余额进行分层。

分层后的每层构成一个子总体且可以单独检查。对某一层中的样本项目实施审计程序的结果，只能用于推断构成该层的项目。如果对整个总体得出结论，审计人员应当考虑与构成整个总体的其他层有关的重大错报风险。例如，在对某一账户余额进行测试时，占总体数量20%的项目，其金额可能占该账户余额的90%。审计人员只能根据该样本的结果推断至上述90%的金额。对于剩余10%的金额，审计人员可以抽取另一个样本或使用其他收集审计证据的方法，单独得出结论，或者认为其不重要而不实施审计程序。

如果审计人员将某类交易或账户余额分成不同的层，需要对每层分别推断错报。在考虑错报对该类别的所有交易或账户余额的可能影响时，审计人员需要综合考虑每层的推断错报。

3. 定义误差构成条件

审计人员必须事先准确定义构成误差的条件，否则，执行审计程序时就没有识别误差的标准。在控制测试中，误差是指控制偏差，审计人员要仔细定义所要测试的控制及可能出现偏差的情况；在细节测试中，误差是指错报，审计人员要确定哪些情况构成错报。

审计人员定义误差构成条件时要考虑审计程序的目标。清楚地了解误差构成条件，对于确保在推断误差时将且仅将所有与审计目标相关的条件包括在内至关重要。

4. 确定审计程序

审计人员必须确定能够最好地实现测试目标的审计程序组合。例如，如果审计人员的审计目标是通过测试某一阶段的适当授权证实交易的有效性，审计程序就是检查特定人员已在某文件上签字以示授权的书面证据。审计人员预计样本中每一张该文件上都有适当的签名。

（二）选取样本阶段

1. 确定样本规模

样本规模是指从总体中选取样本项目的数量。在审计抽样中，如果样本规模过小，就不能反映出审计对象总体的特征，审计人员就无法获取充分的审计证据，其审计结论的可靠性就会大打折扣，甚至可能得出错误的审计结论。因此，审计人员应当确定足够的样本规模，以将抽样风险降至可接受的低水平。相反，如果样本规模过大，则会增加审计工作量，造成不必要的时间和人力上的浪费，加大审计成本，降低审计效率，就会失去审计抽样的意义。

影响样本规模的因素主要包括：

（1）可接受的抽样风险。可接受的抽样风险与样本规模成反比。审计人员愿意接受的抽样风险越低，样本规模通常越大。反之，注册计师愿意接受的抽样风险越高，样本规模越小。

（2）可容忍误差。可容忍误差是指审计人员在认为测试目标已实现的情况下准备接受的总体最大误差。

在控制测试中，它指可容忍偏差率。可容忍偏差率是指审计人员设定的偏离规定的内部控制程序的比率，审计人员试图对总体中的实际偏差率不超过该比率获取适当水平的保证。换言之，可容忍偏差率是审计人员能够接受的最大偏差数量；如果偏差超过这一数量则减少或取消对内部控制程序的信赖。

在细节测试中，它指可容忍错报。可容忍错报是指审计人员设定的货币金额，审计人员试图对总体中的实际错报不可超过该货币金额获取适当水平的保证。实际上，可容忍错报是实际执行的重要性这个概念在特定抽样程序中的运用。可容忍错报可能等于或低于实际执行的重要性。当保证程度一定时，审计人员运用职业判断确定可容忍错报。可容忍错报越小，为实现保证程度所需的样本规模越大。

（3）预计总体误差。预计总体误差是指审计人员根据以前对被审计单位的经验或实施风险评估程序的结果而估计总体中可能存在的误差。预计总体误差越大，可容忍误差也应当越大；但预计总体误差不应超过可容忍误差。在既定的可容忍误差下，当预计总体误差增加时，所需的样本规模越大。

（4）总体变异性。总体变异性是指总体的某一特征（如金额）在各项目之间的差异程度。在控制测试中，审计人员在确定样本规模时一般不考虑总体变异性。在细节测试中，审计人员确定适当的样本规模时要考虑特征的变异性。总体项目的变异性越低，通常样本规模越小。审计人员可以通过分层，将总体分为相对同质的组，以尽可能降低每一组中变异性的影响，从而减小样本规模。

（5）总体规模。除非总体非常小，一般而言，总体规模对样本规模的影响几乎为零。审计人员通常将抽样单元超过 5 000 个的总体视为大规模总体。对大规模总体而言，总体的实际容量对样本规模几乎没有影响。对小规模总体而言，审计抽样比其他选择测试项目的方法的效率低。

2. 选取样本

不管使用统计抽样或非统计抽样，在选取样本项目时，审计人员都应当使总体中的每个抽样单元都有被选取的机会。在统计抽样中，审计人员选取样本项目时每个抽样单元被选取的概率是已知的。在非统计抽样中，审计人员根据判断选取样本项目。由于抽样的目的是为审计人员得出有关总体的结论提供合理的基础，因此，审计人员通过选择具有总体典型特征的样本项目，从而选出有代表性的样本以避免偏向是很重要的。选取样本的基本方法，包括使用随机数表或计算机辅助审计技术选样、系统选样和随意选样。

（1）使用随机数表或计算机辅助审计技术选样。使用随机数表或计算机辅助审计技术选样又称随机数选样。使用随机数选样需以总体中的每一项目都有不同的编号为前提。审计人员可以使用计算机生成的随机数，如电子表格程序、随机数码生成程序、通用审计软件程序等计算机程序产生的随机数，也可以使用随机数表获得所需的随机数。

随机数是一组从长期来看出现概率相同的数码，且不会产生可识别的模式。随机数表也称乱数表，它是由随机生成的从 0 ~ 9 共 10 个数字所组成的数表，每个数字在表中出现的次数是大致相同的，它们出现在表上的顺序是随机的。表 3 - 3 就是 5 位随机数表的一部分。

表 3 - 3　随机数表

	1	2	3	4	5	6	7	8	9	10
1	32044	69037	29655	92114	81034	40582	01584	77184	85762	46505
2	23821	96070	82592	81642	08971	07411	09037	81530	56195	98425
3	82383	94987	66441	28677	95961	78346	37916	09416	42438	48432
4	68310	21792	71635	86089	38157	95620	96718	79554	50209	17705
5	94856	76940	22165	01414	01413	37231	05509	37489	56459	52983

续表

	1	2	3	4	5	6	7	8	9	10
6	95000	61958	83430	98250	70030	05436	74814	45978	09277	13827
7	20764	64638	11359	32556	89822	02713	81293	52970	25080	33555
8	71401	17964	50940	95753	34905	93566	36318	79530	51105	26952
9	38464	75707	16750	61371	01523	69205	32122	03436	14489	02086
10	59442	59247	74955	82835	98378	83513	47870	20795	01352	89906

应用随机数表选样的步骤如下：

①对总体项目进行编号，建立总体中的项目与表中数字的一一对应关系。一般情况下，编号可利用总体项目中原有的某些编号，如凭证号、支票号、发票号等。在没有事先编号的情况下，审计人员需按一定的方法进行编号。如由 40 页、每页 50 行组成的应收账款明细表，可采用 4 位数字编号，前两位由 01 ~ 40 的整数组成，表示该记录在明细表中的页数，后两位数字由 01 ~ 50 的整数组成，表示该记录的行次。这样，编号 0534 表示第 5 页第 34 行的记录。所需使用的随机数的位数一般由总体项目数或编号位数决定。如前例中可采用 4 位随机数表，也可以使用 5 位随机数表的前 4 位数字或后 4 位数字。

②确定连续选取随机数的方法。即从随机数表中选择一个随机起点和一个选号路线，随机起点和选号路线可以任意选择，但一经选定就不得改变。从随机数表中任选一行或任何一栏开始，按照一定的方向（上下左右均可）依次查找，符合总体项目编号要求的数字，即为选中的号码，与此号码相对应的总体项目即为选取的样本项目，一直到选足所需的样本量为止。

【例 3 - 1】 从表 3 - 3 记录中选择 10 个样本。

【解答】 总体编号规则如前所述，即前两位数字不能超过 40，后两位数字不能超过 50。如从表 3 - 3 中第一行第一列开始，使用前 4 位随机数，逐行向右查找，则选中的样本为编号 3204，0741，0903，0941，3815，2216，0141，3723，0550，3748 的 10 个记录。

随机数选样不仅使总体中每个抽样单元被选取的概率相等，而且使相同数量的抽样单元组成的每种组合被选取的概率相等。这种方法在统计抽样和非统计抽样中均适用。由于统计抽样要求审计人员能够计量实际样本被选取的概率，这种方法尤其适合于统计抽样。

（2）系统选样。系统选样也称等距选样，是指按照相同的间隔从审计对象总体中等距离地选取样本的一种选样方法。采用系统选样法，首先要计算选样间距，确定选样起点，再根据间距顺序地选取样本。选样间距的计算公式如下：

选样间距 = 总体规模 ÷ 样本规模

【例 3 - 2】 销售发票的总体范围是 652 ~ 3151，审计人员必须从 0 ~ 19 中选取一个随机数作为抽样起点，如果随机选择的数码是 9，请选择 125 个样本。

【解答】 依据公式，选样间距为 20［（3152 - 652）÷ 125］。如果随机选择的数码是 9，那么，第一个样本项目是发票号码为 661（652 + 9）的那一张，其余的 124 个项目是 681（661 + 20），701（681 + 20）……依此类推，直至第 3141 号。

系统选样方法的主要优点是使用方便，比其他选样方法节省时间，并可用于无限总体。此外，使用这种方法时，对总体中的项目不需要编号，审计人员只要简单数出每一个间距即可。但是，使用系统选样方法要求总体必须是随机排列的，否则容易发生较大的偏差，造成非随机的、不具代表性的样本。如果测试项目的特征在总体内的分布具有某种规律性，则选择样本的代表性就可能较差。例如，应收账款明细表每页的记录均以账龄的长短按先后次序排列，则选中的200个样本可能多数是账龄相同的记录。

为克服系统选样法的这一缺点，可采用两种办法：一是增加随机起点的个数；二是在确定选样方法之前对总体特征的分布进行观察。如发现总体特征的分布呈随机分布，则采用系统选样法；否则，可考虑使用其他选择方法。

系统选样可以在非统计抽样中使用，在总体随机分布时也可适用于统计抽样。

（3）随意选样。随意选样也叫任意选样，是指审计人员不带任何偏见地选取样本，即审计人员不考虑样本项目的性质、大小、外观、位置或其他特征而选取总体项目。随意选样的主要缺点在于很难完全无偏见地选取样本项目，即这种方法难以彻底排除审计人员的个人偏好对选取样本的影响，因而很可能使样本失去代表性。由于文化背景和所受训练等的不同，每个审计人员都可能无意识地带有某种偏好。例如，从发票柜中取发票时，某些审计人员可能倾向于抽取柜子中间位置的发票，这样就会使柜子上面部分和下面部分的发票缺乏相等的选取机会。因此，在运用随意选样方法时，审计人员要避免由于项目性质、大小、外观和位置等的不同所引起的偏见，尽量使所选取的样本具有代表性。

上述三种基本方法均可选出代表性样本。但随机数选样和系统选样属于随机基础选样方法，即对总体的所有项目按随机规则选取样本，因而可以在统计抽样中使用，当然也可以在非统计抽样中使用。而随意选样虽然也可以选出代表性样本，但它属于非随机基础选样方法，因而不能在统计抽样中使用，只能在非统计抽样中使用。

3. 对样本实施审计程序

审计人员应当针对选取的每个项目，实施适合具体目的的审计程序。对选取的样本项目实施审计程序旨在发现并记录样本中存在的误差。

如果审计程序不适用于选取的项目，审计人员应当针对替代项目实施该审计程序。例如，如果在测试付款授权时选取了一张作废的支票，并确信支票已经按照适当程序作废因而不构成偏差，审计人员需要适当选择一个替代项目进行检查。

审计人员通常对每一样本项目实施适合于特定审计目标的审计程序。有时，审计人员可能无法对选取的抽样单元实施计划的审计程序（如由于原始单据丢失等原因）。审计人员对未检查项目的处理取决于未检查项目对评价样本结果的影响。如果审计人员对样本结果的评价不会因为未检查项目可能存在错报而改变，就不需对这些项目进行检查。如果未检查项目可能存在的错报会导致该类交易或账户余额存在重大错报，审计人员就要考虑实施替代程序，为形成结论提供充分的证据。例如，对应收账款的积极式函证没有收到回函时，审计人员可以审查期后收款的情况，以证实应收账款的余额。审计人员也要考虑无法对这些项目实施检查的原因是否会影响计划的重大错报风险评估水平或对舞弊风险的评估。如果未能对某个选取的项目实施设计的审计程序或适当的替代程序，审计人员应当将该项目视为控制测试中对规定的控制的一项偏差，或细节测试中的一项错报。

（三）评价样本结果

1. 分析样本误差

审计人员应当调查识别出的所有偏差或错报的性质和原因，并评价其对审计程序的目的和审计的其他方面可能产生的影响。无论是统计抽样还是非统计抽样，对样本结果的定性评估和定量评估一样重要。即使样本的统计评价结果在可以接受的范围内，审计人员也应对样本中的所有误差（包括控制测试中的控制偏差和细节测试中的金额错报）进行定性分析。

如果审计人员发现许多误差具有相同的特征，如交易类型、地点、生产线或时期等，则应考虑该特征是不是引起误差的原因，是否存在其他尚未发现的具有相同特征的误差。此时，审计人员应将具有该共同特征的全部项目划分为一层，并对层中的所有项目实施审计程序，以发现潜在的系统误差。同时，审计人员仍需分析误差的性质和原因，考虑存在舞弊的可能性。如果将某一误差视为异常误差，审计人员应当实施追加的审计程序，以高度确信该误差对总体误差不具有代表性。

在极其特殊的情况下，如果认为样本中发现的某项偏差或错报是异常误差，审计人员应当对该项偏差或错报对总体不具有代表性获取高度保证。异常误差，是指对总体中的错报或偏差明显不具有代表性的错报或偏差。在获取这种高度保证时，审计人员应当实施追加的审计程序，获取充分、适当的审计证据，以确定该项偏差或错报不影响总体的其余部分。

2. 推断总体误差

当实施控制测试时，审计人员应当根据样本中发现的偏差率推断总体偏差率，并考虑这一结果对特定审计目标及审计的其他方面的影响。

当实施细节测试时，审计人员应当根据样本中发现的错报金额推断总体错报金额，并考虑这一结果对特定审计目标及审计的其他方面的影响。常见的方法有：均值法、差额法和比率法。

（1）均值法。指通过抽样审查确定样本的平均值，再根据样本平均值推断总体的平均值和总值的一种变量抽样方法。

样本审定金额的平均值 = 样本审定金额 ÷ 样本规模

估计总体金额 = 样本审定金额的平均值 × 总体规模

推断的总体错报 = 总体账面金额 − 估计的总体金额

（2）差额法。指以样本实际金额与账面金额的平均差额来估计总体实际金额与账面金额的平均差额，然后再以这个平均差额乘以总体规模，从而求出总体的实际金额与账面金额的差额（即总体错报）的一种方法。

样本平均错报 =（样本账面金额 − 样本审定金额）÷ 样本规模

推断的总体错报 = 样本平均错报 × 总体规模

估计的总体金额 = 总体账面金额 − 推断的总体错报

（3）比率法。指以样本的实际金额与账面金额之间的比率关系来估计总体实际金额与账面金额之间的比率关系，然后再以这个比率去乘总体的账面金额，从而求出估计的总体实际金额的一种抽样方法。

比率 = 样本审定金额 ÷ 样本账面金额

估计的总体金额 = 总体账面金额 × 比率

推断的总体错报 = 总体账面金额 - 估计的总体金额

3. 形成审计结论

审计人员应当评价样本结果，以确定对总体相关特征的评估是否得到证实或需要修正。

（1）控制测试中的样本结果评价。在控制测试中，审计人员应当将总体偏差率与可容忍偏差率比较，但必须考虑抽样风险。

①统计抽样。在统计抽样中，审计人员通常使用表格或计算机程序计算抽样风险。用以评价抽样结果的大多数计算机程序都能根据样本规模、样本结果，计算在审计人员确定的信赖过度风险条件下可能发生的偏差率上限的估计值。该偏差率上限的估计值即总体偏差率与抽样风险允许限度之和。

如果估计的总体偏差率上限低于可容忍偏差率，则总体可以接受。这时审计人员对总体得出结论，样本结果支持计划评估的控制有效性，从而支持计划的重大错报风险评估水平。

如果估计的总体偏差率上限大于或等于可容忍偏差率，则总体不能接受。这时审计人员对总体得出结论，样本结果不支持计划评估的控制有效性，从而不支持计划的重大错报风险评估水平。此时审计人员应当修正重大错报风险评估水平，并增加实质性程序的数量。审计人员也可以对影响重大错报风险评估水平的其他控制进行测试，以支持计划的重大错报风险评估水平。

如果估计的总体偏差率上限低于但接近可容忍偏差率，审计人员应当结合其他审计程序的结果，考虑是否接受总体，并考虑是否需要扩大测试范围，以进一步证实计划评估的控制有效性和重大错报风险水平。

②非统计抽样。在非统计抽样中，抽样风险无法直接计量。审计人员通常将样本偏差率（即估计的总体偏差率）与可容忍偏差率相比较，以判断总体是否可以接受。

如果样本偏差率大于可容忍偏差率，则总体不能接受。

如果样本偏差率低于总体的可容忍偏差率，审计人员要考虑即使总体实际偏差率高于可容忍偏差率时仍出现这种结果的风险。如果样本偏差率大大低于可容忍偏差率，审计人员通常认为总体可以接受。如果样本偏差率虽然低于可容忍偏差率，但两者很接近，审计人员通常认为总体实际偏差率高于可容忍偏差率的抽样风险很高，因而总体不可接受。如果样本偏差率与可容忍偏差率之间的差额不是很大也不是很小，以至于不能认定总体是否可以接受时，审计人员则要考虑扩大样本规模，以进一步收集证据。

（2）细节测试中的样本结果评价。当实施细节测试时，审计人员应当根据样本中发现的错报推断总体错报。审计人员首先必须根据样本中发现的实际错报要求被审计单位调整账面记录金额。将被审计单位已更正的错报从推断的总体错报金额中减掉后，审计人员应当将调整后的推断总体错报与该类交易或账户余额的可容忍错报相比较，但必须考虑抽样风险。如果推断错报高于确定样本规模时使用的预期错报，审计人员可能认为，总体中实际错报超出可容忍错报的抽样风险是不可接受的。考虑其他审计程序的结果有助于审计人员评估总体中实际错报超出可容忍错报的抽样风险，获取额外的审计证据可以降低该风险。

①统计抽样。在统计抽样中，审计人员利用计算机程序或数学公式计算出总体错报上限，并将计算的总体错报上限与可容忍错报比较。计算的总体错报上限等于推断的总体错报（调整后）与抽样风险允许限度之和。

如果计算的总体错报上限低于可容忍错报，则总体可以接受。这时审计人员对总体得出结论，所测试的交易或账户余额不存在重大错报。

如果计算的总体错报上限大于或等于可容忍错报，则总体不能接受。这时审计人员对总体得出结论，所测试的交易或账户余额存在重大错报。在评价财务报表整体是否存在重大错报时，审计人员应将该类交易或账户余额的错报与其他审计证据一起考虑。通常，审计人员会建议被审计单位对错报进行调查，且在必要时调整账面记录。

②非统计抽样。在非统计抽样中，审计人员运用其经验和职业判断评价抽样结果。如果调整后的总体错报大于可容忍错报，或虽小于可容忍错报但两者很接近，审计人员通常得出总体实际错报大于可容忍错报的结论。也就是说，该类交易或账户余额存在重大错报，因而总体不能接受。如果对样本结果的评价显示，对总体相关特征的评估需要修正，审计人员可以单独或综合采取下列措施；提请管理层对已识别的错报和存在更多错报的可能性进行调查，并在必要时予以调整；修改进一步审计程序的性质、时间安排和范围；考虑对审计报告的影响。

如果调整后的总体错报远远小于可容忍错报，审计人员可以得出总体实际错报小于可容忍错报的结论，即该类交易或账户余额不存在重大错报，因而总体可以接受。

如果调整后的总体错报虽然小于可容忍错报但两者之间的差距很接近（既不很小又不很大），审计人员必须特别仔细地考虑，总体实际错报超过可容忍错报的风险是否能够接受，并考虑是否需要扩大细节测试的范围，以获取进一步的证据。

第五节　计算机辅助审计技术

一、计算机辅助审计技术

（一）计算机辅助审计技术的定义

计算机辅助审计技术（Computer Assisted Audit Techniques，CAATs），是指利用计算机和相关软件，使审计测试工作实现自动化的技术。计算机辅助审计技术可以在以下两个方面使审计工作更富效率和效果：

1. 将现有手工执行的审计测试自动化。比如，对报告数据的准确性进行测试；

2. 在手工方式不可行的情况下执行测试或分析。比如，审阅大量的和非正常的销售交易，尽管这项工作有可能通过手工执行来实现，但对于多数大型公司而言，从时间角度出发，需要审阅的交易数量是无法通过手工方式来进行的。

计算机辅助审计技术不仅能够提高审阅大量交易的效率，而且计算机不会受到过度工作的影响（而审计人员在审阅了大量的一页接一页的交易后很容易产生疲劳），从这个意义上讲，计算机辅助审计技术还可以使审阅工作更具效果。相比较用手工的方式进行同样的测试，即便是第一年使用计算机辅助审计技术进行审计，也会节省大量的审计工作量，而后续年度节约的审计时间和成本则会更多。

（二）计算机辅助审计技术的应用

最广泛地应用计算机辅助审计技术的领域是实质性程序，特别是在与分析程序相关的方面。除此以外，计算机辅助审计技术还能被用于细节测试（包括目标测试）以及对审计抽样的辅助。计算机辅助审计技术使得对系统中的每一笔交易进行测试成为可能，用于在交易样本量很大的情况下替代手工测试。

与其他控制测试相同，计算机辅助审计技术也可用于测试控制的有效性，选择少量的交易，并在系统中进行穿行测试，或是开发一套集成的测试工具，用于测试系统中的某些交易。在控制测试中使用计算机辅助审计技术的优势是，可以对每一笔交易进行测试（包括主文件和交易文件），从而确定是否存在控制失效的情况。

由于计算机辅助审计技术有助于详审海量数据，它也可用于辅助对舞弊的检查工作（如审阅非正常的日记账）。

二、电子表格

即使在信息化程度极高的环境下，由于系统限制等原因，财务信息和报告的生成往往也需要借助电子表格来完成，所谓电子表格是指利用计算机作为表格处理工具，以实现制表工具、计算工具以及表格结果保存的综合电子化的软件。目前普遍使用的电子表格通常包括Excel等软件，通过电子表格可以进行数据记录、计算与分析，并能对输入的数据进行各种复杂统计运算后显示为可视性极佳的表格，因此，审计人员在进行系统审计时，需要谨慎地考虑电子表格中的控制，以及如信息系统一般控制一样的控制的设计与执行（在相关时）的有效性，从而确保这些内嵌控制持续的完整性。

（一）电子表格的特性

电子表格的特性（即开放的访问、手工输入数据和容易出错）以及编制并使用电子表格的环境的特性（比如，用户开发不正式、保存在局域网或本地磁盘而不是其他受控的信息系统环境中），增加了电子表格所生成的数据存在错误的风险，从而影响审计工作的进行。

（二）确定重要的财务电子表格和其他最终用户计算工具的范围

重要的财务电子表格和其他最终用户计算工具（比如，按需报告工具或在数据仓库中运行查询）用来在重要的流程中（即自动控制或步骤）生成财务数据，或用来生成用于关键手工控制的财务或其他数据。作为起始点，审计人员应该了解评估范围内重要的流程和账户，并识别用来支持这些流程或账户的相关的电子表格或工具。

（三）电子表格控制的考虑

因为电子表格非常容易被修改，并可能缺少控制活动，因此，电子表格往往面临重大固有风险和错误，比如：

1. 输入错误：由错误数据录入、错误引用或其他简单的剪贴功能造成的错误。
2. 逻辑错误：创建错误的公式从而生成了错误的结果。
3. 接口错误：与其他系统传输数据时产生的错误。
4. 其他错误：单元格范围定义不当、单元格参考错误或电子表格链接不当。

审计人员应该了解相关的电子表格/数据库如何支持关键控制达到相关业务流程的信息

处理目标。电子表格控制可能包括以下一项或多项内容：

1. 对电子表格执行的、如信息系统一般控制一样的控制；

2. 内嵌在电子表格中的控制（类似于一个自动应用控制）；

3. 针对电子表格数据输入和输出的手工控制。

信息技术的广泛应用对于审计所包含的内容产生了重大影响。随着信息技术的发展，未来的审计一定会越来越依赖先进技术，服务的内容也将从传统审计扩展为包括财务信息、内部控制等在内的综合信息。而这一切都将给审计人员带来挑战，审计人员需要具备专业知识，但审计工作所涉及的信息技术领域有可能超越传统的财务审计范围，那么就需要信息技术专业人员的参与。

本章小结

审计证据是指审计人员为了得出审计结论、形成审计意见而使用的所有信息，包括构成财务报表基础的会计记录所含有的信息和其他信息。按审计证据的表现形态分类，可以分为实物证据、书面证据、口头证据和环境证据。按审计证据的来源分类，可以分为外部证据、内部证据和亲历证据。按审计证据的相关程度分类，可以分为直接证据和间接证据。按审计证据的重要性分类，可以分为基本证据、辅助证据和矛盾证据。

审计证据具有充分性和适当性两个基本特性。审计证据的充分性是指审计证据的数量能足以支持审计人员的审计意见，与审计人员确定的样本量有关。审计证据的适当性是指审计证据质量的衡量，即审计证据在支持审计意见所依据结论方面具有的相关性和可靠性。充分性和适当性是审计证据的两个重要特性，两者缺一不可。

审计工作底稿的归档期限为审计报告日后 60 天内。如果审计人员未能完成审计业务，审计工作底稿的归档期限为审计业务中止后的 60 天内。会计师事务所应当自审计报告日起，对审计工作底稿至少保存 10 年。如果审计人员未能完成审计业务，会计师事务所应当自审计业务中止日起，对审计工作底稿至少保存 10 年。

审计人员在审计过程中可以采用检查、观察、询问、函证、重新计算、重新执行以及分析程序等审计方法获取审计证据。这些审计方法可以单独或综合运用于风险评估程序、控制测试和实质性程序。

控制测试中的抽样风险包括信赖过度风险和信赖不足风险。细节测试中的抽样风险包括误受风险和误拒风险。抽样风险与样本规模反方向变动：样本规模越小，抽样风险越大；样本规模越大，抽样风险越小。无论是控制测试还是细节测试，审计人员都可以通过扩大样本规模降低抽样风险。如果对总体中的所有项目都实施检查，就不存在抽样风险，此时审计风险完全由非抽样风险产生。

选取样本的基本方法，包括使用随机数表或计算机辅助审计技术选样、系统选样和随意选样。

当实施控制测试时，审计人员应当根据样本中发现的偏差率推断总体偏差率，并考虑这一结果对特定审计目标及审计的其他方面的影响。当实施细节测试时，审计人员应当根据样本中发现的错报金额推断总体错报金额，并考虑这一结果对特定审计目标及审计的其他方面的影响。常见的方法有：均值法、差额法和比率法。

练习题

一、单项选择题

1. 下列有关审计证据充分性的说法中，错误的是（　　）。

A. 初步评估的控制风险越低，需要通过控制测试获取的审计证据的可能越少

B. 计划从实质性程序中获取的保证程度越高，需要的审计证据可能越多

C. 审计证据质量越高，需要的审计证据可能越少

D. 评估的重大错报风险越高，需要的审计证据可能越多

2. 在确定审计证据的数量时，下列表述中错误的是（　　）。

A. 错报风险越大，需要的审计证据可能越多

B. 审计证据质量越高，需要的审计证据可能越少

C. 通过调高重要性水平，可以降低所需获取的审计证据的数量

D. 审计证据的质量存在缺陷，可能无法通过获取更多的审计证据予以弥补

3. 在确定审计证据的相关性时，下列表述中错误的是（　　）。

A. 特定的审计程序可能只为某些认定提供相关的审计证据，而与其他认定无关

B. 只与特定认定相关的审计证据并不能替代与其他认定相关的审计证据

C. 针对某项认定从不同来源获取的审计证据存在矛盾，表明审计证据不存在说服力

D. 针对同一项认定可以从不同来源获取审计证据或获取不同性质的审计证据

4. 下列关于审计证据充分性的说法中，错误的是（　　）。

A. 审计证据的充分性是对审计证据数量的衡量，主要与确定的样本量有关

B. 获取更多的审计证据可以弥补这些审计证据质量上的缺陷

C. 审计人员需获取审计证据的数量受其对重大错报风险评估的影响

D. 需要获取的审计证据的数量受审计证据质量的影响

5. 下列有关审计证据的说法中，正确的是（　　）。

A. 外部证据与内部证据矛盾时，审计人员应当采用外部证据

B. 审计证据不包括会计师事务所接受与保持客户或业务时实施质量控制程序获取的信息

C. 审计人员可以考虑获取审计证据的成本与获取的信息的有用性之间的关系

D. 审计人员无须鉴定作为审计证据的文件记录的真伪

6. 审计人员考虑是否实施函证程序时，下列说法中错误的是（　　）。

A. 向被审计单位的律师函证固定资产的投保情况，函证可能无效

B. 实施函证程序应考虑被询证者回复询证函的能力

C. 函证被审计单位的子公司，回函的可靠性会降低

D. 无须考虑被询证者的客观性

7. 下列有关审计人员是否实施应收账款函证程序的说法中，正确的是（　　）。

A. 对上市公司财务报表执行审计时，审计人员应当实施应收账款函证程序

B. 对小型企业财务报表执行审计时，审计人员可以不实施应收账款函证程序

C. 如果有充分证据表明函证很可能无效，审计人员可以不实施应收账款函证程序

D. 如果在收入确认方面不存在由于舞弊导致的重大错报风险，审计人员可以不实施应收账款函证程序

8. 下列有关函证的说法中，正确的是（　　）。

A. 如果审计人员认为取得积极式函证回函是获取充分、适当的审计证据的必要程序，则替代程序不能提供审计人员所需要的审计证据

B. 如果被审计单位与银行存款存在认定有关的内部控制设计良好并有效运行，审计人员可适当减少函证的样本量

C. 审计人员应当对应收账款实施函证程序，除非应收账款对财务报表不重要且评估的重大错报风险低

D. 如果审计人员将重大错报风险评估为低水平，且预期不符事项的发生率很低，可以将消极式函证作为唯一的实质性程序

9. 下列有关选取测试项目方法的说法中，正确的是（　　）。

A. 从某类交易中选取特定项目进行检查构成审计抽样

B. 从总体中选取特定项目进行测试时，应当使总体中每个项目都有被选取的机会

C. 对全部项目进行检查，通常更适用于细节测试

D. 审计抽样更适用于控制测试

10. 下列各项中，不会导致非抽样风险的是（　　）。

A. 审计人员选择的总体不适合于测试目标

B. 审计人员未能适当地定义误差

C. 审计人员未对总体中的所有项目进行测试

D. 审计人员未能适当地评价审计发现的情况

11. 下列有关统计抽样和非统计抽样的说法中，错误的是（　　）。

A. 审计人员应当根据具体情况并运用职业判断，确定使用统计抽样或非统计抽样方法

B. 审计人员在统计抽样与非统计抽样方法之间进行选择时主要考虑成本效益

C. 非统计抽样如果设计适当，也能提供与统计抽样方法同样有效的结果

D. 审计人员使用非统计抽样时，不需要考虑抽样风险

12. 审计人员对被审计单位2011年度财务报表进行审计，于2012年3月31日出具审计报告，相关审计工作底稿于2012年5月20日归档。关于审计工作底稿的保存期限，下列说法中，正确的是（　　）。

A. 自2011年12月31日起至少10年

B. 自2011年12月31日起至少7年

C. 自2012年3月31日起至少10年

D. 自2012年3月31日起至少7年

二、多项选择题

1. 下列有关非抽样风险的说法中，正确的有（　　）。

A. 审计人员实施控制测试和实质性程序时均可能产生非抽样风险

B. 审计人员保持职业怀疑有助于降低非抽样风险

C. 审计人员可以通过扩大样本规模降低非抽样风险

D. 审计人员可以通过加强对审计项目组成员的监督和指导降低非抽样风险

2. 下列选取样本的方法中，可以在统计抽样中使用的有（　　）。

A. 使用随机数表选样

B. 随意选样

C. 使用计算机辅助审计技术选样

D. 系统选样

3. 在归整或保存审计工作底稿时，下列表述中正确的有（　　）。

A. 在审计报告日后将审计工作底稿归整为最终审计工作档案是审计工作的组成部分，可能涉及实施新的审计程序或得出新的审计结论

B. 如果未能完成审计业务，审计工作底稿的归档期限为审计业务中止日后的 60 天内

C. 如果审计人员未能完成审计业务，会计师事务所应当自审计业务中止日起，对审计工作底稿至少保存 10 年

D. 在完成最终审计档案的归整工作后，不得修改现有审计工作底稿或增加新的审计工作底稿

三、计算题

A 审计人员负责审计甲公司 2011 年度财务报表。在针对存货实施细节测试时，A 审计人员决定采用传统变量抽样方法实施统计抽样。甲公司 2011 年 12 月 31 日存货账面余额合计为 150000000 元。A 审计人员确定的总体规模为 3000，样本规模为 200，样本账面余额合计为 12000000 元，样本审定金额合计为 8000000 元。

要求：代 A 审计人员分别采用均值法、差额法和比率法三种方法计算推断的总体错报金额。

第四章

审计过程

本章重点

1. 重要性水平的含义及其确定
2. 审计风险的含义和模型
3. 风险评估的含义及程序
4. 控制测试的内涵、性质、时间和范围
5. 实质性程序的内涵、性质、时间和范围
6. 审计差异、期后事项的概念和分类

审计过程是指审计项目从开始到结束的过程中，审计人员所采取的系统性工作步骤。审计过程大致可分为：初步业务活动、计划审计工作、审计测试、完成审计工作四个阶段。

第一节　初步业务活动

初步业务活动是指注册会计师在本期审计业务开始之前，开展的有利于计划和执行审计工作，实现审计目标的活动的总称。

一、承接或续聘客户

注册会计师在接受审计业务之前，需要对目标客户的情况进行必要的调查和相关的评估。其目的是为了避免因接受不当客户的委托而使会计师事务所遭受损失。为此，注册会计师需要做许多工作以决定是否接受该业务，这些工作主要包括：获取目标客户的背景信息，评价为目标客户提供业务可能存在的风险因素，决定是否接受此业务，获取审计业务约定书。

在对目标客户的情况进行调查和评估时，注册会计师必须对以下因素进行评估：(1) 目标客户管理层的诚信情况；(2) 目标客户的声誉与形象；(3) 目标客户是否遵循可适用的财务报告框架；(4) 目标客户业绩和财务状况；(5) 接受并完成这项审计业务是否能给会计师事务所带来合理的收益。具体内容在审计业务承接评价表中列示，参见表4－1。

表 4-1 业务承接评价表

被审计单位		索引号	
项目		截止日/期间	
编制人		复核人	
日期		日期	

一、客户基本情况

1. 客户法定名称：________________
地址：________________
电话：________________传真：________________
电子信箱：________________网址：________________
联系人：________________
2. 主要业务：

____

____
3. 所有制性质（国有/外商投资/民营/其他）：________________
组织形式________________
4. 所有权结构、股东名称、注册资本、实收资本、公司成立日期

____

____
5. 子公司、合营企业、联营企业、分公司的基本情况

____

____
6. 所处行业是否属于高风险行业、发展趋势和竞争情况

____

____
7. 会计记录是否完整

____

____
8. 内部控制情况

____

____

二、审计业务基本情况

审计报告用途	□通用目的 □特殊目的：________________
已审计财务报表的预期使用者	
提交审计报告的时间	

三、评价客户的诚信

客户的诚信	记录内容
考虑因素： 1. 主要股东、关键管理人员、关联方及治理层的身份和商业信誉； 2. 客户的经营性质； 3. 主要股东、关键管理人员及治理层对内部控制环境和会计准则等的态度； 4. 客户是否过分考虑将会计师事务所的收费维持在尽可能低的水平； 5. 注册会计师的工作范围受到不适当限制的迹象； 6. 客户可能涉嫌洗钱或其他刑事犯罪行为的迹象； 7. 变更会计师事务所的原因； …… 信息来源：（1）与为客户提供专业审计服务的现任或前任人员进行沟通，并与其讨论；（2）向会计师事务所其他人员、监管机构、金融机构、法律顾问和客户的同行等第三方询问；（3）从互联网等相关数据库中搜索客户的背景信息等。	
评价结论：	

四、可审性评价结论

五、评价独立性

评价项目	是/否
1. 识别并记录会计师事务所是否存在自身利益威胁、自我评价威胁、过度推介威胁、密切关系威胁和外在压力威胁等损害独立性的情形。这些情形包括但不限于： （1）向该客户收取的全部费用是否在会计师事务所审计收入总额中占有很大比重？ （2）是否存在或有收费？ （3）是否存在逾期收费？ （4）会计师事务所的审计人员是否曾接受客户提供的贵重礼品或超规格招待？ （5）会计师事务所是否与客户发生诉讼或可能发生诉讼？ （6）会计师事务所高级管理人员是否与客户的董事或高级管理人员存在直系亲属或近缘亲属关系？ （7）会计师事务所高级管理人员是否与客户对财务报表产生重大影响的员工存在直系亲属或近缘亲属关系？ （8）客户的董事或高级管理人员或所处职位能够对财务报表产生重大影响的员工近期是否曾是会计师事务所的合伙人？ （9）会计师事务所是否在客户中拥有经济利益？ （10）会计师事务所是否为客户提供可能威胁独立性的服务，包括行使管理层职责的服务、代理记账或代编报表等服务？ （11）会计师事务所是否在法律诉讼中以客户名义进行辩护或在共同的推广活动中以客户名义进行宣传？ （12）是否存在会计师事务所同一名高级职员多年执行该客户审计业务的情况？	

续表

评价项目	是/否
2. 如果对上述问题回答“是”，说明采取的防范措施。	
评价结论：	

六、评价专业胜任能力、时间和资源

时间和资源	是/否/不适用	详细情况
1. 根据会计师事务所目前的人力资源情况，是否拥有足够的具有必要素质和专业胜任能力的人员组成项目组？ 2. 是否能够在提交报告的最后期限内完成业务？		
专业胜任能力		
1. 项目组关键人员是否熟悉客户所处行业及主要业务，是否能够获取对客户及其环境的整体了解？ 2. 项目组关键人员是否充分了解适用于客户所处行业的会计处理？如否，是否能够获取相关知识，说明途径。 3. 执行业务是否需要特定专业知识？如是，是否能够获取这些知识或利用专家的工作，说明途径。 4. 如果需要项目质量控制复核，是否具备符合标准和资格要求的项目质量控制复核人员？		
评价结论：		

七、总体评价

对该项业务的总体评价：

基于我们目前对客户的了解，该客户的风险水平为：

□高风险　□中等风险　□低风险

八、审计收费可回收性评价

1. 预计审计收费： 2. 成本是否收回：

九、结论

<table>
<tr><td>项目负责人：
基于上述方面，我们__________（接受或不接受）此项业务。

签名__________________
日期__________________</td><td>风险管理负责人（必要时）：
基于上述方面，我们__________（接受或不接受）此项业务。

签名__________________
日期__________________</td></tr>
<tr><td colspan="2">最终结论：____</td></tr>
</table>

本表主要适用于首次接受业务委托。对于连续审计业务，注册会计师应侧重记录客户及其环境的变化情况。

二、评价注册会计师自身的独立性与专业胜任能力

在接受审计业务之前，注册会计师应当确定他们是否有能力按照审计准则的要求完成该项审计业务。这个评价包括三方面的内容：一是评价执行审计的能力；二是评价独立性；三是评价保持应有谨慎的能力。具体地，可以考虑：（1）会计师事务所人员是否熟悉相关行业或业务对象；（2）会计师事务所人员是否具有执行类似业务的经验，或者是否具备获取必要技能和知识的能力；（3）会计师事务所是否拥有足够的具有必要素质和专业胜任能力的人员；（4）在需要时，是否能够得到专家的帮助；（5）如果需要项目质量控制复核，是否具备符合标准和资格要求的项目质量控制复核人员；（6）会计师事务所是否能够在提交报告的最后期限内完成业务。

三、审计业务约定书

审计业务约定书是指会计师事务所与委托人共同签订的，据以确定审计业务的委托和受托关系，明确委托目的、审计范围及双方责任与义务等事项的书面合约。签订后的审计业务约定书具有法定约束力，具有其他根据《中华人民共和国经济合同法》签订的经济合同一样（同等）的法律效力，成为委托人和受托人双方之间在法律上的生效契约。如果出现法律诉讼，它是确定双方责任的首要依据之一。

（一）审计业务约定书的内容

审计业务约定书的具体内容可能因被审计单位的不同而存在差异，但至少应当包括下列主要方面：（1）财务报表审计的目标；（2）管理层对财务报表的责任；（3）管理层编制财务报表采用的会计准则和相关会计制度；（4）审计范围，包括指明在执行财务报表审计业务时遵守的《中国注册会计师审计准则》（以下简称《审计准则》）；（5）执行审计工作的安排，包括出具审计报告的时间要求；（6）审计报告格式和对审计结果的其他沟通形式；（7）由于测试的性质和审计的其他固有限制，以及内部控制的固有局限性，不可避免地存在着某些重大错报可能仍然未被发现的风险；（8）管理层为注册会计师提供必要的工作条件和协助；（9）注册会计师不受限制地接触任何与审计有关的记录、文件和所需要的其他信息；（10）管理

层对其作出的与审计有关的声明予以书面确认；（11）注册会计师对执业过程中获知的信息保密；（12）审计收费，包括收费的计算基础和收费安排；（13）违约责任；（14）解决争议的方法；（15）签约双方法定代表人或其授权代表的签字盖章，以及签约双方加盖的公章。

（二）审计业务约定书的作用

签订审计业务约定书的目的是为了明确委托人与受托人的责任与义务，敦促双方遵守约定事项并加强合作，以保护会计师事务所和被审计单位的各自利益。在独立审计实务中，签订审计业务约定书具有以下几方面作用：

1. 签订审计业务约定书可以增进会计师事务所与委托人和被审计单位之间的相互了解，体现在会计师事务所对委托目的，被审计单位基本概况等方面的了解，也体现在被审计单位对审计目的、审计范围、审计依据、审计责任等的了解，有利于加强双方的合作。

2. 审计业务约定书可以明确双方的责任和义务，以求尽可能减少各方对另一方的误解，减少审计业务中涉及处理事项的互相推诿现象。如果出现法律诉讼，审计业务约定书是确定会计师事务所和委托人双方应负责任的重要依据。

3. 审计业务约定书为检查业绩提供依据，可以鉴定审计业务的完成情况，也可以用于检查双方义务的履行情况。

审计业务约定书在审计计划过程中是非常重要的，因为它的某些内容直接影响到审计工作的时间预算和过程安排。

（三）审计业务约定书范例

审计业务约定书

甲方：×××公司

乙方：×××会计师事务所

兹由甲方委托乙方对　　年度财务报表进行审计，经双方协商，达成以下约定：

一、业务范围与审计目标

1. 乙方接受甲方委托，对甲方按照企业会计准则和《企业会计制度》编制的财务报表进行审计；

2. 乙方通过执行审计工作，对甲方财务报表是否按照企业会计准则和《企业会计制度》的规定编制，是否在所有重大方面公允反映被审计单位的财务状况、经营成果和现金流量发表审计意见。

二、甲方的责任及义务

甲方的责任

1. 提供真实、完整地反映甲方的财务状况、经营成果和现金流量的会计记录。

2. 按照企业会计准则和《企业会计制度》的规定编制财务报表是甲方管理层的责任，这种责任包括：

（1）设计、实施和维护与财务报表编制相关的内部控制，以使财务报表不存在由于舞弊或错误而导致的重大错报；

（2）选择和运用恰当的会计政策；

(3) 作出合理的会计估计。

甲方的义务

1. 在____年____月____日之前为乙方的审计工作提供其所要求的全部会计资料和其他有关资料，并保证所提供资料的真实性和完整性。

2. 确保乙方不受限制地接触任何与审计有关的记录、文件和所需的其他信息。

3. 甲方管理层对其作出的与审计有关的声明予以书面确认。

4. 为乙方派出的有关工作人员提供必要的工作条件和协助。

5. 按本约定书的约定及时足额支付审计费用。

三、乙方的责任和义务

乙方的责任

1. 乙方的责任是在实施审计工作的基础上对甲方财务报表发表审计意见。

2. 审计工作涉及实施审计程序，以获取有关财务报表金额和披露审计证据。

3. 合理计划和实施审计工作，以使乙方能够获取充分、适当的审计证据，为甲方财务报表是否不存在重大错报获取合理保证。

4. 有责任指明甲方在重大方面未遵循会计准则和会计制度编制财务报表且未按乙方的建议调整的事项。

5. 由于测试的性质以及审计和内部控制的固有局限性，不可避免地存在着某些重大错报在审计时未被发现的情形，因此乙方的审计不能减轻甲方及甲方管理者当局的责任。

乙方的义务

1. 乙方应于____年____月____日前出具审计报告。

2. 除下列情况外，乙方应对执行业务过程中知悉的甲方信息予以保密：

(1) 取得甲方的授权；

(2) 根据法律法规的规定，为法律诉讼准备文件或提供证据，以及向监管机构报告发现的违反法规行为；

(3) 接受行业协会和监管机构依法进行质量检查；

(4) 监管机构对乙方进行行政处罚以及乙方对此提起行政复议。

四、审计收费

经双方协商确定，本次审计服务的费用总额为人民币____元。甲方应于本约定书签署之日起____日内支付____%的审计费用，剩余款项于________结清。

五、审计报告和审计报告的使用

1. 乙方向甲方出具审计报告一式叁份。

2. 乙方根据《中国注册会计师独立审计准则》规定可出具标准或非标准审计报告。

3. 甲方在提交或对外公布审计报告时，不得修改乙方出具的审计报告及其后附的已审计财务报表。

六、本约定书的有效期

本约定书一式两份，双方各执一份，具有同等法律效力。

本约定书自签署之日起生效，并在双方履行完毕本约定书约定的所有义务后终止。

七、约定事项的变更

如果出现不可预见的情况，影响审计工作如期完成，或需提前出具审计报告时，甲、乙双方均可要求变更约定事项，但应及时通知对方，并由双方协商解决。

八、终止条款

根据法律、法规及职业道德要求，乙方认为已不适宜继续为甲方提供本约定书约定的审计服务时，乙方可以向甲方提出合理要求终止履行本约定书，并有权就其于本约定书终止前对约定的审计服务项目所做的工作收取合理的费用。

九、违约责任

甲、乙双方按照《中华人民共和国合同法》的规定承担违约责任。

甲方：×××公司（盖章）	乙方：×××会计师事务所（盖章）
法定代表人	法定代表人
（或其授权代表）：（签章）	（或其授权代表）：（签章）
开户银行：	
银行账号：	
签约日期：　年　月　日	签约日期：　年　月　日

第二节　计划审计工作

根据《中国注册会计师审计准则第1201号——计划审计工作》，注册会计师应当计划审计工作，使审计业务以有效的方式得到执行。计划审计工作包括针对审计业务制定总体审计策略和具体审计计划，以将审计风险降至可接受的低水平。

一、总体审计策略

注册会计师应当为审计工作制定总体审计策略。用以确定审计工作范围、时间和方向，并指导制定具体审计计划。在制定总体审计策略时，应当考虑以下主要事项：

（一）审计范围

在确定审计范围时，一般需要考虑下列事项：

1. 编制财务报表适用的财务报告编制基础；
2. 特定行业的报告要求，如某些行业的监管机构要求提交的报告；
3. 预期的审计工作所涵盖的范围，包括应该涵盖的组成部分的数量及所在地点；
4. 母公司及集团组成部分之间存在的控制关系的性质，以确定如何编制合并财务报表；
5. 由组成部分注册会计师审计组成部分的范围；
6. 拟审计的业务分部性质，包括是否需要具备专门的知识；
7. 外币业务的核算方法及外币报表折算和合并方法；
8. 除对合并财务报表审计工作之外，是否需要对个别财务报表进行单独法定审计；
9. 内部审计工作的可获得性及拟信赖程度；
10. 被审计单位使用服务机构的情况，及注册会计师如何取得有关服务机构内部控制设计和运行有效性的证据；
11. 对利用在以前审计工作中获取的审计证据的程度，如获取的与风险评估程序和控制测试相关的审计证据；

12. 信息技术对审计程序的影响，包括数据的可获得性和使用计算机辅助审计技术的预期；

13. 协调审计工作与中期财务信息审阅的预期涵盖范围和时间安排，以及中期审阅所获得的信息对审计工作的影响；

14. 与被审计单位人员的时间协调和相关数据的可获得性。

（二）明确审计业务的报告目标、时间安排和所需沟通的性质

在计划报告目标、时间安排和所需沟通时，一般需要考虑下列事项：

1. 被审计单位对外报告的时间表，包括中间阶段和最终阶段；

2. 与管理层和治理层举行会谈，讨论审计工作的性质、时间安排和范围；

3. 与管理层和治理层讨论注册会计师拟出具的报告的类型和时间安排以及沟通的其他事项（口头或书面沟通），包括审计报告、管理建议书和向治理层通报的其他事项；

4. 与管理层讨论预期就整个审计业务中对审计工作的进展进行的沟通；

5. 与组成部分注册会计师沟通拟出具的报告的类型和时间安排，以及与组成部分审计相关的其他事项；

6. 项目组成员之间沟通的预期性质和时间安排，包括项目组会议的性质和时间安排，以及复核已执行工作的时间安排；

7. 预期是否需要和第三方进行其他沟通，包括与审计相关的法定或约定的报告责任。

（三）审计方向

审计方向也就是项目组的工作方向，包括确定适当的重要性水平，初步识别可能存在较高的重大错报风险的领域，初步识别重要的组成部分和账户余额，评价是否需要针对内部控制的有效性获取审计证据，识别被审计单位、所处行业、财务报告要求及其他相关方面最近发生的重大变化等。在确定审计方向时，一般需要考虑下列事项：

1. 重要性方面。包括：在制订审计计划时确定重要性水平；为组成部分确定重要性且与组成部分的注册会计师沟通；在审计过程中重新考虑重要性；识别重要的组成部分和账户余额。

2. 重大错报风险较高的审计领域。

3. 评估的财务报表层次的重大错报风险对指导、监督及复核的影响。

4. 项目组人员的选择（在必要时包括项目质量控制复核人员）和工作分工，包括向重大错报风险较高的审计领域分派具备适当经验的人员。

5. 项目预算，包括考虑为重大错报可能较高的审计领域分配适当的工作时间。

6. 向项目组成员强调在搜集和评价审计证据的过程中保持职业怀疑的必要性。

7. 以往审计中对内部控制运行有效性进行评价的结构，包括所识别的控制缺陷的性质及应对措施。

8. 管理层重视设计和实施健全的内部控制的相关证据，包括这些内部控制得以适当记录的证据。

9. 业务交易量规模，以基于审计效率的考虑确定是否依赖内部控制。

10. 对内部控制重要性的重视程度。

11. 影响被审计单位经营的重大发展变化，包括信息技术和业务流程的变化，关键管理人员变化，以及收购、兼并和分立。

12. 重大的行业发展情况，如行业法规变化和新的报告规定。

13. 会计准则及会计制度的变化。

14. 其他重大变化，如影响被审计单位的法律环境的变化。

（四）审计资源

注册会计师应当在总体审计策略中清楚地说明以下内容：

1. 向具体审计领域调配的资源，包括向高风险领域分派有适当经验的项目组成员，就复杂的问题利用专家工作等；

2. 向具体审计领域分配资源的多少，包括分派到重要地点进行存货监盘的项目组成员的人数，在集团审计中复核组成部分注册会计师工作的范围，向高风险领域分配的审计时间预算等；

3. 何时调配这些资源，包括是在期中审计阶段还是在关键截止日期调配资源等；

4. 如何管理、指导、监督这些资源，包括预期何时召开项目组预备会和总结会，预期项目负责人和经理如何进行复核，是否需要实施项目质量控制复核等。

二、具体审计计划

注册会计师应当为审计工作制定具体审计计划。具体审计计划比总体审计策略更加详细，其内容包括为获取充分、适当的审计证据以将审计风险降至可接受的低水平，项目组成员拟实施的审计程序的性质、时间和范围。

具体审计计划应当包括下列内容：

1. 按照《中国注册会计师审计准则第 1211 号——通过了解被审计单位及其环境识别和评估重大错报风险》的规定，为了足够识别和评估财务报表重大错报风险，注册会计师计划实施的风险评估程序的性质、时间和范围；

2. 按照《中国注册会计师审计准则第 1231 号——针对评估的重大错报风险采取的应对措施》的规定，针对评估的认定层次的重大错报风险，注册会计师计划实施的进一步审计程序的性质、时间和范围；

3. 根据中国注册会计师审计准则的规定，注册会计师针对审计业务需要实施的其他审计程序。

计划审计工作不是审计业务的一个孤立阶段，而是一个持续的、不断修正的过程，贯穿于整个审计业务的始终。审计过程可以分为不同阶段，通常前面阶段的工作结果会对后面阶段的工作计划产生一定的影响，而后面阶段的工作过程又可能发现需要对已制定的相关计划进行相应的更新和修改。一般来说，这些更新和修改可能涉及比较重要的事项。

三、审计重要性

在计划和执行审计工作时，注册会计师正确理解审计重要性概念及其确定，并且合理运用，有助于降低审计风险和提高审计效率。

（一）重要性的含义

根据《中国注册会计师审计准则第 1221 号——计划和执行审计工作时的重要性》，重要性取决于在具体环境下对错报金额和性质的判断。如果一项错报单独或连同其他错报可能影响财务报表使用者依据财务报表作出的经济决策，则该项错报是重大的。

通常而言，重要性概念可以从下列方面进行理解：

1. 如果合理预期错报（包括漏报）单独或汇总（金额）起来可能影响财务报表使用者依据财务报表作出的经济决策，则通常认为错报是重大的；

2. 对重要性的判断是根据具体环境作出的，并受错报的金额或性质的影响，或受两者共同作用的影响；

3. 判断某事项对财务报表使用者是否重大，是在考虑财务报表使用者整体共同的财务信息需求的基础上作出的。

（二）重要性水平的确定

对重要性的确定是注册会计师的一种职业判断。在审计过程中，注册会计师应当考虑财务报表层次和各类交易、账户余额、列报认定层次的重要性水平。

1. 财务报表层次的重要性水平

由于财务报表审计的目标是注册会计师通过审计工作对财务报表发表审计意见，因此注册会计师首先应当考虑财务报表层次的重要性。一般来说，注册会计师通常需要先选择一个恰当的基准，再选用适当的百分比乘以该基准，进而得出财务报表层次的重要性水平。在选择适当的基准时，注册会计师应当考虑下列因素：

（1）财务报表要素（如资产、负债、所有者权益、收入、费用）。

（2）对被审计单位来说，是否存在财务报表使用者特别关注的财务报表项目（如为了评价财务业绩，使用者可能更关注企业的利润、收入）。

（3）被审计单位的性质及所在的行业和经济环境。

（4）被审计单位的规模、所有权结构和融资方式。

（5）基准的相对波动性。

适当的基准取决于被审计单位的具体情况，包括各类报告收益（如税前利润、营业收入、毛利和费用总额），以及所有者权益或净资产。表 4－2 是一些实务中较为常用的基准。

表 4－2　　常用的基准

被审计单位情况	可能选择的基准
企业的盈利水平保持稳定	经常性业务的税前利润
企业今年来经营状况大幅度波动，盈利和亏损交替发生，或者由正常盈利变为微利或微亏，或者本年度税前利润因情况变化而出现意外增加或减少	过去 3～5 年经常性业务的平均税前利润或亏损（绝对值），或其他基准，如营业收入
企业为新设企业，处于开办期，尚未开始经营，目前正在建造厂房及购买机器设备	总资产

续表

被审计单位情况	可能选择的基准
企业处于新兴行业，目前侧重于抢占市场份额、扩大企业知名度和影响力	营业收入
开放式基金，致力于优化投资组合、提高基金净值、为基金持有人创造投资价值	净资产
国际企业集团设立的研发中心，主要为集团下属各企业提供研发服务，并以成本加成的方式向相关企业收取费用	成本与营业费用总额
公益性质的基金会	捐赠收入或捐赠支出总额

2. 各类交易、账户余额、列报认定层次的重要性水平

各类交易、账户余额、列报认定层次的重要性水平称为“可容忍错报”。可容忍错报的确定以注册会计师对报表层次重要性水平的初步评估为基础。它是在不导致财务报表存在重大错报的情况下，注册会计师对各类交易、账户余额、列报确定的可接受的最大错报。

在确定各类交易、账户余额、列报认定层次的重要性水平时，注册会计师应当考虑以下两个主要因素：一是各类交易、账户余额、列报的性质及错报的可能性；二是各类交易、账户余额、列报的重要性水平与财务报表层次重要性水平的关系。因为各类交易、账户余额、列报确定的重要性水平即可容忍错报，对所需的审计证据数量和质量有直接的影响，所以注册会计师应当合理确定可容忍错报。

四、审计风险

审计风险是指财务报表存在重大错报时，注册会计师发表不恰当审计意见的可能性。审计业务虽然不能对财务报表错报提供绝对的保证，但是一种保证程度高的鉴证业务，因此注册会计师应当通过计划和实施审计工作，获取充分、适当的审计证据，将审计风险降至可接受的低水平。

（一）重大错报风险

重大错报风险是指财务报表在审计前存在重大错报的可能性。根据《中国注册会计师审计准则第 1211 号——通过了解被审计单位及其环境识别和评估重大错报风险》的规定，注册会计师应当识别和评估财务报表层次以及各类交易、账户余额、列报等认定层次的重大错报风险。

1. 财务报表层次的重大错报风险

财务报表层次重大错报风险与财务报表整体存在广泛联系，它可能影响多项认定。此类风险通常与控制环境有关，如管理层缺乏自信、治理层形同虚设而不能对管理层进行有效监督等；但也可能与其他因素有关，如经济萧条、企业所处行业处于衰退期。此类风险难以被界定于某类交易、账户余额、列报的具体认定；相反，此类风险增大了一个或多个不同认定发生重大错报的可能性，与由舞弊引起的风险特别相关。

2. 认定层次的重大错报风险

认定层次的重大错报风险可以细分为固有风险和控制风险。固有风险指在不考虑被审计单位相关的内部控制政策或程序的情况下，其会计报表上某项认定产生重大错报的可能性。

它是独立于会计报表审计之外存在的，是注册会计师无法改变其实际水平的一种风险。控制风险是指被审计单位内部控制未能及时防止或发现其会计报表上某项错报或漏报的可能性。同固有风险一样，审计人员只能评估其水平而不能影响或降低它的大小。

（二）检查风险

检查风险，是指如果存在某一错报，该错报单独或连同其他错报可能是重大的，注册会计师为将审计风险降至可接受的低水平而实施程序后没有发现这种错报的风险。检查风险取决于审计程序设计的合理性和执行的有效性。由于注册会计师通常并不对所有的交易、账户余额和披露进行检查以及其他原因，检查风险不可能降低为零。其他原因包括注册会计师可能选择了不恰当的审计程序、审计过程执行不当，或者错误解读了审计结论。这些其他因素可以通过适当计划、在项目组成员之间进行恰当的职责分配、保持职业怀疑，对审计项目组进行确定的指导、监督和复核，来尽可能降低检查风险。

（三）重大错报风险与检查风险之间的关系

审计风险取决于重大错报风险和检查风险。在既定的审计风险水平下，可接受的检查风险水平与认定层次重大错报风险的评估结果成反向关系。评估的重大错报风险越高，可接受的检查风险越低；评估的重大错报风险越低，可接受的检查风险越高。审计风险、重大错报风险和检查风险之间的关系用模型表示为：

审计风险 = 重大错报风险 × 检查风险

假设针对某一认定，注册会计师将可接受的审计风险水平设定为5%，注册会计师实施风险评估程序后将重大错报风险评估为25%，根据上述模型，可接受的检查风险为20%。当然，在实务中，注册会计师不一定会用绝对数量来表达，可能会选用“高”“中”“低”等文字来描述。

第三节　审计测试

一、风险评估程序

根据《中国注册会计师审计准则第1211号——通过了解被审计单位及其环境识别和评估重大错报风险》规定，注册会计师应当了解被审计单位及其环境，以足够识别和评估财务报表重大错报风险，设计和实施进一步审计程序。

（一）风险评估的含义

风险评估是指通过了解被审计单位及其环境，识别和评估财务报表层次和认定层次的重大错报风险，从而为设计和实施针对评估的重大错报风险采取的应对措施提供基础。

风险评估过程是从了解被审计单位及其环境开始的，在此过程中，注册会计师要通过一定的程序，对被审计单位及其环境进行全面细致的了解，目的是识别和评估财务报表层次和认定层次的重大错报风险。了解的内容包括被审计单位所在行业的状况、法律环境和监管环境以及其他外部因素，被审计单位的性质，被审计单位对会计政策的选择和运用，被审计单位的目标、战略以及可能导致重大错报风险的相关经营风险，对被审计单位财务业绩的衡量和评价、被审计单位的内部控制等。

（二）风险评估的内容

为了了解被审计单位及其环境，注册会计师应当实施的风险评估程序主要包括：询问被审计单位管理层和内部其他相关人员、分析程序、观察和检查、其他审计程序。

1. 询问被审计单位管理层和内部其他相关人员

询问被审计单位管理层和内部其他相关人员是注册会计师了解被审计单位及其环境的一个重要信息来源，一般情况下，可以考虑从以下几个事项进行询问：

（1）管理层所关注的主要问题，如新的竞争对手、主要客户和供应商的流失，新的税收法规的实施以及经营目标或战略的变化等。

（2）被审计单位最近的财务状况、经营成果和现金流量。

（3）可能影响财务报告的交易和事项，或者目前发生的重大会计处理问题，如重大的并购事宜等。

（4）被审计单位发生的其他重要变化，如所有权结构、组织结构的变化，以及内部控制的变化等。

除上述几项外，为了更好地识别和评估风险，注册会计师还应当考虑询问内部审计人员、采购人员、生产人员、销售人员等其他人员，并考虑询问不同层次的员工，以便从不同的视角获取对识别重大错报风险有用的信息。

2. 分析程序

分析程序是指注册会计师通过研究不同财务数据之间以及财务数据与非财务数据之间的内在关系，对财务信息做出评价。分析程序还包括调查识别出的、与其他信息不一致或与预期数据严重偏离的波动和关系。分析程序既可用作风险评估程序和实质性程序，也可用来对财务报表进行总体复核。

实施分析程序有助于识别异常的交易或事项，以及对财务报表和审计产生影响的金额、比率和趋势。在实施分析程序时，注册会计师应当预期可能存在的合理关系，并与被审计单位记录的金额、依据记录金额计算的比率或趋势相比较，如果发现异常或未预期到的关系，注册会计师应当在识别重大错报风险时考虑这些比较结果。

3. 观察和检查

观察和检查程序可以印证对管理层和其他相关人员的询问结果，并可提供有关被审计单位及其环境的信息。具体实施程序包括以下几个方面：

（1）观察被审计单位的生产经营活动。例如，观察被审计单位人员正在从事的生产活动和内部控制活动，增加注册会计师对被审计单位人员如何进行生产经营活动及实施内部控制的了解。

（2）检查文件、记录和内部控制手册。例如，检查被审计单位的章程，与其他单位签订的合同、协议、各项业务流程、操作指引和内部控制手册等，了解被审计单位组织结构和内部控制制度的建立、健全情况。

（3）阅读由管理层和治理层编制的报告。例如，阅读被审计单位年度和中期财务报告、股东大会、董事会及高级管理层会议的会议记录或纪要，管理层的讨论和分析资料、经营计划和战略，对重要经营环节和外部因素的评价等，了解自上一期审计结束至本期审计期间被审计单位发生的重大事项。

（4）实地察看被审计单位的生产经营场所和设备。通过现场访问和实地察看被审计单位的生产经营场所和设备，可以帮助注册会计师了解被审计单位的性质及经营活动，在实地察看被审计单位的厂房和办公场所的过程中，注册会计师有机会与被审计单位管理层和担任不同职责的员工进行交流，可以增强注册会计师对被审计单位的经营活动及重大影响因素的了解。

（5）追踪交易在财务报告信息系统中的处理过程（执行穿行测试）。通过追踪某笔或几笔交易在业务流程中如何生成记录、处理和报告，以及相关控制如何执行，注册会计师可以确定被审计单位的交易流程和相关控制是否与之前通过其他程序所获得的了解一致，并确定相关控制是否得到执行。

4. 其他审计程序

除了采用询问、分析程序、观察和检查程序从被审计单位内部获取信息以外，如果根据职业判断认为从被审计单位外部获取的信息将有助于识别重大错报风险，注册会计师还应当实施其他审计程序以获取这些信息。例如，阅读外部信息，包括证券分析师、银行、评级机构出具的有关被审计单位及其所处行业的经济或市场环境等状况的报告，贸易与经济方面的杂志，法规或金融出版物，以及政府部门或民间组织发布的行业报告和统计数据等；注册会计师也可以通过询问被审计单位聘请的外部法律顾问、专业评估师、投资顾问和财务顾问等有关人士获取进一步的证据。

二、控制测试

控制测试是为了获取关于控制防止或发现并纠正认定层次重大错报的有效性而实施的测试。注册会计师应当选择为相关认定提供证据的控制测试。

（一）控制测试的含义

控制测试是指用于评价内部控制在防止或发现并纠正认定层次重大错报方面的运行有效性的审计程序。测试控制运行的有效性与确定控制是否得到执行所需获取的审计证据是不同的。

在测试控制运行的有效性时，注册会计师应当从下列方面获取关于控制是否有效运行的审计证据：

1. 控制在所审计期间的相关时点是如何运行的；
2. 控制是否得到一贯执行；
3. 控制由谁以何种方式执行。

控制运行有效性强调的是控制能够在各个不同时点按照既定设计得以一贯执行。因此，在了解控制是否得到执行时，注册会计师只需抽取少量的交易进行检查或观察某几个时点。但在测试控制运行的有效性时，注册会计师需要抽取足够数量的交易进行检查或多个不同时点进行观察。

（二）控制测试的要求

控制测试并非在任何情况下都需要实施。当存在下列情形之一时，注册会计师应当实施控制测试：(1) 在评估认定层次重大错报风险时，预期控制的运行是有效的；(2) 仅实施实质性程序不足以提供认定层次充分、适当的审计证据。

如果在评估认定层次重大错报风险时预期控制的运行是有效的，注册会计师应当实施控制测试，就控制在相关期间或时点的运行有效性获取充分、适当的审计证据。注册会计师通过实施风险评估程序，可能发现某项控制的设计是合理的，同时也得到了执行。在这种情况下，出于成本效益的考虑，注册会计师可能预期，如果相关控制在不同时点得到了一贯执行，与该项控制有关的财务报表认定发生重大错报的可能性就不会很大，也就可以考虑通过实施控制测试而减少实施实质性测试。为此，注册会计师可能会认为值得对相关控制在不同时点是否得到了一贯执行进行测试，即实施控制测试。

如果认为仅实施实质性测试程序获取的审计证据无法将认定层次重大错报风险降至可接受的低水平，注册会计师应当实施相关的控制测试，以获取控制运行有效性的审计证据。

（三）控制测试的性质

控制测试的性质是指控制测试所使用的审计程序的类型及其组合。计划从控制测试中获取的保证水平是决定控制测试性质的主要因素之一。注册会计师应当选择适当类型的审计程序以获取有关控制运行有效性的保证。计划的保证水平越高，对有关控制运行有效性的审计证据的可靠性要求越高。当拟实施的进一步审计程序主要以控制测试为主，尤其是仅实施实质性程序获取的审计证据无法将认定层次重大错报风险降至可接受的低水平时。注册会计师应当获取有关控制运行有效性的更高的保证水平。

虽然控制测试与了解内部控制的目的不同，但两者采用审计程序的类型通常相同，包括询问、观察、检查和穿行测试以及重新执行。

（四）控制测试的时间

如前所述，控制测试的时间包含两层含义：一是何时实施控制测试；二是测试所针对的控制适用的时点或期间。一个基本的原理是，如果测试特定时点的控制，注册会计师仅得到该时点控制运行有效性的审计证据；如果测试某一期间的控制，注册会计师可获取控制在该期间有效运行的审计证据。因此，注册会计师应当根据控制测试的目的确定控制测试的时间，并确定拟信赖的相关控制的时点或期间。

（五）控制测试的范围

控制测试的范围主要是指某项控制活动的测试次数。注册会计师应当设计控制测试，以获取控制在整个拟信赖的期间有效运行的充分、适当的审计证据。

注册会计师在确定某项控制的测试范围时，通常考虑下列因素：

1. 执行控制的频率。在整个拟信赖的期间，被审计单位执行控制的频率。控制执行的频率越高，控制测试的范围越大。

2. 在所审计期间，注册会计师拟信赖控制运行有效性的时间长度。拟信赖控制运行有效性的时间长度不同，在该时间长度内发生的控制活动次数也不同。注册会计师需要根据拟信赖控制的时间长度确定控制测试的范围。拟信赖期间越长，控制测试的范围越大。

3. 证据的相关性和可靠性。为证实控制能够防止或发现并纠正认定层次重大错报，对所需获取审计证据的相关性和可靠性要求越高，控制测试的范围越大。

4. 通过测试与认定相关的其他控制获取的审计证据的范围。针对同一认定，可能存在不同的控制。当针对其他控制获取审计证据的充分性和适当性较高时，测试该控制的范围可适当缩小。

5. 在风险评估时拟信赖控制运行有效性的程度。注册会计师在风险评估时对控制运行有效性的拟信赖程度越高，需要实施控制测试的范围越大。

6. 控制的预期偏差。预期偏差可以用控制未得到执行的预期次数占控制应当得到执行次数的比率加以衡量（也可称为预期偏差率）。考虑该因素，是因为在考虑测试结果是否可以得出控制运行有效性的结论时，不可能只要出现任何控制执行偏差就认定控制运行无效，所以需要确定一个合理水平的预期偏差率。控制的预期偏差率越高，需要实施控制测试的范围越大。

三、实质性程序

根据《中国注册会计师审计准则第1231号——针对评估的重大错报风险采取的应对措施》规定，注册会计师应当针对评估的重大错报风险设计和实施实质性程序，以发现认定层次的重大错报。

（一）实质性程序的含义

实质性程序是指注册会计师针对评估的重大错报风险实施的直接用以发现认定层次重大错报的审计程序。实质性程序包括对各类交易、账户余额、列报的细节测试以及实质性分析程序。

注册会计师对重大错报风险的评估是一种判断，可能无法充分识别所有的重大错报风险，而且内部控制存在固有局限性，无论评估的重大错报风险结果如何，注册会计师都应当针对所有重大的各类交易、账户余额、列报实施实质性程序。

（二）实质性程序的要求

注册会计师实施的实质性程序应当包括下列与财务报表编制完成阶段相关的审计程序：

1. 将财务报表与其所依据的会计记录相核对；

2. 检查财务报表编制过程中作出的重大会计分录和其他会计调整。

如果认为评估的认定层次重大错报风险是特别风险，注册会计师应当专门针对该风险实施实质性程序。如果针对特别风险仅实施实质性程序，注册会计师应当使用细节测试，或将细节测试和实质性分析程序结合使用，以获取充分、适当的审计证据。

（三）实质性程序的性质

实质性程序的性质是指实质性程序的类型及组合。实质性程序的两种基本类型包括细节测试和实质性分析程序。细节测试是对各类交易、账户余额、列报的具体细节进行测试，目的在于直接识别财务报表认定是否存在错报。实质性分析程序从技术特征上仍然是分析程序，主要是通过研究数据间关系评价信息，只是将该技术方法用做实质性程序。

注册会计师应当根据各类交易、账户余额、列报的性质选择实质性程序的类型。注册会计师应当针对评估的风险设计细节测试，获取充分、适当的审计证据，以达到认定层次所计划的保证水平。在针对存在或发生认定设计细节测试时，注册会计师应当选择包含在财务报表金额中的项目，并获取相关审计证据。在针对完整性认定设计细节测试时，注册会计师应当选择有证据表明应包含在财务报表金额中的项目，并调查这些项目是否确实包括在内。在设计实质性分析程序时，注册会计师应当考虑下列因素：

1. 对特定认定使用实质性分析程序的适当性；
2. 对已记录的金额或比率作出预期时，所依据的内部或外部数据的可靠性；
3. 作出预期的准确程度是否足以在计划的保证水平上识别重大错报；
4. 已记录金额与预期值之间可接受的差异额。

当实施实质性分析程序时，如果使用被审计单位编制的信息，注册会计师应当考虑测试与信息编制相关的控制，以及这些信息是否在本期或前期经过审计。

（四）实质性程序的时间

实质性程序的时间选择与控制测试的时间选择有共同点，也有很大差异。共同点在于：两类程序都面临着对期中审计证据和对以前审计获取的审计证据的考虑。两者的差异在于：(1) 在控制测试中，期中实施控制测试并获取期中关于控制运行有效性审计证据的做法更具有一种“常态”；而在期中实施实质性程序时更需要考虑其成本效益的权衡。(2) 在本期控制测试中拟信赖以前审计获取的有关控制运行有效性的审计证据，已经受到了很大的限制；而对于以前审计中通过实质性程序获取的审计证据，则采取了更加慎重的态度和更严格的限制。

（五）实质性程序的范围

在确定实质性程序的范围时，注册会计师应当考虑评估的认定层次重大错报风险和实施控制测试的结果。注册会计师评估的认定层次的重大错报风险越高，需要实施实质性程序的范围越广。如果对控制测试结果不满意，注册会计师应当考虑扩大实质性程序的范围。

实质性分析程序的范围有两层含义：(1) 对什么层次上的数据进行分析，注册会计师可以选择在高度汇总的财务数据层次进行分析，也可以根据重大错报风险的性质和水平调整分析层次。(2) 需要对什么幅度或性质的差异展开进一步调查。实施分析程序可能发现差异，但并非所有的差异都值得展开进一步调查。可容忍或可接受的差异额越大，作为实质性分析程序一部分的进一步调查的范围就越小。因此，在设计实质性分析程序时，注册会计师应当确定已记录金额与预期值之间可接受的差异额。在确定该差异额时，注册会计师应当主要考虑各类交易、账户余额、列报及相关认定的重要性和计划的保证水平。

案例 4.1

紫鑫药业审计失败案例

吉林紫鑫药业成立于 1998 年 5 月，是一家集科研、开发、生产、销售、药用动植物种养殖为一体的医药类上市公司，在上市初期业绩平平，2007 年 IPO 之时，在市场上因竞争力匮乏，销售规模也一直不温不火，业绩更是表现平平。净利润大多在五六千万元左右徘徊。2010 年，紫鑫药业因涉足人参业务创造了惊人的业绩，2010 年该公司实现营业收入 6.4 亿元，同比增长 151%，实现净利润 1.73 亿元，同比暴增 184%，每股收益 0.84 元。2011 年上半年紫鑫药业再掀狂潮，实现营业收入 3.7 亿元，净利润 1.11 亿元，分别同比增长 226% 和 325%。2011 年 8 月 16 日发表在中国证券网的《自导自演上下游客户紫鑫药业炮制惊天骗局》文章，引爆了紫鑫药业事件。而对紫鑫药业进行审计的中准会计师事务所对其 2010 年度涉嫌虚假财务报告出具了无保留意见的审计报告。依据《中国注册会计师协会会员执业违规行为惩戒办法》，中注协惩戒委员会决定，给予中准所紫鑫药业审计项目签字注册会计师刘昆、张忠伟通报批评。同时，针对检查中发现的问题，中注协已向中准所发出《整改通知书》，责成中准所加强质量控制体系建设，强化总所对分所的管理，限期进行整改，中注协将对其整改情况进行跟踪检查。

问题：1. 紫鑫药业审计为什么会失败？
2. 该案例给我们的启示是什么？

第四节　完成审计工作

完成审计阶段是审计的最后一个阶段。注册会计师按业务循环完成各财务报表项目的审计测试和一些特殊项目的审计工作后，在审计完成阶段汇总审计差异，关注期后事项对财务报表的影响，复核审计工作底稿和财务报表等。在此基础上，评价审计结果，并与客户沟通以后，获取管理层声明，确定应出具的审计报告的意见类型和措辞，进而编制并致送审计报告，终结审计工作。

一、汇总审计差异

对审计项目组成员在审计中发现的被审计单位的会计处理方法与企业会计准则的不一致，即审计差异。注册会计师应根据审计重要性原则予以初步确定并汇总，并建议被审计单位进行调整，使经审计的财务报表所载信息能够公允地反映被审计单位的财务状况、经营成果和现金流量。

（一）审计差异的种类

造成审计差异的原因有很多，有些是交易过程中的错误，有些是会计核算上的错误，有些则可能是故意的错误。由于审计差异会直接影响财务报表的公允性，因此，注册会计师必须予以关注。

审计差异内容按是否需要调整账户记录可分为核算差异和重分类差异。前者是因为被审计单位对经济业务进行了不恰当的会计处理而引起的差异，用审计重要性原则来衡量每一项核算差异，又可分为建议调整的不符事项和不建议调整的不符事项；后者是因为被审计单位未按适用的会计准则规定编制财务报表而引起的差异。

审计差异按性质可以分为已知错报、估计错报和差错准备三类：第一类是已知错报，即通过对账户或交易实施详细的实质性测试所确认的未调整的错报或漏报，如计算错误、分类不当或记录错误等；第二类是估计错报，即通过审计抽样或执行分析性程序所估计的未调整的错报或漏报；第三类是差错准备，即那些可能存在，但在审计过程中不一定必须查出的错报或漏报，或者说是可容忍的差异。

（二）审计差异的汇总

注册会计师应当对已知错报和估计错报进行汇总，汇总的审计差异应是被审计单位未调整的错报或漏报。注册会计师在对各项错报或漏报进行汇总时，应注意三方面的因素：一是这些错报或漏报在性质上是否重要，即是否涉及舞弊或违法行为；二是这些错报或漏报在金额上是否重要，即是否已经超过重要性水平；三是审计差异产生的原因，即应查明审计差异是由于工作疏忽造成的，还是内部控制本身固有限制造成的，另外，如果前期未调整的错报或漏报尚未消除，且导致本期财务报表严重失实，注册会计师在汇总时也应把它包括进来。审计差异一般采用“审计账项调整分录汇总表”的形式予以汇总，其参考格式见表4－3。

表4－3 审计账项调整分录汇总表

被审计单位：							索引号：	
项目：账项调整分录汇总表							截止日期：	
编制：							复核：	
日期：							日期：	
序号	内容及说明	索引号	调整内容				影响利润表＋（－）	影响资产负债表＋（－）
			借方项目	借方金额	贷方项目	贷方金额		

（三）审计差异的评价与处理

注册会计师在汇总审计差异并形成审计结果后，应当对其进行重要性和审计风险作最后的总体评价。对财务报表层次的重要性水平进行评价时，注册会计师应当注意重要性水平在审计过程中是否已作了修正，如果已作了修正，应以修正后的重要性水平作为评价的基础。注册会计师应当区分下列两种情况，对其分别进行处理：

1. 汇总数超过重要性水平。尚未调整的错报或漏报的汇总数超过了重要性水平时，注册会计师可以有两种选择：第一种是提请被审计单位调整财务报表，使调整后的汇总数低于重要性水平；如果被审计单位同意采纳，应获取其同意调整的书面确认函。第二种是如果被审计单位管理层不愿对已验证的错报或漏报予以调整，或调整后的汇总数仍高于重要性水平，那么说明存在较大的审计风险，注册会计师应当扩大实质性测试范围，对错报或漏报进行重新评估。如果重新评估后的汇总数低于计划重要性水平，那么，注册会计师可以发表无保留审计意见，否则，注册会计师应当发表保留或否定的审计意见。

2. 汇总数接近重要性水平。由于审计测试的局限性，注册会计师不能发现财务报表中存在的全部错报或漏报。因此，即使尚未调整的错报或漏报汇总数接近重要性水平，但由于该汇总数连同尚未发现的错报或漏报的汇总数可能超过重要性水平，注册会计师也应当实施追加实质性程序或提请被审计单位调整，以降低审计风险并有助于形成恰当的审计意见。

二、复核审计工作底稿

遵循准则要求执行复核是确保注册会计师执业质量的重要手段之一。会计师事务所需要按照《质量控制准则第 5101 号——会计师事务所对执行财务报表审计和审阅、其他鉴证和相关服务业务实施的质量控制》和《中国注册会计师审计准则第 1121 号——对财务报表审计实施的质量控制》的相关规定，结合事务所自身组织架构特点和质量控制体系建设需要，确定相关的质量控制政策和程序，对审计项目复核（包括项目组内部复核和项目质量控制复核）的级次以及人员、时间、范围和工作底稿记录等作出规定。

（一）项目组内部复核

1. 复核人员

《质量控制准则第 5101 号——会计师事务所对执行财务报表审计和审阅、其他鉴证和相关服务业务实施的质量控制》规定，会计师事务所在安排复核工作时，应当由项目组内经验较多的人员复核经验较少的人员的工作。会计师事务所应当根据这一原则，确定有关复核责任的政策和程序。项目组需要在制订审计计划时确定复核人员的指派，以确保所有工作底稿均得到适当层级人员的复核。

2. 复核范围

所有的审计工作底稿至少要经过一级复核。执行复核时，复核人员需要考虑的事项包括：

（1）审计工作是否已按照职业准则和适用的法律法规的规定执行；

（2）重大事项是否已提请进一步考虑；

（3）相关事项是否已进行适当咨询，由此形成的结论是否已得到记录和执行；

（4）是否需要修改已执行审计工作的性质、时间安排和范围；

（5）已执行的审计工作是否支持形成的结论，并已得到适当记录；

（6）已获取的审计证据是否充分、适当；

（7）审计程序的目标是否已实现。

3. 复核时间

审计项目复核贯穿审计全过程，随着审计工作的发展，复核人员在审计计划阶段、执行阶段和完成阶段及时复核相应的工作底稿，例如，在审计计划阶段复核记录审计策略和审计计划的工作底稿，在审计执行阶段复核记录控制测试和实质性程序的工作底稿，在审计完成阶段复核记录重大事项、审计调整及未更正错报的工作底稿等。

4. 项目合伙人复核

根据审计准则的规定：项目合伙人应当对会计师事务所分派的每项审计业务的总体质量负责；项目合伙人应当对项目组按照会计师事务所复核政策和程序实施的复核负责。

《中国注册会计师审计准则第 1121 号——对财务报表审计实施的质量控制》应用指南指出，项目合伙人在审计过程的适当阶段及时实施复核，有助于重大事项在审计报告日之前得到及时满意的解决。项目合伙人复核的内容包括：（1）对关键领域所作的判断，尤其是执行业务过程中识别出的疑难问题或争议事项；（2）特别风险；（3）项目合伙人认为重要的其他领域。

（二）项目质量控制复核

会计师事务所应当制定政策和程序，以明确项目质量控制复核的性质、时间安排和范围。这些政策和程序应当要求，只有完成项目质量控制，才可以签署业务报告。

1. 质量控制复核人员

根据《质量控制准则第 5101 号——会计师事务所对执行财务报表审计和审阅、其他鉴证和相关服务业务实施的质量控制》的规定，会计师事务所应当制定政策和程序，解决项目质量控制复核人员的委派问题，明确项目质量控制复核人员的资格要求，包括：

（1）履行职责需要的技术资格，包括必要的经验和权限；

（2）在不损害其客观性的前提下，项目质量控制复核人员能够提供业务咨询的程度。

会计师事务所在确定质量控制复核人员的资格要求时，需要充分考虑质量控制复核工作的重要性和复杂性，安排经验丰富的注册会计师担任项目质量控制复核人员。

2. 质量控制复核范围

项目质量控制复核人员应当客观地评价项目组作出的重大判断以及在编制审计报告时得出的结论。评价工作应当涉及下列内容：

（1）与项目合伙人讨论重大事项；

（2）复核财务报表和拟出具的审计报告；

（3）复核选取的与项目组作出的重大判断和得出的结论相关的审计工作底稿；

（4）评价在编制审计报告时得出的结论，并考虑拟出具审计报告的恰当性。

3. 质量控制复核时间

《中国注册会计师审计准则第 1121 号——对财务报表审计实施的质量控制》规定，只有完成了项目质量控制复核，才能签署审计报告。按照《中国注册会计师审计准则第 1501 号——对财务报表形成审计意见和出具审计报告》的规定，审计报告的日期不得早于注册会计师获取充分、适当的审计证据，并在此基础上对财务报表形成审计意见的日期。项目质量控制复核人员在业务过程中的适当阶段及时实施项目质量控制复核，有助于重大事项在审计报告日之前得到迅速、满意的解决。

三、期后事项

企业的经营活动是连续不断、持续进行的，但财务报表的编制却是建立在“会计分期”的假设基础之上。因此，注册会计师在审计被审计单位某一会计年度的财务报表时，除了对所审会计年度内发生的交易和事项实施必要的审计程序外，还必须考虑所审会计年度之后发生和发现的事项对财务报表和审计报告的影响，以保证一个会计期间的财务报表的真实性和完整性。

（一）期后事项的含义

期后事项是指资产负债表日至审计报告日发生的以及审计报告日至会计报表公布日发生的对会计报表产生影响的事项。它们可能对被审计单位财务报表和审计报告产生影响。因此，注册会计师必须对期后事项引起充分的关注。

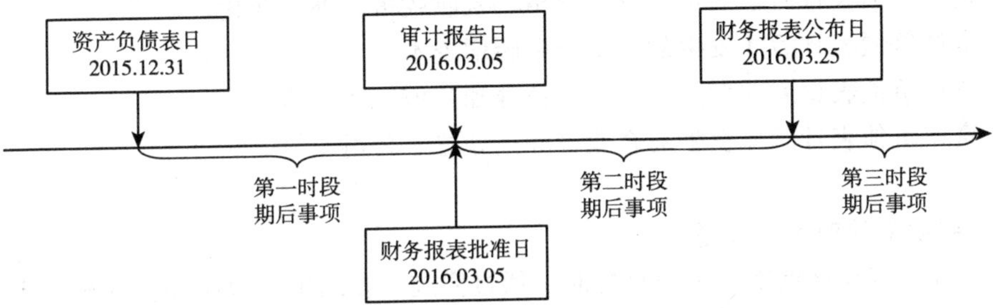

图 4－1 按时段分成的期后事项

在图 4－1 中，资产负债表日（2015 年 12 月 31 日）是指财务报表的截止日期；财务报表批准日（2016 年 3 月 5 日）是指被审计单位董事会或类似机构批准财务报表报出的日期；财务报表公布日（2016 年 3 月 25 日）是指被审计单位对外披露已审计财务报表的日期。按照审计报告准则的规定，审计报告的日期不应早于注册会计师获取充分适当的审计证据，并在此基础上对财务报表形成审计意见的日期。因此，审计报告日通常与财务报表批准日（2016 年 3 月 5 日）是同一个日期。

（二）期后事项的处理

并非所有的期后事项都会对财务报表和审计报告产生影响，因此注册会计师无须关注所有的期后事项。但是，下列两类期后事项注册会计师必须引起高度关注，因为它们有可能对财务报表和审计报告产生重大影响。

1. 资产负债表日后调整事项

资产负债表日后调整事项，是指对资产负债表日已经存在的情况提供了新的或进一步证据的事项。针对此类事项，注册会计师应当提请和要求被审计单位调整财务报表和与之相关的信息披露。此类事项通常包括：

（1）资产负债表日已经存在的大额应收款项，在资产负债表日后因债务人的破产而发生的可预计的坏账损失。

（2）资产负债表日已经存在的法律诉讼，在资产负债表日后被判决承担的巨额赔偿和罚款。

（3）资产负债表日已经存在的大量存货或已入账的销售收入，在资产负债表日后被发现与原入账价值存在重大差异。

（4）资产负债表日已经存在，在资产负债表日后被发现存在的财务报表舞弊或差错等。

2. 资产负债表日后非调整事项

资产负债表日后非调整事项是指表明在资产负债表日后发生的情况或事项。此类事项虽然对已审计的财务报表没有影响，但可能对被审计单位的未来经营产生影响。因此被审计单位不需要调整财务报表，但应当在财务报表附注中予以披露，以提醒财务报表使用者关注。此类事项通常包括以下内容：

（1）资产负债表日后才发生的重大诉讼、仲裁、承诺。

（2）资产负债表日后才发生的巨额亏损。

（3）资产负债表日后才发生的自然灾害重大损失。

（4）资产负债表日后才发生的资产价格、税收政策、外汇变化。

（5）资产负债表日后才发生的资本公积转增资本。

（6）资产负债表日后才发行的股票、债券和其他巨额举债。

（7）资产负债表日后才发生的企业合并或处置子公司，等等。

（三）期后事项的审计程序

注册会计师应在接近审计报告日之时，通过实施必要的审计程序，获取充分适当的审计证据，以确定截至审计报告日发生的、需要在财务报表中调整或披露的事项是否均已得到识别。通常的审计程序有：

1. 审阅最近的中期财务报表等相关资料，关注被审计单位的生产经营环境是否发生重大变化，以及是否发生异常的、大额的交易或事项；如果认为有必要，还应当查阅预算、现金流量预测及其他相关管理报告。

2. 审阅董事会、股东大会及其专门委员会在资产负债表日后举行的会议纪要，或询问相关事宜，以检查被审计单位是否发生了可能影响财务报表的事项。

3. 向被审计单位的律师或法律顾问询问有关诉讼和赔偿情况，以确定被审计单位是否有必要调整财务报表或披露该信息。

4. 询问和了解管理层用于识别期后事项的程序，以判定其程序是否足以识别期后事项的发生情况。

5. 向管理层询问是否发生可能影响财务报表的期后事项。

6. 取得管理层和律师声明书，以了解其对期后事项的陈述和说明是否恰当，等等。

四、评价审计结果

评价审计结果是完成审计阶段的一项内容，它与完成外勤审计工作是平行的层次，互不包含。

（一）评价审计结果的内涵

评价审计结果是对证据风险的最终控制，其主要工作就是确定审计证据质量。控制方法有两种：一是检查审计实施方案或实施大纲，确定方案和大纲所规定的每种审计手续是否都高质量地实施完毕，有无遗漏的领域或事项；二是通过审计工作检查表来单独检查所有审计事项的完成情况。检查表应详细列明每个审计领域或事项的具体审计工作，然后对照实际完成的领域或事项进行逐一对照检查，上述两种控制方法取一即可。

在完成审计阶段，全部审计工作底稿要接受没有参加审计的高层管理人员的全面检查，再次确定审计手续的合理性、实施审计手续的质量、审计手续与实施方案或实施大纲的一致性、底稿反映审计证据的一致性，确定是否有必要追加取证，以避免疏忽所造成的风险。

（二）评价审计结果对重要性的考虑

审计人员评价审计结果时所运用的重要性水平，可能与编制审计计划时所确定的重要性水平初步判断数不同，如前者大大低于后者，审计人员应当重新评估所执行审计程序是否充分。可以从以下两个方面理解此内容。

1. 评价审计结果时所运用的重要性水平可能不同于编制审计计划时确定的重要性水平。这可能是因为环境的变化，或者是审计人员对被审计单位了解程度的加深。例如，审计人员在会计期间结束前编制审计计划，只能根据预测的财务状况和经营成果来确定重要性水平。如果实际的财务状况和经营成果大不相同，则审计人员所评估的重要性水平也必须加以改变。此外，审计人员在编制审计计划时，可能有意地规定重要性水平低于将用于评价审计结果的重要性水平。这样通常可以减少未被发现的错报或漏报的可能性，并且能给审计人员提供一个安全边际。

2. 如果评价审计结果时所运用的重要性水平大大低于编制审计计划时确定的重要性水平，审计人员应当重新评估所执行的审计程序是否充分。因为原来较高的重要性水平，意味着较低的审计风险，所需执行的审计程序和所需搜集的审计证据相对较少；而现在评价审计结果时所运用的重要性水平比原来有所降低，则审计风险相应增加，这就要求执行更多的审计程序，搜集更多的审计证据。

本章小结

审计业务约定书是指会计师事务所与委托人共同签订的，据以确定审计业务的委托和受托关系，明确委托目的、审计范围及双方责任与义务等事项的书面合约。签订审计业务约定书的目的是为了明确委托人与受托人的责任与义务，敦促双方遵守约定事项并加强合作，以保护会计师事务所和被审计单位的各自利益。

计划审计工作包括针对审计业务制定总体审计策略和具体审计计划，以将审计风险降至可接受的低水平。总体审计策略用以确定审计工作范围、时间和方向，并指导制定具体审计计划。在制定总体审计策略时，应当考虑的主要事项包括：（1）审计范围；（2）明确审计业务的报告目标、时间安排和所需沟通的性质；（3）审计方向；（4）审计资源。具体审计计划比总体审计策略更加详细，其内容包括为获取充分、适当的审计证据以将审计风险降至可接受的低水平，项目组成员拟实施的审计程序的性质、时间和范围。审计重要性取决于在具体环境下对错报金额和性质的判断。如果一项错报单独或连同其他错报可能影响财务报表使用者依据财务报表作出的经济决策，则该项错报是重大的。在审计过程中，注册会计师应当考虑财务报表层次和各类交易、账户余额、列报认定层次的重要性水平。审计风险是指财务报表存在重大错报时，注册会计师发表不恰当审计意见的可能性。审计风险取决于重大错报风险和检查风险。

风险评估是指通过了解被审计单位及其环境，识别和评估财务报表层次和认定层次的重大错报风险，从而为设计和实施针对评估的重大错报风险采取的应对措施提供基础。风险评估程序主要包括：询问被审计单位管理层和内部其他相关人员、分析程序、观察和检查、其他审计程序。控制测试是指用于评价内部控制在防止或发现并纠正认定层次重大错报方面的运行有效性的审计程序。测试控制运行的有效性与确定控制是否得到执行所需获取的审计证据是不同的。实质性程序是指注册会计师针对评估的重大错报风险实施的直接用以发现认定层次重大错报的审计程序。实质性程序包括对各类交易、账户余额、列报的细节测试以及实质性分析程序。

对审计项目组成员在审计中发现的被审计单位的会计处理方法与企业会计准则的不一致，即审计差异。注册会计师应当对已知错报和估计错报进行汇总，汇总的审计差异应是被审计单位未调整的错报或漏报。会计师事务所应该结合自身组织架构特点和质量控制体系建设需要，确定相关的质量控制政策和程序，对审计项目复核（包括项目组内部复核和项目质量控制复核）的级次以及人员、时间、范围和工作底稿记录等作出规定。期后事项是指资产负债表日至审计报告日发生的以及审计报告日至会计报表公布日发生的对会计报表产生影响的事项。它们可能对被审计单位财务报表和审计报告产生影响。评价审计结果是对证据风险的最终控制，其主要工作就是确定审计证据质量。主要有两种控制方法。审计报告指注册会计师根据中国注册会计师审计准则的规定，在实施审计工作的基础上，对被审计单位财务报表发表审计意见的书面文件。注册会计师签发的审计报告，主要具有鉴证、保护和证明三方面的作用。审计报告主要有四种类型：无保留意见的审计报告、保留意见的审计报告、否定意见的审计报告、无法表示意见的审计报告。

练习题

简答题

1. 什么是初步业务活动？
2. 什么是审计业务约定书？它包括哪些主要内容？
3. 什么是总体审计策略和具体审计计划？它们主要包括哪些内容？
4. 什么是审计重要性？注册会计师在确定计划的重要性水平时需要考虑哪些因素？
5. 什么是审计风险？它包含哪些组成要素？这些组成要素之间是什么关系？
6. 什么是风险评估？其目的是什么？风险评估程序主要包括哪些？
7. 控制测试的含义是什么？什么情况下需要实施控制测试？注册会计师应如何考虑控制测试的范围？
8. 实质性程序的含义是什么？在设计实质性分析程序时，注册会计师应当考虑哪些因素？
9. 审计差异有哪几种类型？注册会计师应对审计差异作何种处理？
10. 资产负债表日后调整事项和资产负债表日后非调整事项通常各有哪些？

第五章

审计循环

本章重点

1. 销售与收款循环审计
2. 采购与付款循环审计
3. 生产与存货循环审计
4. 货币资金审计

第一节　销售与收款循环审计

一、销售与收款循环中的主要业务活动

图 5－1 描述了制造企业的销售与收款循环中的主要业务活动，包括销售业务、收款业务及销售调整业务中的相关活动内容。

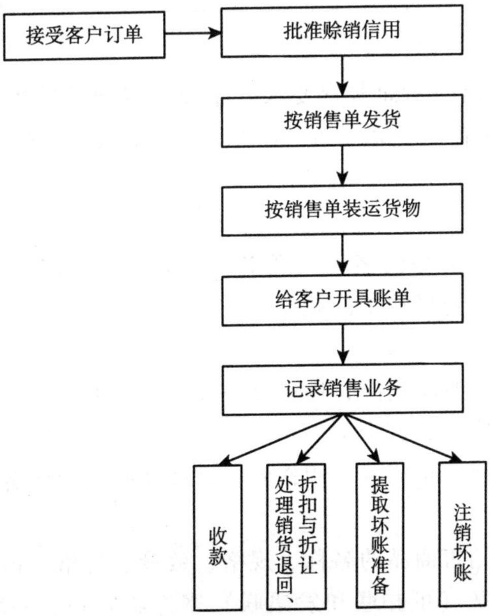

图 5－1　销售与收款循环中的主要业务活动

二、销售与收款循环中的主要凭证、记录及账户

表5－1描述了制造企业的销售与收款循环中的主要凭证、记录及账户，不同企业的凭证单据名称可能略有差异。

表5－1　　销售与收款循环中的主要凭证、记录及账户

交易类型	主要业务活动	凭证与记录	涉及账户
销售	接受客户订单 批准赊销信用 按销售单发货 给客户开具账单 记录销售业务 处理销货退回、折扣与折让	客户订购单 销售单 发运凭证 销售发票 商品价目表 客户月末对账单 营业收入明细账 转账凭证 贷项通知单 折扣与折让明细账	主营业务收入 应收账款
收款	收款 提取坏账准备 注销坏账	应收账款账龄分析表 应收账款明细账 汇款通知书 库存现金日记账和银行存款日记账 客户月末对账单 收款凭证 坏账审批表 转账凭证	货币资金 应收账款（含原值及坏账准备） 资产减值损失

1. 客户订购单

客户订购单即客户提出的书面购货要求。企业可以通过销售人员或其他途径，如采用电话、信函、邮件和向现有的及潜在的客户发送订购单等方式接受订货，取得客户订购单。

2. 销售单

销售单是列示客户所订商品的名称、规格、数量以及其他与客户订购单有关信息的凭证，作为销售方内部处理客户订购单的凭据。

3. 发运凭证

发运凭证即在发运货物时填制的，用以反映发出商品的规格、数量和其他有关内容的凭据。发运凭证的一联留给客户，其余联（一联或数联）由企业保留，通常其中有一联由客户在收到商品时签署并返还给销售方，用作销售方确认收入及向客户收取货款的依据。

4. 销售发票

销售发票通常包含已销售商品的名称、规格、数量、价格、销售金额等内容。以增值税发票为例，销售发票的两联（抵扣联和发票联）寄送给客户，一联由企业保留。销售发票也是在会计账簿中登记销售交易的基本凭据之一。

5. 商品价目表

商品价目表是列示已经授权批准的、可供销售的各种商品的价格清单。

6. 贷项通知单

贷项通知单是一种用来表示由于销售退回或经批准的折让而导致应收货款减少的单据，其格式通常与销售发票的格式类似。

7. 应收账款账龄分析表

通常，应收账款账龄分析表按月编制，反映月末应收账款总额的账龄区间，并详细反映每个客户月末应收账款金额和账龄。它也是常见的计提应收账款坏账准备的重要依据之一。

8. 应收账款明细账

应收账款明细账是用来记录每个客户各项赊销、还款、销售退回及折让交易的明细账。

9. 主营业务收入明细账

主营业务收入明细账是一种用来记录销售交易的明细账。它通常记载和反映不同类别商品或服务的营业收入的明细发生情况和总额。

10. 折扣与折让明细账

折扣与折让明细账是一种用来核算企业销售商品时，按销售合同规定为了及早收回货款而给予客户的销售折扣和因商品品种、质量等原因而给予客户的销售折让情况的明细账。企业也可以不设置折扣与折让明细账，而将该类业务直接记入主营业务收入明细账。

11. 汇款通知书

汇款通知书是一种与销售发票一起寄给客户，由客户在付款时再寄回销售单位的凭证。这种凭证注明了客户名称、销售发票号码、销售单位开户银行账号以及金额等内容。

12. 库存现金日记账和银行存款日记账

库存现金日记账和银行存款日记账是用来记录应收账款的收回或现销收入以及其他各种现金、银行存款收入和支出的日记账。

13. 坏账核销审批表

坏账核销审批表是一种用来批准将无法收回的应收款项作为坏账予以核销的单据。

14. 客户对账单

客户对账单是一种定期寄送给客户的用于购销双方核对账目的文件。客户对账单上通常注明应收账款的期初余额、本期销售交易的金额、本期已收到的货款、贷项通知单的金额以及期末余额等内容。对账单可能是月度、季度或年度的，取决于企业的经营管理需要。

15. 转账凭证

转账凭证是指记录转账业务的记账凭证。它是根据有关转账业务（即不涉及现金、银行存款收付的各项业务）的原始凭证编制的。企业记录赊销交易的会计凭证即为一种转账凭证。

16. 现金和银行凭证

现金和银行凭证是指分别用来记录现金和银行存款收入业务和支付业务的记账凭证。

三、销售与收款循环的重大错报风险评估

以一般制造业的赊销为例，相关交易和余额存在的重大错报风险通常包括：

1. 收入确认存在的舞弊风险。收入是利润的来源，直接关系到企业的财务状况和经营成果。有些企业往往为了达到粉饰财务报表的目的而采用虚增（发生认定）或隐瞒收入

（完整性认定）等方式实施舞弊。

2. 收入的复杂性可能导致的错误。比如，被审计单位可能针对一些特定的产品或者服务提供一些特殊的交易安排（如可变对价安排、特殊的退货约定、特殊的服务期限安排等），但管理层可能对这些不同安排下所涉及的交易风险的判断缺乏经验，收入确认上就容易发生错误。

3. 发生的收入交易未能得到准确记录。

4. 期末收入交易和收款交易可能未计入正确的期间，包括销售退回交易的截止错误。

5. 收款未及时入账或记入不正确的账户，因而导致应收账款（或应收票据/银行存款）的错报。

6. 应收账款坏账准备的计提不准确。

其中，对收入确认存在的风险需要重点说明。

注册会计师在识别和评估与收入确认相关的重大错报风险时，应当基于收入确认存在舞弊风险的假定，评价哪些类型的收入、收入交易或认定导致舞弊风险。假定收入确认存在舞弊风险，并不意味着注册会计师应当将与收入确认相关的所有认定都假定为存在舞弊风险。注册会计师需要结合对被审计单位及其环境的具体了解，考虑收入确认舞弊可能如何发生。被审计单位不同，管理层实施舞弊的动机或压力不同，其舞弊风险所涉及的具体认定也不同，注册会计师需要作出具体分析。例如，如果管理层难以实现预期的利润目标，则可能有高估收入的动机或压力（如提前确认收入或记录虚假的收入），因此，收入的发生认定存在舞弊风险的可能性较大，而完整性认定则通常不存在舞弊风险；相反，如果管理层有隐瞒收入而降低税负的动机，则注册会计师需要更加关注与收入完整性认定相关的舞弊风险。再如，如果被审计单位预期难以达到下一年度的销售目标，而已经超额实现了本年度的销售目标，就可能倾向于将本期的收入推迟至下一年度确认。

四、销售与收款循环的控制测试

通常，审计人员以识别的重大错报风险为起点，选取拟测试的控制，并实施控制测试程序。表5－2列示了通常情况下审计人员对销售与收款循环实施的控制测试。

表5－2　销售与收款循环的控制测试

可能发生错报的环节	涉及报表项目及认定	存在的内部控制（自动）	存在的内部控制（人工）	内部控制测试程序
（一）订单处理和赊销的信用控制				
可能向没有获得赊销授权或超出了其信用额度的客户赊销	收入：发生 应收账款：存在	订购单上的客户代码与应收账款主文档记录的代码一致。目前未偿付余额加上本次销售额在信用限额范围内。上述两项均满足才能生成销售单	对于不在主文档中的客户或是超过信用额度的客户订购单，需要经过适当授权批准，才可生成销售单	询问员工销售单的生成过程，检查是否所有生成的销售单均有对应的客户订购单为依据。检查系统中自动生成销售单的生成逻辑，是否确保满足了客户范围及其信用控制的要求。对于系统外授权审批的销售单，检查是否经过适当批准

续表

可能发生错报的环节	涉及报表项目及认定	存在的内部控制（自动）	存在的内部控制（人工）	内部控制测试程序
（二）发运商品				
可能在没有批准发货的情况下发出了商品	收入：发生 应收账款：存在	当客户销售单在系统中获得发货批准时，系统自动生成连续编号的发运凭证	保安人员只有当附有经批准的销售单和发运凭证时才能放行	检查系统内发运凭证的生成逻辑以及发运凭证是否连续编号。询问并观察发运时保安人员的放行检查
发运商品与客户销售单可能不一致	收入：准确性 应收账款：计价与分摊	计算机把发运凭证中所有准备发出的商品与销售单上的商品种类和数量进行比对。打印种类或数量不符的例外报告，并暂缓发货	管理层复核例外报告和暂缓发货的清单，并解决问题	检查例外报告和暂缓发货的清单
已发出商品可能与发运凭证上的商品种类和数量不符	收入：准确性 应收账款：计价与分摊		商品打包发运前，装运部门对商品和发运凭证内容进行独立核对，并在发运凭证上签字以示商品已与发运凭证核对且种类和数量相符。客户要在发运凭证上签字以作为收到商品且商品与订购单一致的证据	检查发运凭证上相关员工及客户的签名，作为发货一致的证据
已销售商品可能未实际发运给客户	收入：发生 应收账款：存在		客户要在发运凭证上签字以作为收到商品且商品与订购单一致的证据	检查发运凭证上客户的签名，作为收货的证据
（三）开具发票				
商品发运可能未开具销售发票或已开出发票没有发运凭证的支持	应收账款：存在　完整　权利和义务 收入：发生　完整	发货以后系统根据发货凭证及相关信息自动生成连续编号的销售发票；系统自动复核连续编号的发票和发运凭证的对应关系，并定期生成例外报告	复核例外报告并调查原因	检查系统生成发票的逻辑；检查例外报告及跟进情况

续表

可能发生错报的环节	涉及报表项目及认定	存在的内部控制（自动）	存在的内部控制（人工）	内部控制测试程序
（三）开具发票				
由于定价或产品摘要不正确，以及销售单或发运凭证或销售发票代码输入错误，可能导致销售价格不正确	收入：准确性 应收账款：计价与分摊	通过逻辑登录限制控制定价主文档的更改。只有得到授权的员工才能进行更改。系统通过使用和检查主文档版本序号，确定正确的定价主文档版本已经被上传。系统检查录入的产品代码的合理性	核对经授权的有效的价格更改清单与计算机获得的价格更改清单是否一致。如果发票由于手工填写或没有定价主文档，则有必要对发票的价格进行独立核对	检查文件以确定价格更改是否经授权。重新执行以确定打印出的更改后价格与授权是否一致。通过检查 IT 的一般控制和收入交易的应用控制，确定正确的定价主文档版本是否已被用来生成发票。如果发票由手工填写，检查发票中价格复核人员的签名，通过核对经授权的价格清单与发票上的价格，重新执行该核对过程
发票上的金额可能出现计算错误	收入：准确性 应收账款：计价与分摊	每张发票的单价、计算、商品代码、商品摘要和客户账户代码均由计算机程序控制。如果计算机控制的发票开具程序的更改是受监控的，在操作控制帮助下，可以确保使用的是正确的发票生成程序版本。系统代码有密码保护，只有经授权的员工才可以更改。定期打印所有系统上作出的更改	上述程序的所有更改由上级复核和审批。如果由手工开具发票，独立复核发票上计算的增值税和总额的正确性	自动：询问发票生成程序更改的一般控制情况，确定是否经授权以及现有的版本是否正在被使用。检查有关程序更改的复核审批程序。手工：检查与发票计算金额正确性相关的人员的签名。重新计算发票金额，证实其是否正确
销售发票入账的会计期间可能不正确	收入：截止发生 应收账款：存在 完整 权利和义务	系统根据销售发票的信息自动汇总生成当期销售入账记录	定期执行人工销售截止检查程序。向客户发送月末对账单，调查并解决客户质询的差异	检查系统中销售记录生成的逻辑。重新执行销售截止检查程序。检查客户质询信件并确定问题是否已得到解决
销售发票入账金额可能不准确	收入：准确性 应收账款：计价与分摊	系统根据销售发票的信息自动汇总生成当期销售入账记录	复核明细账和总账间的调节。向客户发送月末对账单，调查并解决客户质询的差异	检查系统销售入账记录的生成逻辑，对于手工调节项目进行检查，并调查原因是否合理。检查客户质询信件并确定问题是否已得到解决

续表

可能发生错报的环节	涉及报表项目及认定	存在的内部控制（自动）	存在的内部控制（人工）	内部控制测试程序
销售发票可能被记入不正确的应收账款明细账户	应收账款：计价与分摊	系统将客户代码、商品发送地址、发运凭证、发票与应收账款主文档中的相关信息进行比对	应收账款客户主文档中明细账的汇总金额应与应收账款总分类账核对。对于二者之间的调节项需要调查原因并解决。向客户发送月末对账单，调查并解决客户质询的差异	检查应收账款客户主文档中明细余额汇总金额的调节结果与应收账款总分类账是否核对相符，以及负责该项工作的员工签名。检查客户质询信件并确定问题是否已得到解决
（四）记录应收账款的收款				
应收账款记录的收款与银行存款可能不一致	应收账款/货币资金：完整 存在 权利和义务 计价与分摊	在每日编制电子版存款清单时，系统自动贷记应收账款	将每日收款汇总表、电子版收款清单和银行存款清单相比较。定期取得银行对账单，独立编制银行存款余额调节表。向客户发送月末对账单，对客户质询的差异应予以调查并解决	检查核对每日收款汇总表、电子版收款清单和银行存款清单的核对记录和核对人签名。检查银行存款余额调节表和负责编制的员工的签名。检查客户质询信件并确定问题是否已被解决
收款可能被记入不正确的应收账款账户	应收账款：计价与分摊 存在	电子版的收款清单与应收账款明细账之间建立连接界面，根据对应的客户名称、代码、发票号等将收到的款项对应到相应的客户账户。对于无法对应的款项生成例外事项报告。系统定期生成按客户细分的应收账款账龄分析表	将生成的例外事项报告的项目进行手工核对，或调查产生的原因并解决。向客户发送月末对账单，对客户质询的差异应予以调查并解决。管理层每月复核按客户细分的应收账款账龄分析表，并调查长期余额或其他异常余额	检查系统中的对应关系审核设置是否合理。检查对例外事项报告中的信息进行核对的记录，以及无法核对事项的解决情况。检查客户质询信件并确定问题是否已被解决。检查管理层对应收账款账龄分析表的复核及跟进措施
（五）坏账准备计提及坏账核销				
坏账准备的计提可能不充分	应收账款：计价与分摊	系统自动生成应收账款账龄分析表	管理层对财务人员基于账龄分析表，采用预期信用损失模型计算编制的坏账准备计提表进行复核。复核无误后需在坏账准备计提表上签字。管理层复核坏账核销的依据，并进行审批	检查财务系统，计算账龄分析表的规则是否正确。询问管理层如何复核坏账准备计提表的计算，检查是否有复核人员的签字。检查坏账核销是否经过管理层的恰当审批

续表

可能发生错报的环节	涉及报表项目及认定	存在的内部控制（自动）	存在的内部控制（人工）	内部控制测试程序
（六）记录现金销售				
登记入账的现金收入与企业已经实际收到的现金不符	收入：完整 发生 截止 准确性 货币资金：完整 存在	现金销售通过统一的收款台用收银机集中收款，并自动打印销售小票	销售小票应交予客户确认金额一致。通过监视器监督收款台。盘点每个收款台收到的现金，并与相关销售汇总表调节相符。独立检查所有收到的现金已存入银行。将每日现金销售汇总表与银行存款单相比较。定期取得银行对账单，独立编制银行存款余额调节表	实地观察收银台、销售点的收款过程，并检查在这些地方是否有足够的物理监控。检查收款台打印销售小票和现金销售汇总表的程序设置和修改权限设置。检查盘点记录和结算记录、签名。检查银行存款单和销售汇总表签名，证明已实施复核。检查银行存款余额调节表的编制和复核人员的审核记录

销售与收款循环实质性测试审计程序分为实质性分析程序与细节性测试程序。通常，注册会计师在保证审计质量前提下依据成本效益原则，在对交易和余额实施细节测试前实施分析性程序。根据销售与收款循环涉及的主要会计报表项目及其披露，注册会计师需对包括营业收入、应收账款及其相关账户进行实质性测试。

五、销售与收款循环的实质性测试：营业收入审计

营业收入项目核算企业在销售商品、提供劳务等主营业务活动中所产生的收入，以及企业确认的除主营业务活动以外的其他经营活动实现的收入，包括出租固定资产、出租无形资产、出租包装物和商品、销售材料等实现的收入。营业收入包括主营业务收入和其他业务收入。注册会计师应在完成被审计单位销售业务控制测试后对营业收入实施实质性程序。

（一）营业收入的审计目标

1. 确定利润表中的营业收入是否已发生，且与被审计单位有关。

2. 确定所有应当记录的营业收入是否均已记录。

3. 确定与营业收入有关的金额及其他数据是否已恰当记录，包括对销售退回、销售折扣与折让的处理是否适当。

4. 确定营业收入是否已记录于正确的会计期间。

5. 确定营业收入是否已按照企业会计准则的规定在利润表中作出恰当的列报。

（二）营业收入的实质性程序

1. 取得营业收入明细表。

复核加计明细表是否正确，并与主营业务收入总账数和明细账合计数核对，结合其他业

务收入科目与报表数核对是否相符。

2. 检查主营业务收入的确认条件和计量。

根据《企业会计准则第 14 号——收入》的规定，企业商品销售收入应在下列条件均能满足时予以确认：(1) 企业已将商品所有权上的主要风险和报酬转移给购货方；(2) 企业既没有保留通常与所有权相联系的继续管理权，也没有对已售出的商品实施有效控制；(3) 收入的金额能够可靠地计量；(4) 相关的经济利益很可能流入企业；(5) 相关的已发生或将发生的成本能够可靠地计量。因此，注册会计师需要了解被审计单位确认产品销售收入的会计政策，并测试被审计单位是否依据上述五个条件确认产品销售收入。具体来说，被审计单位采取的销售方式不同，确认收入的时点也是不同的：

(1) 采用交款提货方式销售，以货款已经收到或取得收取货款的权利，同时发票账单和提货单已交给购货方时确认收入实现。注册会计师应审查被审计单位是否收到货款或取得收取货款的权利，发票账单和提货单是否已交付购货单位；

(2) 采用预收账款方式销售，在商品已经发出时确认收入的实现。注册会计师应审查被审计单位是否收到了货款，是否在货物发出之后确认收入或不确认收入，是否存在开具虚假出库凭证、虚增收入的情况；

(3) 采用托收承付结算方式销售，在商品已经发出并办妥托收手续时确认收入的实现。注册会计师应审查被审计单位是否发货，托收手续是否办妥，发运凭证是否真实，托收承付结算回单是否正确；

(4) 委托其他单位代销方式销售，应在代销商品已经销售并收到代销清单时确认收入的实现。注册会计师应查明有无编制虚假代销清单、虚增本期收入的情况；

(5) 长期工程合同收入，应根据完工百分比法确认合同收入。注册会计师应审查收入的计算、确认方法是否符合规定，并核对应计收入与实际收入是否一致，查明有无随意确认收入、虚增或虚减本期收入的情况；

(6) 销售商品房的，应在商品房已经移交并将发票结算账单提交对方时确认收入的实现。注册会计师应审查已办理的移交手续是否符合规定要求，发票账单是否已交对方。注意被审计单位有无编造虚假移交手续、开具虚假发票的行为。

3. 实施实质性分析程序。

(1) 将本期与上期的主营业务收入进行比较，分析产品销售的结构和价格变动是否正常，并分析异常变动的原因。

(2) 比较本期各月各种主营业务收入的波动情况，分析其变动趋势是否正常，是否符合被审计单位季节性、周期性的经营规律，并查明异常现象和重大波动的原因。

(3) 计算本期重要产品或重要客户的毛利率，分析比较本期与上期同类毛利率变化情况，是否存在重大波动和异常情况，并查清原因。

(4) 将以上结果与同行企业进行对比分析，检查是否存在异常。

4. 审查销售价格。

注册会计师应当获取产品价格目录，抽查售价是否符合价格政策，并注意销售给关联方或关系密切的重要客户的产品价格是否合理，有无低价或高价结算以转移收入和利润的现象。

5. 检查主营业务收入的原始凭证与会计分录。

以主营业务收入明细账中的会计分录为起点，检查相关原始凭证如订购单、销售单、发运凭证、发票等，以评价已入账的营业收入是否真实发生。检查订购单和销售单，用以确认存在真实的客户购买要求，销售交易已经过适当的授权批准。销售发票存根上所列的单价，通常还要与经过批准的商品价目表进行比较核对，对其金额小计和合计数也要进行复算。发票中列出的商品的规格、数量和客户代码等，则应与发运凭证进行比较核对，尤其是由客户签收商品的一联，确定已按合同约定完成交易，可以确认收入。同时，还要检查原始凭证中的交易日期，以确认收入计入了正确的会计期间。

6. 函证本期销售额。

结合对应收账款实施的函证程序，选择主要客户函证本期销售额。

7. 实施销售截止测试。

对主营业务收入实施截止测试，其目的主要在于确定被审计单位主营业务收入的会计记录归属期是否正确，即应记入本期或下期的主营业务收入是否被推延至下期或提前至本期。

在审计实务中，注册会计师可以考虑以下两条审计路线实施主营业务收入的截止测试。一是以账簿记录为起点。从资产负债表日前后若干天的账簿记录追查至记账凭证和客户签收的发运凭证，目的是证实已入账收入是否在同一期间已发货并由客户签收，有无多记收入。这种方法的优点是比较直观，容易追查至相关凭证记录，以确定其是否应在本期确认收入，特别是在连续审计两个以上会计期间时，检查跨期收入十分便捷，可以提高审计效率。缺点是缺乏全面性和连贯性，只能查多记，无法查漏记，尤其是当本期漏记收入延至下期而审计时被审计单位尚未及时登账时，不易发现应记入而未记入报告期收入的情况。因此，使用这种方法主要是为了防止多计收入；二是以发运凭证为起点。从资产负债表日前后若干天的已经客户签收的发运凭证查至账簿记录，确定主营业务收入是否已记入恰当的会计期间。

使用上述方法时应注意两点：①相应的装运凭证是否齐全，特别应注意有无报告期内已作收入而下期初用红字冲回，并且无发货、收货记录，以此来调节前后期利润的情况；②被审计单位的发票存根是否已全部提供，有无隐瞒。

8. 检查销售退回、销售折扣与折让。

存在销货退回的，检查相关手续是否符合规定，结合原始销售凭证检查其会计处理是否正确，结合存货项目审计关注其真实性。

企业在销售交易中，往往会因产品品种不符、质量不符合要求以及结算方面的原因发生销售折扣与折让。销售折扣与折让均是对收入的抵减，直接影响收入的确认和计量。注册会计师对销售折扣与折让审计时应了解被审计单位有关折扣与折让的政策和程序，抽查折扣与折让的授权批准情况，与实际执行情况进行核对，并检查折扣与折让的会计处理是否正确。

9. 检查主营业务收入在利润表及其附注中的披露。

（三）营业收入的特别审计程序

除了上述较为常规的审计程序外，注册会计师还要根据被审计单位的特定情况和收入的重大错报风险程度，确定是否有必要实施一些特别的审计程序。

1. 附有销售退回条件的商品销售，如果对退货部分能作合理估计的，确定其是否按估计不会退货部分确认收入；如果对退货部分不能作合理估计的，确定其是否在退货期满时确认收入。

2. 售后回购，分析特定销售回购的实质，判断其是属于真正的销售交易，还是属于融资行为。

3. 以旧换新销售，确定销售的商品是否按照商品销售的方法确认收入，回收的商品是否作为购进商品处理。

4. 出口销售，根据交易的定价和成交方式（离岸价格、到岸价格或成本加运费价格等），并结合合同（包括购销合同和运输合同）中有关货物运输途中风险承担的条款，确定收入确认的时点和金额。

六、销售与收款循环的实质性测试：应收账款审计

（一）应收账款的审计目标

1. 确定被审计单位资产负债表上的应收账款在报表日是否存在。
2. 确定应收账款是否归被审计单位所有。
3. 确定应收账款及其坏账准备增减变动的记录是否完整。
4. 确定应收账款是否可收回，坏账准备是否恰当。
5. 确定应收账款期末余额是否正确。
6. 确定应收账款及其坏账准备在资产负债表上的披露是否恰当。

（二）应收账款的实质性程序

1. 获取应收账款明细表。

注册会计师应复核加计应收账款明细表是否正确，并与应收账款总账数和明细账合计数核对相符；结合坏账准备科目、预收账款科目与报表数核对是否相符。如果发现应收账款明细出现贷方余额的情形，注册会计师应查明原因，必要时建议做重分类调整，并在明细表中作出记录。

2. 分析应收账款账龄。

应收账款的账龄是指资产负债表中的应收账款从销售实现、产生应收账款之日起，至资产负债表日止所经历的时间。编制应收账款账龄分析表时，可以选择重要的顾客列示，不重要的或余额较小的可以汇总列示。应收账款账龄分析表参考格式如表 5 – 3 所示。

表 5 – 3　　应收账款账龄分析表

年　月　日　　　　货币单位：

客户名称	期末余额（借或贷）	账龄			
		1 年以内	1—2 年	2—3 年	3 年以上
合计					

3. 函证应收账款。

应收账款函证是指注册会计师直接发函给被审计单位的债务人，要求核实被审计单位应收账款的记录是否正确的一种审计方法。函证的目的是证实应收账款账户余额的真实性、正确性，防止或发现被审计单位及其有关人员在销售交易中发生差错或舞弊行为。除非有充分证据表明应收账款对被审计单位财务报表而言是不重要的，或者函证很可能是无效的，否

则，注册会计师应当对应收账款进行函证。如果注册会计师不对应收账款进行函证，应当在审计工作底稿中说明理由。如果认为函证很可能是无效的，注册会计师应当实施替代审计程序，获取相关、可靠的审计证据。

注册会计师根据被审计单位提供的应收账款明细账（债务人）的名称及地址编制询证函并寄发。

（1）函证的数量（范围）和对象。

注册会计师并不需要对被审计单位所有的应收账款进行函证。函证数量的多少可根据以下因素决定：①应收账款在全部资产中的重要性。如果应收账款在全部资产中所占的比重较大，则函证的数量应相应大一些；②被审计单位内部控制的强弱。如果内部控制系统较健全，则应减少函证量。反之，应相应扩大函证量；③以前期间的函证结果。若以前期间函证发现过重大差异或欠款纠纷较多，则应相应扩大函证量。

一般情况下，注册会计师应选择以下项目作为函证对象：大额或账龄较长的项目；与债务人发生纠纷的项目；关联方项目；主要客户；可能产生重大错报或舞弊的非正常的项目。

（2）函证的方式。

注册会计师可采用积极的或消极的函证方式实施函证，也可将两种方式结合使用。《中国注册会计师审计准则第1312号——函证》提供的两种询证函格式如下：

积极式的参考格式（1）

企业询证函

编号：

____________（公司）：

本公司聘请的××会计师事务所正在对本公司××年度财务报表进行审计，按照中国注册会计师审计准则的要求，应当询证本公司与贵公司的往来账项等事项。下列数据出自本公司账簿记录，如与贵公司记录相符，请在本函下端“信息证明无误”处签章证明；如有不符，请在“信息不符”处列明不符金额。回函请直接寄至××会计师事务所。

回函地址：

邮编：　　　　电话：　　　　传真：　　　　联系人：

①本公司与贵公司的往来账项列示如下：

单位：元

截止日期	贵公司欠	欠贵公司	备注

②其他事项

本函仅为复核账目之用，并非催款结算。若款项在上述日期之后已经付清，仍请及时函复为盼。

（公司盖章）

年　月　日

结论：①信息证明无误

（公司盖章）

年　月　日

经办人：

②信息不符，请列明不符的详细情况：

（公司盖章）

年　月　日

经办人：

积极式的参考格式（2）

企业询证函

编号：

__________（公司）：

本公司聘请的××会计师事务所正在对本公司××年度财务报表进行审计，按照中国注册会计师审计准则的要求，应当询证本公司与贵公司的往来账项等事项。请列示截至××年×月×日贵公司与本公司往来款项余额。回函请直接寄至××会计师事务所。

回函地址：

邮编：　　　　电话：　　　　传真：　　　　联系人：

本函仅为复核账目之用，并非催款结算。若款项在上述日期之后已经付清，仍请及时函复为盼。

（公司盖章）

年　月　日

①贵公司与本公司的往来账项列示如下：

单位：元

截止日期	贵公司欠	欠贵公司	备注

②其他事项。

（公司盖章）

年　月　日

经办人：

消极式的参考格式

企业询证函

编号：

__________（公司）：

本公司聘请的××会计师事务所正在对本公司××年度财务报表进行审计，按照中国注册会计师审计准则的要求，应当询证本公司与贵公司的往来账项等事项。下列数据出自本公司账簿记录，如与贵公司记录相符，则无须回复；如有不符，请直接通知会计师事务所，并请在空白处列明贵公司认为是正确的信息。回函请直接寄至××会计师事务所。

回函地址：

邮编：　　　　电话：　　　　传真：　　　　联系人：

①本公司与贵公司的往来账项列示如下：

单位：元

截止日期	贵公司欠	欠贵公司	备注

②其他事项。

本函仅为复核账目之用，并非催款结算。若款项在上述日期之后已经付清，仍请及时核对为盼。

（公司盖章）

年　月　日

××会计师事务所：

上面的信息不正确，差异如下：

（公司盖章）

年　月　日

经办人：

4. 检查未函证应收账款。

由于注册会计师不可能对所有应收账款进行函证，因此，对于未函证的应收账款，注册会计师应抽查有关原始凭据，如销售合同、客户订购单、销售发票及发运凭证等（替代程序），以验证相关的应收账款的真实性。

5. 检查已收回的应收账款金额。

对已收回金额较大的款项进行常规检查，如核对收款凭证、银行对账单等，并注意凭证发生日期的合理性。

6. 检查坏账的确认和处理。

注册会计师应检查有无债务人破产或者死亡的，以及破产财产或遗产清偿后仍无法收回的，或者债务人三年以上未履行清偿义务的应收账款；检查被审计单位的坏账处理是否经授权批准（坏账核销审批表），有关会计处理是否正确。

7. 检查应收账款在资产负债表及其附注中的披露。

除了企业会计准则要求的披露之外，如果被审计单位为上市公司，注册会计师还要评价其披露是否符合证券监管部门的特别规定。

应收账款报表数应该与应收账款明细账借方合计数减去相应的坏账准备贷方数的余额相符。

（三）坏账准备的实质性程序

《企业会计准则》规定，企业应当在期末对应收款项进行检查，并合理预计可能产生的坏账损失。应收款项包括应收票据、应收账款、预付款项、其他应收款和长期应收款等，下面以与应收账款相关的坏账准备为例，介绍坏账准备审计常用的实质性程序。

1. 获取坏账准备明细表。

注册会计师应复核加计坏账准备明细表是否正确，并与坏账准备总账数、明细账合计数核对是否相符。

2. 检查应收账款坏账准备的计提。

注册会计师应检查坏账准备的计提方法和比例是否符合《企业会计准则》的规定。取得书面报告等证明文件，结合应收账款函证回函结果，评价计提坏账准备所依据的资料，计提的数额是否恰当，会计处理是否正确，与资产减值损失相应明细项目的发生额核对是否相符。

3. 检查应收账款坏账损失。

对于审计期间内发生的坏账损失，注册会计师应检查坏账条件是否符合有关规定，有无授权批准，有无已作坏账损失处理后又重新收回的应收款项，相应的会计处理是否正确。

4. 检查已经确认并转销的坏账重新收回的会计处理。

5. 检查应收账款坏账准备的披露。

企业应当在财务报表附注中清晰地说明坏账的确认标准、坏账准备的计提方法和计提比例，并应区分应收账款和其他应收款项目按账龄披露坏账准备的期末余额。

上市公司还应在财务报表附注中分项披露如下事项：

（1）本期全额计提坏账准备，或计提坏账准备的比例较大的（计提比例一般超过40%及以上的，下同），应说明计提的比例以及理由；

（2）以前期间已全额计提坏账准备，或计提坏账准备的比例较大但在本期又全额或部分收回的，或通过重组等其他方式收回的，应说明其原因、原估计计提比例的理由以及原估计计提比例的合理性；

（3）本期实际冲销的应收款项及其理由，其中，实际冲销的关联交易产生的应收账款应单独披露。

七、销售与收款循环的实质性测试：其他相关账户审计

（一）应收票据审计

商业汇票是以书面形式表现的债权资产，其款项具有一定的保证，经持有人背书后可以提交银行贴现，具有较大的灵活性。注册会计师应在实施销售业务控制测试后对应收票据实施实质性程序。

应收票据的审计目标一般包括：确定被审计单位资产负债表上的应收票据在报表日是否存在；确定应收票据是否归被审计单位所有；确定应收票据增减变动的记录是否完整；确定应收票据是否可收回；确定应收票据期末余额是否正确；确定应收票据在资产负债表上的披露是否恰当。

应收票据审计的实质性程序包括：

1. 获取应收票据明细表。

复核加计明细表是否正确，并与应收票据总账数和明细账合计数及报表数核对相符。应收票据明细表通常包括出票人姓名、出票日、到期日、金额和利率等资料。

2. 监盘库存票据。

注册会计师监盘库存票据时，应注意商业票据的种类、号数、日期、票面金额、承兑人、背书人以及利率等，是否与应收票据登记簿的记录相符，是否存在已作质押的票据和银行退回的票据。

3. 函证应收票据。

抽取重要票据向出票人函证，以证实应收票据的存在，并编制函证结果汇总表。

4. 复核带息票据利息、已贴现票据贴现息的计算。

如果注册会计师计算的应计利息金额与账面所列利息金额不符，应查明原因。对于已贴现的应收票据，注册会计师应重新计算贴现息，审查其贴现额与贴现息的计算是否正确，会计处理是否适当。

5. 检查应收票据在资产负债表及其附注中的披露。

注册会计师应检查被审计单位资产负债表中应收票据项目的数额是否剔除了已贴现票据，在财务报表附注中是否充分披露了应收票据内容。

（二）应交税费审计

注册会计师应在完成被审计单位采购业务控制和销售业务控制测试后对应交税费实施实质性程序。应交税费的审计目标一般包括：确定被审计单位资产负债表上的应交税费在报表日是否存在；确定应交税费是否为被审计单位的偿还义务；确定应交税费的计提和已缴税费的记录是否完整；确定应交税费的期末余额是否正确；确定应交税费在资产负债表上的披露是否恰当。

应交税费审计的实质性程序包括：

1. 取得应交税费明细表。

复核加计明细表，并与应交税费总账数和明细账合计数及报表数核对是否相符。

2. 检查被审计单位纳税的相关规定。

获取财税等有关部门征、免、减税的批准文件，了解被审计单位适用的税种、计税基础、税率，以及征、免、减税的范围与期限，确认被审计单位应纳税的内容。

3. 检查应交增值税的计算。

将“应交增值税明细表”与“企业增值税纳税申报表”核对，检查进项税和销项税的金额是否正确，申报抵扣是否正确。

复核国内采购货物、进口货物、接受应税劳务等应计的进项税额是否按规定进行了会计处理；复核存货销售、将存货用于投资、无偿赠予他人、分配给股东或投资人应计的销项税额，以及将自产、委托加工的产品用于非应税项目应计的销项税额的计算是否正确，是否按规定进行了会计处理；复核因存货改变用途或发生非常损失应计的进项税额转出数的计算是否正确，是否按照有关规定进行了会计处理；检查出口货物退税的计算是否正确，是否进行了合理的会计处理。

4. 检查应交所得税等其他税费的计算。

复核应纳税所得额和税率及应缴企业所得税的计算是否正确。检查消费税、营业税、城市维护建设税、教育费附加等税费项目的计算是否正确，是否按规定进行了会计处理。

5. 检查应交税费在资产负债表及其附注中的披露。

第二节 采购与付款循环审计

一、采购与付款循环中的主要业务活动

图 5－2 描述了制造企业采购与付款循环中的主要业务活动，包括采购业务、付款业务及采购调整业务中的相关活动内容。

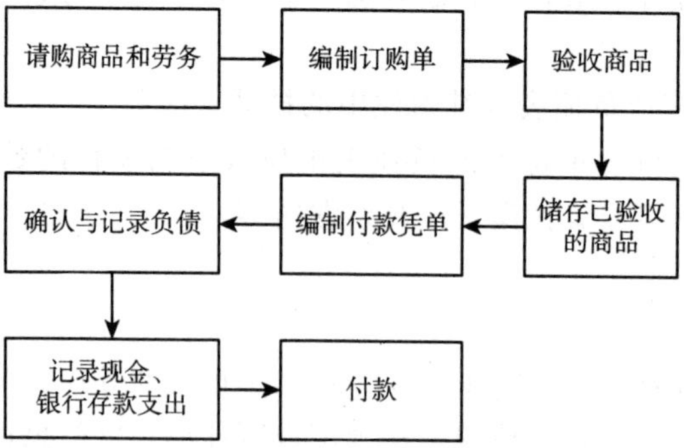

图 5－2 采购与付款循环中的主要业务活动

二、采购与付款循环中的主要凭证、记录及账户

表5-4描述了制造企业采购与付款循环中的主要凭证、记录及账户，不同企业的凭证单据名称可能略有差异。

表5-4 采购与付款循环中的主要凭证、记录及账户

交易类型	主要业务活动	凭证与记录	涉及账户
采购	请购商品和劳务 编制订购单 验收商品 储存已验收的商品 编制付款凭单 确认与记录负债	请购单 订购单 验收单 卖方发票 付款凭单	存货 固定资产 应付账款
付款	记录现金与银行存款支出 付款	转账凭证/付款凭证 应付账款明细账 库存现金日记账和银行存款日记账	银行存款 应付账款

1. 请购单。

请购单是由生产、仓库等相关部门的有关人员填写，送交采购部门，是申请购买商品、劳务或其他资产的书面凭据。

2. 订购单。

订购单是由采购部门填写，经适当的管理层审核后发送给供应商，是向供应商购买订购单上所指定的商品和劳务的书面凭据。

3. 验收及入库单。

验收单是收到商品时所编制的凭据，列示通过质量检验的、从供应商处收到的商品的种类和数量等内容。入库单是由仓库管理人员填写的验收合格品入库的凭证。

4. 卖方发票。

卖方发票（供应商发票）是供应商开具的，交给买方以载明发运的货物或提供的劳务、应付款金额和付款条件等事项的凭证。

5. 付款凭单。

付款凭单是采购方企业的应付凭单部门编制的，载明已收到的商品、资产或接受的劳务、应付款金额和付款日期的凭证。付款凭单是采购方企业内部记录和支付负债的授权证明文件。

6. 转账凭证。

转账凭证是指记录转账交易的记账凭证，它是根据有关转账交易（即不涉及库存现金、银行存款收付的各项交易）的原始凭证编制的。

7. 付款凭证。

付款凭证包括现金付款凭证和银行存款付款凭证，是指用来记录库存现金和银行存款支出交易的记账凭证。

8. 应付账款明细账。

9. 库存现金日记账和银行存款日记账。

三、采购与付款循环的重大错报风险评估

以一般制造业的商品采购为例，影响采购与付款交易和余额的重大错报风险可能包括：

1. 低估负债或相关准备。在承受反映较高盈利水平和营运资本的压力下，被审计单位管理层可能试图低估应付账款等负债或资产相关准备，包括低估对存货应计提的跌价准备。重大错报风险常常集中体现在：

（1）遗漏交易，如未记录已收取货物但尚未收到发票的采购相关的负债或未记录尚未付款的已经购买的服务支出等；

（2）采用不正确的费用支出截止期，例如，将本期的支出延迟到下期确认；

（3）将应当及时确认损益的费用性支出资本化，然后通过资产的逐步摊销予以消化等。

2. 管理层错报负债费用支出的偏好和动因。被审计单位管理层可能为了完成预算，满足业绩考核要求，保证从银行获得资金，影响公司股价等动机，通过操纵负债和费用的确认控制损益，例如：

（1）平滑利润。通过多计提准备或少计负债和准备，把损益控制在被审计单位管理层希望的程度；

（2）利用特别目的实体把负债从资产负债表中剥离，或利用关联方间的费用定价优势制造虚假的收益增长趋势；

（3）被审计单位管理层把私人费用计入企业费用，把企业资金当作私人资金运作。

3. 费用支出的复杂性。例如，被审计单位以复杂的交易安排购买一定期间的多种服务，管理层对于涉及的服务受益与付款安排所涉及的复杂性缺乏足够的了解。

4. 不正确地记录外币交易。当被审计单位进口用于出售的商品时，可能由于采用不恰当的外币汇率而导致该项采购的记录出现差错。

5. 舞弊和盗窃的固有风险。如果被审计单位经营大型零售业务，由于所采购商品和固定资产的数量及支付的款项庞大，交易复杂，容易造成商品发运错误，员工和客户发生舞弊和盗窃的风险较高。如果那些负责付款的会计人员有权接触应付账款主文档，并能够通过在应付账款主文档中擅自添加新的账户来虚构采购交易，风险也会增加。

6. 存在未记录的权利和义务。这可能导致资产负债表分类错误以及财务报表附注不正确或披露不充分。

四、采购与付款循环的控制测试

表 5－5 列示了通常情况下审计人员对采购与付款循环实施的控制测试。

表 5－5　　采购与付款循环中的控制测试

可能发生错报的环节	涉及报表项目及认定	存在的内部控制（自动）	存在的内部控制（人工）	内部控制测试程序
采购计划未经适当审批	存货：存在 其他费用：发生 应付账款：存在		生产、仓储等部门根据生产计划制定需求计划，采购部门汇总需求，按采购类型制定采购计划，经复核人复核后执行	询问复核人复核采购计划的过程，检查采购计划是否经复核人恰当复核

续表

可能发生错报的环节	涉及报表项目及认定	存在的内部控制（自动）	存在的内部控制（人工）	内部控制测试程序
新增供应商或供应商信息变更未经恰当的认证	存货：存在 其他费用：发生 应付账款：存在	采购订单上的供应商代码必须在系统供应商清单中存在匹配的代码，才能生效并发送给供应商	复核人复核并批准每一对供应商数据的变更请求。包括供应商地址或银行账户的变更以及新增供应商等。复核时，评估拟进行的供应商数据变更是否得到合适文件的支持，诸如由供应商提供的新地址或银行账户明细或经批准新供应商的授权表格。当复核完成且复核人提出的问题/要求的修改已经得到满意的解决后，复核人在系统中确认复核完成	询问复核人复核供应商数据变更请求的过程，抽样检查变更需求是否有相关文件支持及有复核人的复核确认。检查系统中采购订单的生成逻辑，确认是否存在供应商代码匹配的要求
录入系统的供应商数据可能未经恰当复核	存货：存在 其他费用：发生 应付账款/其他应收款：存在	系统定期生成对供应商信息所有新增变更的报告（包括新增供应商、更改银行账户）	复核人员定期复核系统生成报告中的项目是否均经恰当授权，当复核工作完成或要求的修改得到满意解决后签字确认复核工作完成	检查系统报告的生成逻辑及完整性。询问复核人对报告的检查过程，确认其是否签署
采购订单与有效的请购单不符	存货：存在　准确性 其他费用：发生　准确性 应付账款/其他应付款：存在　准确性　计价和分摊		复核人复核批准每一张采购订单，包括复核采购订单是否有经适当权限人员签署的请购单支持。复核人确认采购订单的价格与供应商协商一致且该供应商已通过审批。当复核完成且复核人提出的问题/要求的修改已经得到满意的解决后，签署确认复核完成	询问复核人复核采购订单的过程，包括复核人提出的问题及其跟进记录。抽样检查采购订单是否有对应的请购单及复核人签署确认
订单未被录入系统或在系统中重复录入	存货：存在　完整性 其他费用：发生　完整性 应付账款/其他应付款：存在　完整性	系统每月末生成列明跳码或重码的采购订单的例外报告	复核人定期复核列明重码或跳码的采购订单编号的例外报告，以确定是否有遗漏、重复的记录。该复核确定所有采购订单是否都输入系统，且仅输入了一次	检查系统例外报告的生成逻辑。询问复核人对例外报告的检查过程，确认发现的问题是否及时得到了跟进处理

续表

可能发生错报的环节	涉及报表项目及认定	存在的内部控制（自动）	存在的内部控制（人工）	内部控制测试程序
接收了缺乏有效采购订单或未经验收的商品	应付账款：存在 完整性 存货：存在 完整性 其他费用：发生 完整性	入库确认后，系统生成连续编号的入库单	收货人员只有完成以下程序后，才能在系统中确认商品入库：检查是否存在有效的采购订单；检查是否存在有效的验收单；检查收到的货物的数量是否与发货单一致	检查系统入库单编号的连续性。询问收货人员的收货过程，抽样检查入库单是否有对应一致的采购订单及验收单
临近会计期末的采购未被记录在正确的会计期间	应付账款：完整性 存货/其他费用：完整性	系统每月末生成列明跳码或重码的入库单的例外报告	复核人复核系统生成的例外报告，检查是否有遗漏、重复入库单。当复核完成且复核人提出的问题/要求的修改已经得到满意的解决后，签署确认复核已经完成	检查系统例外报告的生成逻辑。询问复核人对例外报告的检查过程，确认发现的问题是否及时得到了跟进处理
	应付账款：存在 完整性 存货：存在 完整性 其他费用：发生 完整性	系统每月末生成包含所有已收货但相关发票未录入系统货物信息的例外报告	复核人复核该例外报告中的项目，确定采购是否被记录在正确的期间以及负债计提是否有效。当复核完成且复核人提出的问题/要求的修改已经得到满意的解决后，签署确认复核已经完成	检查系统例外报告的生成逻辑。询问复核人对报告的复核过程，核对报告中的采购是否计提了相应负债，检查复核人的签署确认
发票未被正确编码，导致在成本或费用之间的错误分类	存货：准确性 计价和分摊 完整性 其他费用：准确性 完整性 应付账款：存在 完整性	系统自动将相关的发票归集入对应的总分类账费用科目	每张发票开具前均经复核人复核并批准，复核人评估正确的总分类代码是否被应用到该项目	询问复核人对发票编号/总分类代码的复核过程，抽样检查相关发票是否被恰当分类到了相关费用
	费用/成本：完整性 准确性 应付账款：完整性 计价和分摊		定期编制所选定关键绩效指标（例如，分成本中心/部门的费用、费用占收入的比例等）与管理层预期（包括以前期间或预算等信息）相比较的报告，复核人识别关键绩效指标与预期之间差异的相关问题（如波动、例外或异常调整），并与相关人员跟进。所有问题会被合理应对，复核人员通过签署关键绩效指标报告以证明完成复核	根据样本量要求选取关键绩效报告，确定是否经管理层复核；复核是否在合理的时间内完成；检查关键绩效指标计算是否准确，是否与账面记录核对一致；评估用于调查重大差异的界限是否恰当。向复核人询问其复核方法，对于其提出的问题，检查是否经恰当根据处理。评价使用数据的完整性和准确性

续表

可能发生错报的环节	涉及报表项目及认定	存在的内部控制（自动）	存在的内部控制（人工）	内部控制测试程序
批准付款的发票上存在价格/数量错误或劳务尚未提供的情形	应付账款：完整性 计价和分摊 存货/成本：完整性 计价和分摊	当入库单录入系统后，系统将其与采购订单进行核对。当发票录入系统后，系统将其详细信息与采购订单及入库单进行核对。如信息相符或差异不超过可接受差异，系统将自动批准发票可以付款。如信息不符，发票将被列示于例外报告中，由人工跟进	负责应付账款且无职责冲突的人员负责跟进例外报告中的所有项目。仅当不符信息从例外报告中消除后发票才可以付款	检查系统报告的生成逻辑，确认例外报告的完整性及准确性。与复核人讨论其复核过程，抽样选择例外/删改情况报告。检查每一份报告并确定：是否存在管理层复核的证据；复核是否在合理的时间范围内完成；复核人提出问题的跟进是否适当、是否能使交易恰当记录于会计系统。抽样选取采购发票，检查是否与入库单和采购订单所记载的价格、供应商、日期、描述及数量一致
现金支付未记录、未记录在正确的供应商账户（串户）或记录金额不正确	应付账款：计价与分摊 存在 存货：计价和分摊 其他费用：准确性		独立于负责现金交易处理的会计人员每月末编制银行存款余额调节表。所有重大差异由调节表编制人跟进，并根据具体情形跟进处理。经授权的管理人员复核所编制的银行存款余额调节表，当复核工作完成或复核人提出的问题/要求的修改已得到满意的解决后，签署确认复核工作已完成	询问复核人对银行存款余额调节表的复核过程。抽样检查银行余额调节表，检查其是否及时得到复核、复核的问题是否得到了恰当跟进处理、复核人是否签署确认
	应付账款：存在 完整性 计价与分摊 存货：存在 完整性 计价和分摊 其他费用：发生 完整性 计价和分摊		应付账款会计人员将供应商提供的对账单与应付账款明细表进行核对，并对差异进行跟进处理。复核人定期复核供应商对账结果，该对账通过从应付账款明细账中抽取的一定数量的应付供应商余额与提供的对账单进行核对。当复核工作完成或复核人提出的问题/要求的修改已得到满意的解决后，签署确认复核工作已完成	询问复核人对供应商对账结果的复核过程，抽样选取供应商对账单，检查其是否与应付账款明细账得到了正确的核对，差异是否得到了恰当的跟进处理。检查复核人的相关签署确认

续表

可能发生错报的环节	涉及报表项目及认定	存在的内部控制（自动）	存在的内部控制（人工）	内部控制测试程序
员工具有不适当的访问权限，使其能够实施违规交易或隐瞒错误	应付账款：存在 完整性 准确性 存货：存在 完整性 计价和分摊 其他费用：发生 完整性 计价和分摊	采购系统根据管理层的授权进行权限设置，以支持采购职能所要求的上述职责分离	管理层分离以下活动：供应商主信息维护；请购授权；输入采购订单；开具供应商发票；按照订单收取货物；存货盘点调整等	检查系统中相关人员的访问权限。复核管理层的授权职责分配表，对不相容职位（申请与审批等）是否设置了恰当的职责分离
总账与明细账中的记录不一致	应付账款：完整性 准确性 其他费用：完整性 准确性	应付账款/费用明细账的总余额与总账账户间的调节表会在每个期间末及时执行	任何差异会被调查，如恰当，将进行调整，复核人会复核调节表及相关支持文档，任何差异及/或调整会被批准	核对总账与明细账的一致性，检查复核人的复核及差异跟进记录

采购与付款循环的主要重大错报风险通常是低估费用和应付债务，从而高估利润、粉饰财务状况，因此，注册会计师应着重关注采购费用支出及应付债务的审计。根据采购与付款循环涉及的主要会计报表项目及其披露，注册会计师需对包括应付账款、固定资产的实质性程序及其相关账户进行实质性测试。

五、采购与付款循环的实质性测试：应付账款审计

应付账款是企业在正常经营过程中，因购买材料、商品和接受劳务供应等经营活动而应付给供应商的款项。注册会计师应在完成采购业务控制测试后对应付账款实施实质性程序。

（一）应付账款的审计目标

应付账款的审计目标一般包括：

1. 确定被审计单位资产负债表上的应付账款在报表日是否存在。
2. 确定应付账款是否为被审计单位的偿还义务。
3. 确定所有应当记录的应付账款是否均已记录。
4. 确定应付账款的计价是否恰当、期末余额是否正确。
5. 确定应付账款在资产负债表上的披露是否恰当。

（二）应付账款的实质性程序

1. 取得应付账款明细表

应付账款明细表应列明债权人的姓名、交易日期、购货数量、价格和金额等内容。复核加计明细，并与应付账款总账数和明细账合计数核对相符，结合预付账款科目与报表数核对是否相符。分析出现借方余额的项目，查明原因，必要时，建议作重分类调整。

2. 函证应付账款

获取适当的供应商相关清单，如本期采购量清单、所有现存供应商名单或应付账款明细账。选取样本进行测试并执行如下程序：

（1）向债权人发送询证函。注册会计师应根据审计准则的规定对询证函保持控制，包括填列的信息、选择适当的被询证者、设计询证函、正确填列被询证者的姓名和地址，以及被询证者直接向注册会计师回函的地址等信息。

进行函证时，注册会计师应选择较大金额的债权人，以及那些在资产负债表中金额不大甚至为零，但为企业重要供货人的债权人，作为函证对象。函证最好采取积极函证方式，并具体说明应付金额。

（2）对于未作回复的函证实施替代程序：如检查至付款文件（如现金支出、电汇凭证和支票复印件）、相关的采购文件（如采购订单、验收单、发票和合同）或其他适当文件。

3. 检查是否存在未入账的应付账款

为了防止企业低估负债，注册会计师应检查被审计单位有无故意漏记应付账款行为。审计方法一般有：①结合存货监盘，检查被审计单位在资产负债表日是否存在材料入库凭证但未收到采购发票的经济业务，确认是否暂估入账；②检查债务形成的相关原始凭证，如供应商发票、验收报告或入库单等，查找有无未及时入账的应付账款；③检查资产负债表日后应付账款明细账贷方发生额的相应凭证，关注其购货发票的日期，确认其入账时间是否正确；④检查资产负债表日后若干天的付款事项，查找有无未及时入账的应付账款。

4. 检查应付账款长期挂账

查明应付账款长期挂账的原因并作出记录，对确实无须支付的应付款的会计处理是否正确。

5. 检查应付关联方的款项

如存在应付关联方的款项，注册会计师应了解交易的商业理由；检查证实交易的支持性文件（如发票、合同、协议及入库和运输单据等相关文件）；检查被审计单位与关联方的对账记录或向关联方函证。

6. 检查应付账款在资产负债表及其附注中的披露

《企业会计准则》规定，应付账款项目应根据“应付账款”和“预付账款”科目所属明细科目的期末贷方余额的合计数填列。

如果被审计单位为上市公司，则通常在其财务报表附注中应说明有无欠持有5%以上（含5%）表决权股份的股东账款；说明账龄超过3年的大额应付账款未偿还的原因。

六、采购与付款循环的实质性测试：固定资产审计

注册会计师应在完成资产管理（固定资产）控制测试后对固定资产实施实质性程序。

（一）固定资产的审计目标

固定资产的审计目标一般包括：

1. 确定被审计单位资产负债表上的固定资产在报表日是否存在。
2. 确定固定资产是否归被审计单位所有或控制。
3. 确定固定资产增减变动的记录是否完整。

4. 确定固定资产累计折旧和减值准备是否恰当。

5. 确定固定资产的期末余额是否正确。

6. 确定固定资产在资产负债表上的披露是否恰当。

（二）固定资产的实质性程序

1. 取得固定资产及其累计折旧分类汇总表

分类汇总表包括固定资产与累计折旧两部分，复核加计汇总表是否正确，并与固定资产总账数和明细账合计数核对相符，结合累计折旧、减值准备科目与报表数核对是否相符。

2. 检查固定资产的所有权

注册会计师应查阅合同契约、产权证书、财产税单、保险单等书面文件；对于融资租入的固定资产，应验证有关租赁合同，证实其确属融资租赁；对于汽车等运输设备，则应验证有关运营证件等；对受留置权限制的固定资产，通常审核被审计单位的有关负债项目等予以证实。

3. 检查本期固定资产的增加

固定资产的增加方式主要是购买与自制。注册会计师通过单据核对、实地检查和分析程序的综合运用，来证实固定资产的增加。

审查购买的固定资产，一般实施以下程序：①审查购买固定资产的批准文件，以查明其是否经合法的授权批准。②审查核对卖方发票，尤其是卖方名称、购买日期、价格和资产的说明书。③审查固定资产的验收报告。④审查购进土地、房屋等的契约和结算单，以确定其所有权的归属。⑤实地观察购进的固定资产。⑥确定企业估计的固定资产使用年限和残值是否合理。⑦验证购进固定资产时支付的搬运费、检修费、安装费等其他费用。

审查自制的固定资产，一般实施以下程序：①审查建设项目的批准文件，以查明其是否经合法的授权批准，是否符合企业既定的方针政策。②审查建设项目中购进物资的发票。③审查劳务费用记录。④审查间接费用的分摊。⑤审查已建成项目工程结算是否正确，并追查记入固定资产账户的金额是否正确。⑥确定企业估计的固定资产使用年限和残值是否合理。⑦对自建项目进行实地观察。

4. 检查固定资产的计价

固定资产一般按成本模式计价，注册会计师应按不同来源对固定资产计价进行审查：对于购进的固定资产，应追查其原始凭证，检查其买价、运杂费和安装费等是否真实，要注意应计入固定资产的有关费用是否漏记，不该计入固定资产的费用是否计入；对于自建的固定资产，要检查其建造过程中的全部支出是否真实，特别是贷款建造的利息处理是否划分了资本性支出与收益性支出；对于扩建、改建的固定资产，应注意变价收入是否计入固定资产的价值；对于其他单位投资的固定资产，应注意其评估价值是否真实可靠。

5. 检查本期固定资产的减少

结合固定资产清理科目，抽查固定资产账面转销额是否正确；检查出售、盘亏、转让、报废或毁损的固定资产是否经授权批准，会计处理是否正确；检查因修理、更新改造而停止使用的固定资产的会计处理是否正确；检查投资转出固定资产的会计处理是否正确；检查债务重组或非货币性资产交换转出固定资产的会计处理是否正确。

6. 监盘固定资产

通过监盘（参照“存货监盘”执行）确定固定资产是否存在，关注是否存在已报废但仍挂账的固定资产。在监盘过程中，注册会计师可以以固定资产明细账为起点，进行实地追查，以证明会计记录中所列固定资产确实存在，并了解其目前的使用情况；也可以以实地为起点，追查至固定资产明细账，以获取实际存在的固定资产均已入账的证据。

7. 检查固定资产后续支出的核算

《企业会计准则》规定，固定资产包含的经济利益很可能流入企业，且该固定资产的成本能够可靠计量，与该固定资产有关的后续支出应当计入固定资产成本；否则，应当将后续支出计入当期损益。

8. 检查本期固定资产累计折旧

注册会计师应对固定资产累计折旧实施以下程序：①检查被审计单位制定的折旧政策和方法是否符合相关会计准则的规定，确定其所采用的折旧方法能否在固定资产预计使用寿命内合理分摊其成本，前后期是否一致，预计使用寿命和预计净残值是否合理。②复核本期折旧费用的计提和分配。③检查累计折旧的减少是否合理、会计处理是否正确。

9. 检查本期固定资产减值准备

被审计单位应当在资产负债表日判断固定资产是否存在可能发生减值的迹象。根据《企业会计准则第 8 号——资产减值》的规定，如存在下列迹象，表明固定资产可能发生了减值：固定资产的市价当期大幅度下跌，其跌幅明显高于因时间的推移或正常使用而预计的下跌；企业经营所处的经济技术或者法律等环境以及固定资产所处的市场在当期或者将在近期发生重大变化，从而对企业产生不利影响；市场利率或者其他市场投资回报率在当期已经提高，从而影响企业计算固定资产预计未来现金流量现值的折现率，导致固定资产可收回金额大幅度降低；有证据表明固定资产陈旧过时或者其实体已经损坏；固定资产已经或者将被闲置、终止使用或者计划提前处置；企业内部报告的证据表明固定资产的经济绩效已经低于或者将低于预期，如固定资产所创造的净现金流量或者实现的营业利润（或者损失）远远低于（或者高于）预计金额等；其他表明固定资产可能已经发生减值的迹象。

注册会计师应对固定资产减值准备实施以下程序：①检查被审计单位计提固定资产减值准备的依据是否充分，会计处理是否正确。②获取闲置固定资产的清单，并观察其实际状况，识别是否存在减值迹象。③计算本期末固定资产减值准备占期末固定资产原值的比率，并与期初该比率比较，分析固定资产的质量状况。④检查被审计单位处置固定资产时原计提的减值准备是否同时结转，会计处理是否正确。⑤检查是否存在转回固定资产减值准备的情况（按照《企业会计准则》的规定，固定资产减值损失一经确认，在以后会计期间不得转回）。

10. 检查固定资产在资产负债表及其附注中的披露

财务报表附注通常应说明固定资产的标准、分类、计价方法和折旧方法；融资租入固定资产的计价方法；固定资产的预计使用寿命和预计净残值；对固定资产所有权的限制及其金额（这一披露要求是指，企业因贷款或其他原因而以固定资产进行抵押、质押或担保的类别、金额、时间等情况）；已承诺将为购买固定资产支付的金额；暂时闲置的固定资产账面价值（这一披露要求是指，企业应披露暂时闲置的固定资产账面价值，导致固定资产暂时闲置的原因，如开工不足、自然灾害或其他情况等）；已提足折旧仍继续使用的固定资产账面价值；已退废和准备处置的固定资产账面价值。

如果企业计提了固定资产减值准备，根据《企业会计准则》的规定，企业应当在财务报表附注中披露：（1）当期确认的固定资产减值损失金额；（2）企业计提的固定资产减值准备累计金额。如果发生重大固定资产减值损失，应当说明导致重大固定资产减值损失的原因，固定资产可收回金额的确定方法，以及当期确认的重大固定资产减值损失的金额。

如果被审计单位是上市公司，则通常应在其财务报表附注中按类别分项列示固定资产及累计折旧的期初余额、本期增加额、本期减少额及期末余额；说明固定资产中存在的在建工程转入、出售、置换、抵押或担保等情况；披露通过融资租赁租入的固定资产每类租入资产的账面原值、累计折旧、账面净值；披露通过经营租赁租出的固定资产每类租出资产的账面价值；计提了固定资产减值准备的，还应分项列示计提的固定资产减值准备金额、增减变动情况以及计提的原因。

七、采购与付款循环的实质性测试：其他相关账户审计

（一）预付款项审计

预付款项是企业按购货合同的规定，预先支付给供货单位的货款。注册会计师应在实施资金活动（营运资金）控制测试后对预付款项实施实质性程序。

预付款项的审计目标一般包括：确定被审计单位资产负债表上的预付款项在报表日是否存在；确定预付款项是否归被审计单位所有；确定预付款项及其坏账准备增减变动的记录是否完整；确定预付款项和坏账准备的期末余额是否恰当；确定预付款项在资产负债表上的披露是否恰当。

预付款项审计的实质性程序包括：

1. 取得预付款项明细表

注册会计师应复核加计明细表是否正确，并与预付款项明细账合计数和总账数核对相符；结合坏账准备科目、应付账款科目与报表数核对是否相符。如果发现预付款项存在贷方余额，注册会计师应查明原因，必要时建议做重分类调整，并在明细表中作出记录。

2. 分析预付款项账龄

关注账龄超过一年的预付款项未结转的原因。确定是否存在无法收回的预付款项，或者因供货单位破产、撤销等原因已无法再收到所购货物的预付款项。如果是，应提请被审计单位作必要调整。

3. 函证预付款项

选择大额或异常的预付款项，函证预付款项余额是否正确，并根据回函情况编制函证结果汇总表；对回函金额不符的，要查明原因，并进行记录或建议做适当调整；对未回函的可再次函证，也可采用替代审计程序进行检查，如检查该笔债权的相关凭证资料。

4. 检查预付款项在资产负债表及其附注中的披露

如果被审计单位是上市公司，通常应在其财务报表附注中按不同账龄列示预付款项余额、各账龄余额占预付款项总额的比例；说明账龄超过一年的预付款项未收回的原因，以及持有5%以上（含5%）股份的股东单位预付款项等情况。

（二）应付票据审计

应付票据是指企业根据购货合同等因延期付款所开出、承兑的商业汇票，包括银行承兑汇票和商业承兑汇票。注册会计师应在完成采购业务控制测试后对应付票据实施实质性程序。

应付票据的审计目标一般包括：确定被审计单位资产负债表上的应付票据在报表日是否存在；确定应付票据是否为被审计单位的偿还义务；确定应付票据的发生和偿还记录是否完整；确定应付票据的计价是否恰当、期末余额是否正确；确定应付票据在资产负债表上的披露是否恰当。

应付票据审计的实质性程序包括：

1. 取得应付票据明细表。

应付票据明细表一般应列示票据类别及编号、出票日期、面额、到期日、收款人名称、利息率、付息条件等。复核加计明细表是否正确，并与应付票据总账数和明细账合计数及报表数核对是否相符。

2. 函证应付票据。

注册会计师可以通过向债权人函证获得有关证据验证报表日应付票据余额。询证函通常应包括出票日、到期日、票面金额、利息率等内容。

3. 检查应付票据备查簿。

4. 复核计算带息应付票据利息。

5. 检查应付票据在资产负债表及其附注中的披露。

如果被审计单位是上市公司，则其财务报表附注通常应披露持有5%以上（含5%）股份的股东单位的应付票据等内容。

第三节　生产与存货循环审计

一、生产与存货循环中的主要业务活动

图5－3描述了制造企业生产与存货循环中的主要业务活动，包括生产流程、存货管理相关活动内容。

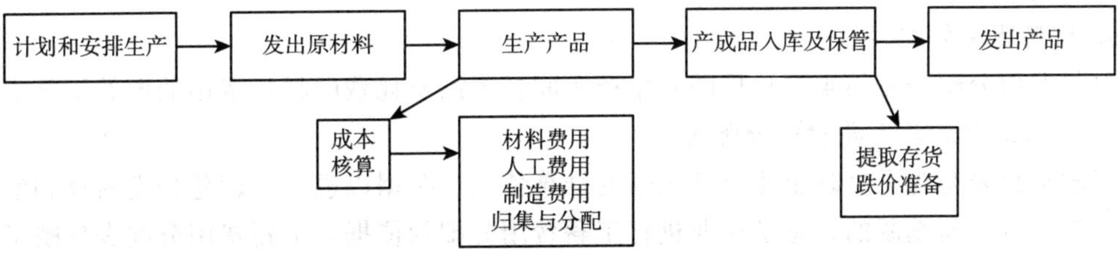

图5－3　生产与存货循环中的主要业务活动

二、生产与存货循环中的主要凭证、记录及账户

表 5－6 描述了制造企业生产与存货循环中的主要凭证、记录及账户，不同企业的凭证单据名称可能略有差异。

表 5－6 生产与存货循环中的主要凭证、记录及账户

交易类型	主要业务活动	凭证与记录	涉及账户
生产	计划与安排生产 发出原材料 组织生产 成本核算	生产通知单 领发料凭证 产量/工时记录 材料费用分配表 工薪汇总表及工薪费用分配表 制造费用分配表 成本计算单	原材料 制造费用 应付职工薪酬 生产成本
存货管理	产成品入库与储存 发出产品 存货盘点 提取存货跌价准备	产成品入库单和出库单 存货明细账 存货盘点 存货货龄分析表	库存商品 营业成本 存货跌价准备

1. 生产通知单

生产通知单是企业下达制造产品等生产任务的书面文件，用以通知供应部门组织材料发放，生产车间组织产品制造，会计部门组织成本计算。

2. 领发料凭证

领发料凭证是企业为控制材料发出所采用的各种凭证，如材料发出汇总表、领料单、限额领料单、领料登记簿、退料单等。

3. 产量和工时记录

产量和工时记录是登记工人或生产班组在出勤时间内完成产品数量、质量和生产这些产品所耗费工时数量的原始记录。产量和工时记录的内容与格式是多种多样的，在不同的生产企业中，甚至在同一企业的不同生产车间中，由于生产类型不同而采用不同格式的产量和工时记录。常见的产量和工时记录主要有工作通知单、工序进程单、工作班产量报告、产量通知单、产量明细表、废品通知单等。

4. 材料费用分配表

材料费用分配表是用来汇总反映各生产车间各产品所耗费的材料费用的原始记录。

5. 工薪汇总表及工薪费用分配表

工薪汇总表是为了反映企业全部工薪的结算情况，并据以进行工薪总分类核算和汇总整个企业工薪费用而编制的，它是企业进行工薪费用分配的依据。工薪费用分配表反映了各生产车间各产品应负担的生产工人工薪及福利费。

6. 制造费用分配表

制造费用分配表是用来反映各生产车间各产品所应负担的制造费用的原始记录。

7. 成本计算单

成本计算单是用来归集某一成本计算对象所应承担的生产费用，计算该成本计算对象的总成本和单位成本的记录。

8. 产成品入库单和出库单

产成品入库单是产品生产完成并经检验合格后从生产部门转入仓库的凭证。产成品出库单是根据经批准的销售单发出产成品的凭证。

9. 存货盘点

一般制造型企业通常会定期对存货实物进行盘点，将实物盘点数量与账面数量进行核对，对差异进行分析调查，必要时作账务调整，以确保账实相符。在实施存货盘点之前，管理人员通常编制存货盘点指令，对存货盘点的时间、人员、流程及后续处理等方面做出安排。在盘点过程中，通常会使用盘点表记录盘点结果，使用盘点标签对已盘点存货及数量作出标识。

10. 存货明细账

存货明细账是用来反映各种存货增减变动情况和期末库存数量及相关成本信息的会计记录。

11. 存货货龄分析表

很多制造型企业通过编制存货货龄分析表，识别流动较慢或滞销的存货，并根据市场情况和经营预测，确定是否需要计提存货跌价准备。这对于管理具有保质期的存货（如食物、药品、化妆品等）尤其重要。

三、生产与存货循环的重大错报风险评估

（一）以一般制造企业为例，影响生产与存货循环交易与余额的风险因素

1. 交易的数量与复杂性。通常，制造企业交易数量庞大，业务比较复杂，这增加了错误和舞弊风险。

2. 成本核算的复杂性。通常，制造企业成本核算比较复杂，尽管原材料与直接人工等直接成本的归集与分配比较简单，但间接费用的分配较为复杂，而且同一行业的不同企业之间可能采用不同的认定与计量基础。

3. 产品的多元化。这可能需要聘请专家协助验证产品的质量、状况及价值。此外，核算库存存货数量的方法也可能是不同的。例如，核算煤堆、仓库谷物、栽种花木品种、钻石及其他贵重珠宝、化工品及药剂品的存储数量的方法会有差异。

4. 某些存货项目的可变现净值难以确定。例如，某些存货的价格受全球经济供求关系影响，其可变现净值通常难以确定，这会影响存货的采购价格、销售价格的确定，进而影响审计人员对存货计价认定有关的风险评估。

5. 存货的存放地点较多。例如，大型制造企业的存货存放地点通常较多，而且会在不同的存货地点之间相互调配，这将增加存货运输途中的毁损及遗失风险，或者导致存货在不同地点被重复计列，这可能产生转移定价的错误或舞弊。

6. 寄存的存货。通常存在两种情况，一是存货虽然存放在本企业但并不归本企业所有，二是本企业的存货被寄存在其他企业。

（二）存货相关的重大错报风险

1. 存货实物可能不存在（存在认定）。

2. 属于企业的存货可能未在账面反映（完整性认定）。

3. 存货的所有权可能不属于企业（权利和义务认定）。

4. 存货的单位成本可能存在计算错误（准确性、计价和分摊认定）。

5. 存货的账面价值可能无法实现，即存货跌价准备的计提可能不充分（准确性、计价和分摊认定）。

四、生产与存货循环的控制测试

通常，审计人员以识别的重大错报风险为起点，选取拟测试的控制，并实施控制测试程序。表5－7列示了通常情况下审计人员对生产与存货循环实施的控制测试。

表5－7　生产与存货循环的控制测试

可能发生错报的环节	涉及报表项目及认定	存在的内部控制（自动）	存在的内部控制（人工）	内部控制测试程序
（一）发出原材料				
1. 原材料的发出可能未经授权	存货：存在		所有领料单由生产主管签字批准，仓库保管员凭经批准领料单发出原材料	选取领料单，检查是否有生产主管的签字授权
2. 发出的原材料可能未正确记入相应产品的生产成本中	存货：准确性计价和分摊	领料单信息输入系统时须输入对应生产任务单编号和所生产产品代码，月末系统自动归集生成材料成本明细表	生产主管每月末将其生产任务单及相关领料单存根联与材料成本明细表进行核对，调查差异并处理	检查生产主管核对材料成本明细表的记录，并询问其核对过程及结果
（二）记录人工成本				
生产工人的人工成本可能未得到准确反映	存货：准确性计价和分摊	所有员工有专属员工代码和部门代码，员工考勤记录记入相应员工代码	人事部每月编制工薪费用分配表，按员工所属部门将工薪费用分配至生产成本、制造费用、管理费用和销售费用，经财务经理复核后入账	检查系统中员工的部门代码设置是否与其实际职责相符；询问并检查财务经理复核工资费用分配表的过程和记录

续表

可能发生错报的环节	涉及报表项目及认定	存在的内部控制（自动）	存在的内部控制（人工）	内部控制测试程序
（三）记录制造费用				
发生的制造费用可能没有得到完整归集	存货：完整性	系统根据输入的成本和费用代码自动识别制造费用并进行归集	成本会计每月复核系统生成的制造费用明细表并调查异常波动。必要时由财务经理批准进行调整	检查系统的自动归集设置是否符合有关成本和费用的性质，是否合理；询问并检查成本会计复核制造费用明细表的过程和记录，检查财务经理对调整制造费用分录的批准记录
（四）计算产品成本				
生产成本和制造费用在不同产品之间、在产品和产成品之间的分配可能不正确	存货：准确性计价和分摊 营业成本：准确性		成本会计执行产品成本核算日常成本核算，财务经理每月末审核产品成本计算表及相关资料（原材料成本核算表、工薪费用分配表、制造费用分配表等），并调查异常项目	询问财务经理如何执行复核及调查；选取产品成本计算表及相关资料，检查财务经理的复核记录
（五）产成品入库				
已完工产品的生产成本可能没有转移到产成品中	存货：准确性计价和分摊	系统根据当月输入的产成品入库单和出库单信息自动生成产成品收（入库）发（出库）存（余额）报表	成本会计将产成品收发存报表中的产品入库数量与当月成本计算表中结转的产成品成本对应的数量进行核对	询问和检查成本会计将产成品收发存报表与成本计算表进行核对的过程和记录
（六）发出产品				
销售发出的产成品的成本可能没有准确转入营业成本	存货：准确性计价和分摊 营业成本：准确性	系统根据确认的营业收入所对应的售出产品自动结转营业成本	财务经理和总经理每月对毛利率进行比较分析，并且对异常波动进行调查和处理	检查系统设置的自动结转功能是否正常运行等；询问和检查财务经理和总经理的分析与调查记录等
（七）存货盘点				
存货可能被盗或材料领用/产品销售未入账而出现账实不符	存货：存在		仓库保管员每月末盘点存货并与仓库台账核对并调节一致；成本会计监督其盘点与核对，并抽查部分存货进行复盘。每年末盘点所有存货并根据盘点结果分析盘盈盘亏并进行账面调整	

续表

可能发生错报的环节	涉及报表项目及认定	存在的内部控制（自动）	存在的内部控制（人工）	内部控制测试程序
（八）提取存货跌价准备				
可能存在残值的存货，影响存货的价值	存货：准确性计价和分摊 资产减值损失：完整性	系统根据存货入库日期自动统计货龄，每月末生成存货货龄分析表	财务人员根据系统生成的存货货龄分析表，结合生产和仓储部门的存货损毁情况及存货盘点中对存货状况的检查结果，计提存货减值准备，报总经理审核批准后入账	询问财务经理识别减值风险并确定减值准备的过程，检查总经理的复核批准记录

五、生产与存货循环的实质性测试：存货审计

（一）存货审计目标

1. 账面存货余额对应的实物是否真实存在。
2. 属于被审计单位的存货是否均已入账。
3. 存货是否属于被审计单位。
4. 存货单位成本的计量是否准确。
5. 存货的账面价值是否可以实现。

（二）存货的一般审计程序

1. 获取年末存货余额明细表，并执行以下工作：①复核单项存货金额的计算（单位成本×数量）和明细表的加总计算是否准确；②将本年末存货余额与上年末存货余额进行比较，总体分析变动原因。

2. 实施实质性分析程序。存货的实质性分析程序中较常见的是对存货周转天数的实质性分析程序，过程如下：①根据对被审计单位的经营活动、供应商、贸易条件、行业惯例和行业现状的了解，确定存货周转天数的预期值；②根据对本期存货余额组成、实际经营情况、市场情况、存货采购情况等的了解，确定可接受的差异额；③计算实际存货周转天数和预期周转天数之间的差异；④通过询问管理层和相关员工，调查存在重大差异的原因，并评估差异是否表明存在重大错报风险，是否需要设计恰当的细节测试程序以识别和应对重大错报风险。

（三）存货监盘

1. 存货监盘的含义

存货监盘是指注册会计师现场观察被审计单位存货盘点，并对已盘点存货进行适当检查。

存货监盘有两层含义：①注册会计师应亲临现场观察被审计单位存货的盘点；②注册会

计师应根据需要适当抽查已盘点存货。如果出现无法实施存货监盘的特殊情况，注册会计师应当实施必要的替代程序。

2. 存货监盘计划的基本要求和应考虑的事项

注册会计师应当根据被审计单位存货的特点、盘存制度、存货内部控制的有效性等情况，在评价被审计单位管理层制定的存货盘点计划的基础上，编制存货监盘计划，对存货监盘做出合理安排。

在编制存货监盘计划时，注册会计师应考虑以下相关事项：①与存货相关的重大错报风险。②与存货相关的内部控制的性质。③对存货盘点是否制定了适当的程序，并下达了正确的指令。④存货盘点的时间安排。⑤被审计单位是否一贯采用永续盘存制。⑥根据存货的存放地点，确定适当的监盘地点。⑦是否需要专家协助。

3. 存货监盘计划的主要内容

（1）存货监盘的目标、范围及时间安排。

存货监盘的目标是获取被审计单位资产负债表日有关存货数量和状况的审计证据，检查存货的数量是否真实完整，是否归属被审计单位，存货有无毁损、过时和短缺等状况；存货监盘的范围取决于存货的内容、性质以及与存货相关的内部控制的完善程度和重大错报风险的评估结果；存货监盘的时间，包括实地察看盘点现场的时间、观察存货盘点的时间和对已盘点存货实施检查的时间等，应当与被审计单位实施存货盘点的时间相协调。

（2）存货监盘的要点及关注事项。

存货监盘的要点主要包括注册会计师实施存货监盘程序的方法、步骤，各个环节应注意的问题以及所要解决的问题。注册会计师需要重点关注的事项包括盘点期间的存货移动、存货的状况、存货的截止确认、存货的各个存放地点及金额等。

（3）参加存货监盘人员的分工。

应当根据被审计单位参加存货盘点人员分工、分组情况、存货监盘工作量的大小和人员素质情况，确定参加存货监盘的审计人员组成以及各组成人员的职责和具体的分工情况。

（4）抽盘存货的范围。

注册会计师应当根据对被审计单位存货盘点和对被审计单位内部控制的评价结果确定抽盘存货的范围。在实施观察程序后，如果认为被审计单位内部控制设计良好且得到有效实施，存货盘点组织良好，可以相应缩小实施抽盘程序的范围。通常抽盘存货比例为15%左右。

4. 存货监盘程序

（1）评价管理层用以记录和控制存货盘点结果的指令和程序。

这主要包括：①适当控制活动的运用；②准确认定在产品的完工程度，流动缓慢（呆滞）、过时或毁损的存货项目，以及第三方拥有的存货（如寄存物）；③在适用的情况下用于估计存货数量的方法，如可能需要估计煤堆的重量；④对存货在不同存放地点之间的移动以及截止日前后期间出入库的控制。

（2）观察管理层制定的盘点程序的执行情况。

这主要包括：①存货移动情况，如果在盘点过程中被审计单位的生产经营仍将持续进行，注册会计师应通过实施必要的检查程序，确定被审计单位是否已经对此设置了相应的控制程序，确保在适当的期间内对存货作出了准确记录；②存货截止，注册会计师通常可观察存货的验收入库地点和装运出库地点以执行截止测试。

(3) 检查存货。

在存货监盘过程中检查存货，虽然不一定能确定存货的所有权，但有助于确定存货的存在，以及识别过时、毁损或陈旧的存货。注册会计师应当把所有过时、毁损或陈旧存货的详细情况记录下来，这既便于进一步追查这些存货的处置情况，也能为测试被审计单位存货跌价准备计提的准确性提供证据。

(4) 执行抽盘。

在对存货盘点结果进行测试时，注册会计师可以从存货盘点记录中选取项目追查至存货实物，以及从存货实物中选取项目追查至盘点记录，以获取有关盘点记录准确性和完整性的审计证据。需要说明的是，注册会计师应尽可能避免让被审计单位事先了解将抽盘的存货项目。除记录注册会计师对存货盘点结果进行的测试情况外，获取管理层完成的存货盘点记录的复印件也有助于注册会计师日后实施审计程序，以确定被审计单位的期末存货记录是否准确地反映了存货的实际盘点结果。

注册会计师在实施抽盘程序时发现差异，很可能表明被审计单位的存货盘点在准确性或完整性方面存在错误。由于检查的内容通常仅仅是已盘点存货中的部分，所以在检查中发现的错误很可能意味着被审计单位的存货盘点还存在着其他错误。一方面，注册会计师应当查明原因，并及时提请被审计单位更正；另一方面，注册会计师应当考虑错误的潜在范围和重大程度，在可能的情况下，扩大检查范围以减少错误的发生。注册会计师还可要求被审计单位重新盘点，重新盘点的范围可限于某一特殊领域的存货或特定盘点小组。

(5) 需要特别关注的情况。

这主要包括：①存货盘点范围，一是注册会计师应当根据取得的所有权不属于被审计单位的存货的有关资料，观察这些存货的实际存放情况，确保其未被纳入盘点范围；二是即使在被审计单位声明不存在受托代存存货的情形下，注册会计师在存货监盘时也应当关注是否存在某些存货不属于被审计单位的迹象，以避免盘点范围不当。②对特殊类型存货的监盘程序，有必要时考虑利用专家工作。

(6) 存货监盘结束时的工作。

这主要包括：①在被审计单位存货盘点结束前，注册会计师应当：一是再次观察盘点现场，以确定所有应纳入盘点范围的存货是否均已盘点；二是取得并检查已填用、作废及未使用盘点表单的号码记录，确定其是否连续编号，查明已发放的表单是否均已收回，并与存货盘点的汇总记录进行核对。②存货盘点日不是资产负债表日的处理原则，如果存货盘点日不是资产负债表日，注册会计师应当实施适当的审计程序，确定盘点日与资产负债表日之间存货的变动是否已得到恰当的记录。

5. 特殊情况的处理

(1) 存货的性质或位置导致无法实施监盘程序。

在某些情况下，被审计单位存货的性质或位置等原因导致无法实施存货监盘。存货的特殊性质包括：存货涉及保密问题，如产品在生产过程中需要利用特殊配方或制造工艺；存货系危害性物质，如辐射性化学品或气体。存货的特殊位置包括在途存货、存放在公共场所的存货等。如果在存货盘点现场实施存货监盘不可行，注册会计师应当实施替代审计程序，以获取有关存货的存在和状况的充分、适当的审计证据。

实施的替代审计程序主要包括：①检查进货交易凭证或生产记录以及其他相关资料

（如正式报告）；②检查资产负债表日后发生的销货交易凭证；③向第三方（如供应商）函证。

如果不能实施替代审计程序，或者实施替代审计程序可能无法获取有关存货的存在和状况的充分、适当的审计证据，注册会计师应当按照审计准则的规定发表非无保留意见。

（2）不可预见的情况导致无法实施存货监盘。

比较典型的不可预见情况有两种：①注册会计师无法亲临现场，即由于不可抗力导致其无法到达存货存放地实施存货监盘；②气候因素，即由于恶劣的天气导致注册会计师无法实施存货监盘程序，或由于恶劣的天气无法观察存货，如木材被积雪覆盖。如果由于不可预见的情况无法在存货盘点现场实施监盘，注册会计师应当另择日期实施监盘，并对间隔期内发生的交易实施审计程序。

（3）由第三方保管或控制的存货。

如果由第三方保管或控制的存货对财务报表是重要的，注册会计师应当实施下列一项或两项审计程序，以获取有关该存货存在和状况的充分、适当的审计证据：①向持有被审计单位存货的第三方函证存货的数量和状况；②实施检查或其他适合具体情况的审计程序。

（四）存货计价测试

1. 存货单位成本测试

（1）直接材料成本测试。

对采用定额单耗的企业，可选择某一成本报告期若干种具有代表性的产品成本计算单，获取样本的生产指令或产量统计记录及其直接材料单位消耗定额，根据材料明细账或采购业务测试工作底稿中各该直接材料的单位实际成本，计算直接材料的总消耗量和总成本，与该样本成本计算单中的直接材料成本核对。

对未采用定额单耗的企业，可获取材料费用分配汇总表、材料发出汇总表（或领料单）、材料明细账（或采购业务测试工作底稿）中各该直接材料的单位成本，作如下检查：成本计算单中直接材料成本与材料费用分配汇总表中该产品负担的直接材料费用是否相符，分配标准是否合理。将抽取的材料发出汇总表或领料单中若干种直接材料的发出总量和各该种材料的实际单位成本之积，与材料费用分配汇总表中各该种材料费用进行比较。

对采用标准成本法的企业，获取样本的生产指令或产量统计记录、直接材料单位标准用量、直接材料标准单价及发出材料汇总表或领料单，检查下列事项：根据生产量、直接材料单位标准用量和标准单价计算的标准成本与成本计算单中的直接材料成本核对是否相符；直接材料成本差异的计算与账务处理是否正确。

（2）直接人工成本测试。

对采用计时工资制的企业，获取样本的实际工时统计记录、员工分类表和员工工薪手册中的工资率及人工费用分配汇总表，进行如下检查：成本计算单中直接人工成本与人工费用分配汇总表中该样本的直接人工费用核对是否相符；样本的实际工时统计记录与人工费用分配汇总表中该样本的实际工时核对是否相符；抽取生产部门若干天的工时台账与实际工时统计记录核对是否相符；当没有实际工时统计记录时，可根据员工分类表及员工工薪手册中的工资率，计算复核人工费用分配汇总表中该样本的直接人工费用是否合理。

对采用计件工资制的企业，获取样本的产量统计报告、个人（小组）产量记录和经批准的单位工薪标准或计件工资制度，检查下列事项：根据样本的统计产量和单位工薪标准计算的人工费用与成本计算单中直接人工成本核对是否相符；抽取若干个直接人工（小组）的产量记录，检查是否被汇总计入产量统计报告。

对采用标准成本法的企业，获取样本的生产指令或产量统计报告、工时统计报告和经批准的单位标准工时、标准工时工资率、直接人工的工薪汇总表等资料，检查下列事项：根据产量和单位标准工时计算的标准工时总量与标准工时工资率之积同成本计算单中直接人工成本核对是否相符；直接人工成本差异的计算与账务处理是否正确，并注意直接人工的标准成本在当年内有无重大变更。

（3）制造费用测试。

获取样本的制造费用分配汇总表、按项目分列的制造费用明细账、与制造费用分配标准有关的统计报告及其相关原始记录，作如下检查：制造费用分配汇总表中，样本分担的制造费用与成本计算单中的制造费用核对是否相符；制造费用分配汇总表中的合计数与样本所属成本报告期的制造费用明细账总计数核对是否相符；制造费用分配汇总表选择的分配标准（如机器工时数、产量等）与相关的统计报告或原始记录核对是否相符，并对费用分配标准的合理性作出评估；如果企业采用预计费用分配率分配制造费用，则应针对制造费用分配过多或过少的差额，检查其是否作了适当的账务处理；如果企业采用标准成本法，则应检查样本中标准制造费用的确定是否合理，计入成本计算单的数额是否正确，制造费用差异的计算与账务处理是否正确，并注意标准制造费用在当年度内有无重大变更。

（4）生产成本在当期完工产品与在产品之间分配的测试。

检查成本计算单中在产品数量与生产统计报告或在产品盘存表中的数量是否一致；检查在产品约当产量计算或其他分配标准是否合理；计算复核样本的总成本和单位成本。

2. 存货跌价准备测试

（1）识别需要计提跌价准备的存货项目。

注册会计师可以通过询问管理层和相关部门（生产、仓储、财务、销售等）员工，了解被审计单位如何收集有关滞销、过时、陈旧、毁损、残次存货的信息并为之计提必要的跌价准备。如被审计单位编制存货货龄分析表，则可以通过审阅存货货龄分析表识别滞销或陈旧的存货。此外，注册会计师还要结合存货监盘过程中检查存货状况而获取的信息，以判断被审计单位的存货跌价准备计算表是否有遗漏。

（2）检查可变现净值的计量是否合理。

在存货计价审计中，由于被审计单位对期末存货采用成本与可变现净值孰低的方法计价，所以注册会计师应充分关注其对存货可变现净值的确定及存货跌价准备的计提。可变现净值是指企业在日常活动中，存货的估计售价减去至完工时估计将要发生的成本、估计的销售费用以及相关税费后的金额。企业确定存货的可变现净值，应当以取得的确凿证据为基础，并且考虑持有存货的目的以及资产负债表日后事项的影响等因素。

六、生产与存货循环的实质性测试：应付职工薪酬审计

（一）应付职工薪酬的审计目标

1. 确定被审计单位资产负债表上的应付职工薪酬在报表日是否存在。
2. 确定应付职工薪酬是否为被审计单位的支付义务。

3. 确定应付职工薪酬计提和支出的记录是否完整。

4. 确定应付职工薪酬的期末余额是否正确。

5. 确定应付职工薪酬在资产负债表上的披露是否恰当。

（二）应付职工薪酬的实质性程序

1. 取得应付职工薪酬明细表。

复核加计明细表，并与应付职工薪酬总账数和明细账合计数及报表数核对是否相符。

2. 实施实质性分析程序。

检查各月职工薪酬的发生额是否有异常波动，要求被审计单位对异常波动予以解释并做出记录，并获取管理层关于职工薪酬标准的决议。

3. 检查职工薪酬的计提与分配。

检查应付职工薪酬的核算内容是否包括工资、职工福利费、社会保险费、住房公积金、工会经费、职工教育经费、解除职工劳动关系补偿、股份支付等明细项目，职工薪酬的计提和分配是否正确。

4. 检查被审计单位实行的工薪制度。

如果被审计单位实行工效挂钩，应取得有关主管部门确认的效益工资发放额的认定证明，并复核有关合同文件、实际完成指标和确定可予发放的效益工资。如果被审计单位实行计税工资制，应取得被审计单位平均人数证明，并计算可准予税前列支的费用额。

5. 检查应付职工薪酬在资产负债表及其附注中的披露。

七、生产与存货循环的实质性测试：营业成本审计

（一）营业成本的审计目标

1. 确定利润表上的营业成本在本期是否确实发生，且与被审计单位有关。

2. 确定营业成本记录是否完整。

3. 确定营业成本是否已记录于正确的会计期间。

4. 确定营业成本的金额是否正确。

5. 确定营业成本在利润表上的披露是否恰当。

（二）营业成本的实质性程序

1. 取得营业成本明细表。

复核加计明细表是否正确，并与主营业务成本总账数和明细账合计数核对，结合其他业务成本科目与报表数核对是否相符。

2. 实施实质性分析程序。

比较营业成本本期内各月间及本期与前期同一产品的单位成本，是否存在异常波动。

3. 检查营业成本的计价与分摊。

注册会计师可通过编制生产成本及销售成本倒轧表检查主营业务成本的计价是否正确。在计划成本法或售价核算法下，检查产品成本差异或商品进销差价的计算、分配和会计处理是否正确。

4. 检查营业成本在利润表及其附注中的披露。

第四节 货币资金审计

一、货币资金与交易循环

货币资金的余额与各交易循环中的业务活动存在密切的关系。通常，最终影响货币资金的错误只有通过采购、销售、生产、筹资与投资活动的审计测试才会被发现。图 5－4 简要说明了货币资金与各交易循环之间的关系。

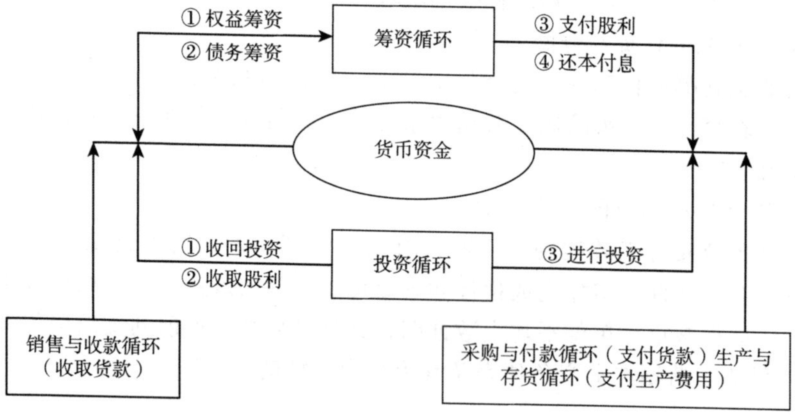

图 5－4 货币资金与各交易循环的关系

二、货币资金审计的主要业务活动

需要说明的是，在实务中可能由于每个企业的货币资金管理方式或内部控制的不同而有所不同，以下举例说明业务活动要点。

（一）现金管理

企业出纳每日对库存现金自行盘点，编制现金报表，计算当日现金收入、支出及结余额，并将结余额与实际库存额进行核对，如有差异及时查明原因。会计主管不定期检查现金日报表。

每月末，会计主管指定出纳以外的人员对现金进行盘点，编制库存现金盘点表，将盘点金额与现金日记账余额进行核对。对冲抵库存现金的借条、未提现支票、未做报销的原始票证，在库存现金盘点报告表中予以注明。会计主管复核库存现金盘点表，如果盘点金额与现金日记账余额存在差异，需查明原因并报经财务经理批准后进行财务处理。

（二）银行存款管理

1. 银行账户管理

企业的银行账户的开立、变更或注销须经财务经理审核，报总经理审批。

2. 编制银行存款余额调节表

每月末，会计主管指定出纳以外的人员核对银行存款日记账和银行对账单，编制银行存款余额调节表，使银行存款账面余额与银行对账单调节相符。如调节不符，查明原因。会计主管复核银行存款余额调节表，对需要进行调整的调节项目及时进行处理。

3. 票据管理

财务部门设置银行票据登记簿，防止票据遗失或盗用。出纳登记银行票据的购买、领用、背书转让及注销等事项。空白票据存放在保险柜中。每月末，会计主管指定出纳以外的人员对空白票据、未办理收款和承兑的票据进行盘点，编制银行票据盘点表，并与银行票据登记簿进行核对。会计主管复核库存银行票据盘点表，如果存在差异，需查明原因。

4. 印章管理

企业的财务专用章由财务经理保管，办理相关业务中使用的个人名章由出纳保管。

三、货币资金审计涉及的主要凭证、记录及账户

（一）货币资金审计涉及的主要凭证、记录

货币资金审计涉及的主要凭证、会计记录包括：①现金盘点表。②银行对账单。③银行存款余额调节表。④现金收付款凭证。⑤银行存款收付款凭证。⑥现金日记账和总账。⑦银行存款日记账和总账。

（二）货币资金审计涉及的主要账户

货币资金审计涉及的主要账户包括：（1）库存现金；（2）银行存款；（3）其他货币资金，包括外埠存款、银行汇票存款、银行本票存款、信用证存款等。

四、销售与收款循环的重大错报风险评估

（一）关注可能的货币资金舞弊

财务舞弊的最终目的通常是获取货币资金。注册会计师应注意货币资金业务中的舞弊行为。常见的货币资金舞弊行为包括：截留各种现销和应收账款收现的现金收入；挪用资金，虚报冒领；出借账号，违规出借货币资金，以及白条抵库与现金超额存放等。

（二）关注企业可能存在的账外资金

账外资金是指资金体外循环现象。账外资金的形成途径有很多，注册会计师应特别注意企业是否存在取得现金收入而不入账、以套取资金为目的的票据报销、租金收入不入账等情况。而且，除经常提供对账单的开户银行之外，注册会计师还应关注企业是否经常多开户头，对发生业务较少的账户、专用存款账户和年末存款余额为零的银行账户予以高度重视。

（三）对货币资金大额收支业务的抽查及分析

在对货币资金大额收支凭证进行抽查时，注册会计师不能仅停留在账户对应关系、审批手续和金额相符等表面现象上，要深入分析业务内容及其合理性，对发现的疑点予以清查。

五、货币资金的控制测试

以库存现金、银行存款为例，分别阐述货币资金的内部控制测试程序。

（一）库存现金的控制测试

1. 现金付款的审批与复核

针对企业现金付款的审批与复核相关的内部控制，注册会计师可以在选取适当样本的基础上实施以下控制测试程序：

（1）询问相关业务部门的部门经理和财务经理其在日常现金付款业务中执行的内部控制，以确定其是否与被审计单位内部控制政策要求保持一致。

（2）观察财务经理复核付款申请的过程，是否核对了付款申请的用途、金额及后附相关凭据，以及在核对无误后是否进行了签字确认。

（3）重新核对经审批及复核的付款申请及其相关凭据，并检查是否经签字确认。

2. 现金盘点

针对企业现金盘点相关的内部控制，注册会计师可以在选取适当样本的基础上实施以下控制测试程序：

（1）在月末最后一天参与被审计单位的现金盘点，检查是否由应付账款会计进行现金盘点。

（2）观察现金盘点程序是否按照盘点计划的指令和程序执行，是否编制了现金盘点表并根据内控要求经财务部相关人员签字复核。

（3）检查现金盘点表中记录的现金盘点余额是否与实际盘点金额保持一致、现金盘点表中记录的现金日记账余额是否与被审计单位现金日记账中余额保持一致。

（4）针对调节差异金额超过 2 万元的调节项，检查是否经财务经理批准后进行财务处理。

（二）银行存款的控制测试

1. 银行账户的开立、变更和注销

针对企业银行账户的开立、变更和注销相关的内部控制，注册会计师可以在选取适当样本的基础上实施以下控制测试程序：

（1）询问会计主管被审计单位本年开户、变更、撤销的整体情况；

（2）取得本年度账户开立、变更、撤销申请项目清单，检查清单的完整性，并在选取适当样本的基础上检查账户的开立、变更、撤销项目是否已经财务经理和总经理审批。

2. 银行付款的审批和复核

针对企业银行付款的审批和复核相关的内部控制，注册会计师可以在选取适当样本的基础上实施以下控制测试程序：

（1）询问相关业务部门的部门经理和财务经理在日常银行付款业务中执行的内部控制，以确定其是否与被审计单位内部控制政策要求保持一致。

（2）观察财务经理复核付款申请的过程，是否核对了付款申请的用途、金额及后附相关凭据，以及在核对无误后是否进行了签字确认。

(3) 重新核对经审批及复核的付款申请及其相关凭据，并检查是否经签字确认。

3. 编制银行存款余额调节表

针对企业编制银行存款余额调节表相关的内部控制，注册会计师可以在选取适当样本的基础上实施以下控制测试程序：

(1) 询问应收账款会计和会计主管，以确定其执行的内部控制是否与被审计单位内部控制政策要求保持一致，特别是针对未达账项的编制及审批流程。

(2) 针对选取的样本，检查银行存款余额调节表，查看调节表中记录的企业银行存款日记账余额是否与银行存款日记账余额保持一致、调节表中记录的银行对账单余额是否与被审计单位提供的银行对账单中的余额保持一致。

(3) 针对调节项目，检查是否经会计主管的签字复核。

(4) 针对大额未达账项进行期后收付款的检查。

六、货币资金的实质性测试

(一) 货币资金审计目标

1. 确定被审计单位资产负债表上的货币资金在报表日是否存在，是否为被审计单位所拥有。

2. 确定被审计单位在特定期间内发生的货币资金收支业务是否均已记录。

3. 确定货币资金余额是否正确。

4. 确定货币资金在资产负债表上的披露是否恰当。

(二) 库存现金的实质性程序

库存现金审计是对库存现金余额及其收支业务和保管情况的真实性、合法性进行的审查和核实。由于现金流动性大，容易被不法分子所侵吞，所以必须把它列为审计重点之一。库存现金的实质性程序一般包括：

1. 核对库存现金日记账与总账的金额

注册会计师测试现金的起点是核对库存现金日记账余额与总账余额是否相符。如果不相符，注册会计师应查明原因，并作出适当调整。

2. 监盘库存现金

监盘库存现金是证实资产负债表中所列现金是否存在的一项重要程序。盘点的库存现金通常包括企业已收到但未存入银行的现金、备用金等。盘点库存现金的时间和人员应视被审计单位的情况而定，但必须有出纳和被审计单位会计主管人员参加，并由注册会计师进行监盘。监盘库存现金的步骤和方法主要有：

(1) 查看被审计单位制定的盘点计划，以确定监盘时间。对库存现金的监盘最好实施突击性的检查，时间最好选择在上午上班前或下午下班时，监盘范围一般包括被审计单位各部门经管的所有现金。

(2) 查阅库存现金日记账并同时与现金收付凭证相核对。一方面检查库存现金日记账的记录与凭证的内容和金额是否相符；另一方面了解凭证日期与库存现金日记账日期是否相符或接近。

(3) 检查被审计单位现金实存数，并将该监盘金额与库存现金日记账余额进行核对，如有差异，应要求被审计单位查明原因，必要时应提请被审计单位作出调整；如无法查明原因，应要求被审计单位按管理权限批准后作出调整。若有冲抵库存现金的借条、未提现支票、未作报销的原始凭证，应在“库存现金监盘表”中注明，必要时应提请被审计单位作出调整。

（4）在非资产负债表日进行监盘时，应将监盘金额调整至资产负债表日的金额，并对变动情况实施程序。库存现金监盘表参见表 5－8。

3. 抽查大额库存现金收支

抽查大额现金收支，并检查原始凭证是否齐全、原始凭证内容是否完整、有无授权批准、记账凭证与原始凭证是否相符、账务处理是否正确、是否记录于恰当的会计期间等项内容。如有与被审计单位生产经营业务无关的收支事项，应查明原因并作相应记录。

4. 检查库存现金在资产负债表及其附注中的披露

根据有关规定，库存现金在资产负债表的“货币资金”项目中反映，注册会计师应在实施上述审计程序后，确定“库存现金”账户的期末余额是否恰当，进而确定库存现金是否在资产负债表中恰当披露。

表 5－8　　　　**库存现金监盘表**

被审计单位：＿＿＿＿＿＿　　索引号：＿＿＿＿＿＿

项目：＿＿＿＿＿＿　　财务报表截止日/期间：＿＿＿＿＿＿

编制人：＿＿＿＿＿＿　　复核人：＿＿＿＿＿＿

日期：＿＿＿＿＿＿　　日期：＿＿＿＿＿＿

检查盘点记录					
项目		项次	人民币	美元	
上一日账面库存余额		①			
盘点日未记账传票收入金额		②			
盘点日未记账传票支出金额		③			
盘点日账面应有金额		④＝①＋②－③			
盘点实有库存现金数额		⑤			
盘点日应有与实有差异		⑥＝④－⑤			
差异原因分析	白条抵库（张）				
盘点日审定数		⑦			

实有库存现金盘点记录					
面额	人民币		美元		
	张	金额	张	金额	
100					
50					
10					
5					
2					
1					
0.5					
0.2					
0.1					
合计					

续表

检查盘点记录						实有库存现金盘点记录					
项目		项次	人民币	美元		面额	人民币		美元		
追溯调整	报表日至监盘日库存现金付出总额	⑧									
	报表日至监盘日库存现金收入总额	⑨									
	报表日库存现金应有实际余额	⑩ = ⑦ + ⑧ − ⑨									
	报表日账面汇率										
	报表日余额折合本位币金额										

出纳： 会计主管人员： 监盘人： 检查日期：

审计说明与结论：

（三）银行存款的实质性程序

银行存款是指企业存放在银行或其他金融机构的货币资金。按照国家有关规定，凡是独立核算的企业都必须在当地银行开设账户。除按规定的范围内可以用现金直接支付的款项外，在经营过程中所发生的一切货币收支业务都必须通过银行存款账户进行结算。银行存款的实质性程序一般包括：

1. 获取银行存款余额明细表，并核对银行存款日记账合计数与总账余额

注册会计师测试银行存款的起点是核对银行存款日记账合计数与总账余额是否相符。如果不相符，应查明原因，并考虑是否建议作出适当调整。如果对被审计单位银行账户的完整性存有疑虑，例如，当被审计单位可能存在账外账或资金体外循环时，注册会计师可以考虑额外实施以下程序：

（1）注册会计师亲自到中国人民银行或基本存款账户开户行查询并打印《已开立银行结算账户清单》，以确认被审计单位账面记录的银行人民币结算账户是否完整。

（2）结合其他相关细节测试，关注原始单据中被审计单位的收（付）款银行账户是否包含在注册会计师已获取的开立银行账户清单内。

2. 实施实质性分析程序

计算银行存款累计余额应收利息收入，分析比较被审计单位银行存款应收利息收入与实际利息收入的差异是否恰当，评估利息收入的合理性，检查是否存在高息资金拆借，确认银行存款余额是否存在，利息收入是否已经完整记录。

3. 检查银行存款账户发生额

注册会计师还可以考虑对银行存款账户的发生额实施以下程序：

（1）分析不同账户发生银行日记账漏记银行交易的可能性，获取相关账户相关期间的全部银行对账单。

（2）如果对被审计单位银行对账单的真实性存有疑虑，注册会计师可以在被审计单位的协助下亲自到银行获取银行对账单。在获取银行对账单时，注册会计师要全程关注银行对账单的打印过程。

（3）从银行对账单中选取交易的样本与被审计单位银行日记账记录进行核对；从被审计单位银行存款日记账上选取样本，核对至银行对账单。

（4）浏览银行对账单，选取大额异常交易，如银行对账单上有一收一付相同金额，或分次转出相同金额等，检查被审计单位银行存款日记账上有无该项收付金额记录。

4. 取得并检查银行对账单和银行存款余额调节表

取得并检查银行对账单和银行存款余额调节表是证实资产负债表中所列银行存款是否存在的重要程序。具体测试程序通常包括：

（1）取得并检查银行对账单。取得被审计单位加盖银行印章的银行对账单，注册会计师应对银行对账单的真实性保持警觉，必要时，亲自到银行获取对账单，并对获取过程保持控制；将获取的银行对账单余额与银行日记账余额进行核对，如存在差异，获取银行存款余额调节表；将被审计单位资产负债表日的银行对账单与银行询证函回函核对，确认是否一致。

（2）取得并检查银行存款余额调节表。检查调节表中加计数是否正确，调节后银行存款日记账余额与银行对账单余额是否一致；检查调节事项。对于企业已收付、银行尚未入账的事项，检查相关收付款凭证，并取得期后银行对账单，确认未达账项是否存在，银行是否已于期后入账。对于银行已收付、企业尚未入账的事项，检查期后企业入账的收付款凭证，确认未达账项是否存在，如果企业的银行存款余额调节表存在大额或较长时间的未达账项，注册会计师应查明原因并确定是否需要提请被审计单位进行调整；关注长期未达账项，查看是否存在挪用资金等事项；特别关注银付企未付、企付银未付中支付异常的领款事项，包括没有载明收款人、签字不全等支付事项，确认是否存在舞弊。

5. 函证银行存款余额

函证银行存款余额是证实资产负债表中所列银行存款余额是否存在的重要程序。通过向往来银行进行函证，注册会计师不仅可以了解企业资产的存在情况，还可以了解企业所欠银行债务的情况，并有助于发现企业未入账的银行负债和未披露的或有负债。

注册会计师应当对银行存款（包括零余额账户和在本期内注销的账户）、借款及与金融机构往来的其他重要信息实施函证程序，除非有充分证据表明某一银行存款、借款及与金融机构往来的其他重要信息对财务报表不重要且与之相关的重大错报风险很低。如果不对这些项目实施函证程序，注册会计师应当在审计工作底稿中说明理由。

当实施函证程序时，注册会计师应当对询证函保持控制，当函证信息与银行回函结果不符时，注册会计师应当调查不符事项，以确定是否表明存在错报。

在实施银行函证时，注册会计师需要以被审计单位名义向银行发函询证，以验证被审计单位的银行存款是否真实、合法、完整。根据《关于进一步规范银行函证及回函工作的通知》（财会［2016］13号），各银行应对询证函列示的全部项目作出回应，并在收到询证函之日起10个工作日内，将回函直接寄往会计师事务所。审计业务银行询证函（通用格式）参见表5－9。

表 5-9 **审计业务银行询证函（通用格式）**

编号：

××（银行）：

本公司聘请的××会计师事务所正在对本公司　　年度（或期间）的财务报表进行审计，按照中国注册会计师审计准则的要求，应当询证本公司与贵行相关的信息。下列第1～14项信息出自本公司的记录：

（1）如与贵行记录相符，请在本函“结论”部分签字、签章；

（2）如有不符，请在本函“结论”部分列明不符项目及具体内容，并签字和签章。

本公司谨授权贵行将回函直接寄至××会计师事务所，地址及联系方式如下：

回函地址：

联系人：　　　　电话：　　　　传真：　　　　邮编：

电子邮箱：

本公司谨授权贵行可从本公司××账户支取办理本询证函回函服务的费用。

截至______年______月______日，本公司与贵行相关的信息列示如下：

1. 银行存款

账户名称	银行账号	币种	利率	账户类型	余额	起止日期	是否用于担保或存在其他使用限制	备注

除上述列示的银行存款外，本公司并无在贵行的其他存款。

注：“起止日期”一栏仅适用于定期存款，如为活期或保证金存款，可只填写“活期”或“保证金”字样。“账户类型”列明账户性质，如基本户、一般户等。

2. 银行借款

借款人名称	银行账号	币种	余额	借款日期	到期日期	利率	抵（质）押品/担保人	备注

除上述列示的银行借款外，本公司并无自贵行的其他借款。

注：如存在本金或利息逾期未付行为，在“备注”栏中予以说明。

3. 自　　年　月　日起至　　年　月　日期间内注销的账户

账户名称	银行账号	币种	注销账户日

除上述列示的注销账户外，本公司在此期间并未在贵行注销其他账户。

4. 本公司作为贷款方的委托贷款

账户名称	银行账号	资金借入方	币种	利率	余额	贷款起止日期	备注

除上述列示的委托存款外，本公司并无通过贵行办理的其他委托存款。

注：如资金借入方存在本金或利息逾期未付行为，在“备注”栏中予以说明。

5. 本公司作为借款方的委托贷款

账户名称	银行账号	资金借出方	币种	利率	本金	利息	贷款起止日期	备注

除上述列示的委托贷款外，本公司并无通过贵行办理的其他委托贷款。

注：如存在本金或利息逾期未付行为，在“备注”栏中予以说明。

6. 担保（包括保函）

（1）本公司为其他单位提供的、以贵行为担保受益人的担保。

被担保人	担保方式	担保金额	担保到期日	担保事由	担保合同编号	备注

除上述列示的担保外，本公司并无其他以贵行为担保受益人的担保。

注：如采用抵押或质押方式提供担保的，应在备注中说明抵押物或质押物情况。如被担保方存在本金或利息逾期未付行为，在“备注”栏中予以说明。

（2）贵行向本公司提供的担保。

被担保人	担保方式	担保金额	担保到期日	担保合同编号	备注

除上述列示的担保外，本公司并无贵行提供的其他担保。

7. 本公司为出票人且由贵行承兑而尚未支付的银行承兑汇票

银行承兑汇票号码	承兑银行名称	结算账户账号	票面金额	出票日	到期日

除上述列示的银行承兑汇票外，本公司并无由贵行承兑而尚未支付的其他银行承兑汇票。

8. 本公司向贵行已贴现而尚未到期的商业汇票

商业汇票号码	汇款人名称	承兑人名称	票面金额	出票日	到期日	贴现日	贴现率	贴现净额

除上述列示的商业汇票外，本公司并无向贵行已贴现而尚未到期的其他商业汇票。

9. 本公司为持票人且由贵行托收的商业汇票

商业汇票号码	承兑人名称	票面金额	出票日	到期日

除上述列示的商业汇票外，本公司并无由贵行托收的其他商业汇票。

10. 本公司为申请人、由贵行开具的、未履行完毕的不可撤销信用证

信用证号码	受益人	信用证金额	到期日	未使用金额

除上述列示的不可撤销信用证外，本公司并无由贵行开具的、未履行完毕的其他不可撤销信用证。

11. 本公司与贵行之间未履行完毕的外汇买卖合约

类别	合约号码	买卖币种	未履行的合约买卖金额	汇率	交收日期
贵行卖予本公司					
本公司卖予贵行					

除上述列示的外汇买卖合约外，本公司并无与贵行之间未履行完毕的其他外汇买卖合约。

12. 本公司存放于贵行的有价证券或其他产权文件

有价证券或其他产权文件名称	产权文件编号	数量	金额

除上述列示的有价证券或其他产权文件外，本公司并无存放于贵行的其他有价证券或其他产权文件。

13. 本公司购买的由贵行发行的未到期银行理财产品

产品名称	产品类型	认购金额	购买日	到期日	币种

除上述列示的银行理财产品外，本公司并无购买其他由贵行发行的理财产品。

14. 其他

注：此项应填列注册会计师认为重大且应予函证的其他事项，如欠银行的其他负债或者或有负债、除外汇买卖外的其他衍生交易、贵金属交易等。

（预留印鉴） 年 月 日

经办人：

职务：

电话：

结论：

经本行核对，所函证项目与本行记载信息相符。特此函复。 年 月 日 经办人： 职务： 电话： 复核人： 职务： 电话： （银行盖章）
经本行核对，存在以下不符之处 年 月 日 经办人： 职务： 电话： 复核人： 职务： 电话： （银行盖章）

说明：

（1）本询证函（包括回函）中所列信息应严格保密，仅用于注册会计师审计目的。

（2）注册会计师可根据审计的需要，从本函所列第1～14项中选择所需询证的项目，对于不适用的项目，应当将该项目中的表格用斜线划掉。

（3）本函应由被审计单位加盖骑缝章。

6. 抽查大额银行存款的收支

抽查大额银行存款（含外埠存款、银行汇票存款、银行本票存款、信用卡存款、信用保证金存款）收支的原始凭证，检查原始凭证是否齐全、内容是否完整、有无授权批准、记账凭证与原始凭证是否相符、账务处理是否正确、是否记录于恰当的会计期间等项内容。检查是否存在非营业目的的大额货币资金转移，并核对相关账户的进账情况；如有与被审计单位生产经营无关的收支事项，应查明原因并作相应的记录。

7. 检查银行存款收支的截止

抽查资产负债表日前后若干天的银行存款收支凭证实施截止测试，关注业务内容与日期，如有跨期现象，应考虑是否提出调整建议。

8. 检查银行存款在资产负债表及其附注中的披露

根据《企业会计准则》的规定，企业的银行存款在资产负债表的“货币资金”项目下反映。所以，注册会计师应在实施上述审计程序后，确定被审计单位银行存款账户的期末余额是否正确，进而确定银行存款是否在资产负债表中恰当地披露。此外，如果企业的银行存款存在抵押、冻结等使用限制情况或者潜在回收风险，注册会计师应关注企业是否已经恰当披露有关情况。

（四）其他货币资金的实质性程序

其他货币资金包括定期存款、保证金存款以及存出投资款等。其他货币资金的实质性程序一般包括：

1. 核对其他货币资金各明细账期末合计数与总账数。

2. 获取定期存款明细表。

检查是否与账面记录金额一致，存款人是否为被审计单位，定期存款是否被质押或限制使用。

3. 监盘定期存款凭据。

如果被审计单位在资产负债表日有大额定期存款，基于对风险的判断考虑选择在资产负债表日实施监盘。

4. 函证定期存款相关信息。

5. 检查保证金存款。

检查开立银行承兑汇票的协议或银行授信审批文件。可以将保证金账户对账单与相应的交易进行核对，根据被审计单位应付票据的规模合理推断保证金数额，检查保证金与相关债务的比例和合同约定是否一致，特别关注是否存在有保证金发生而被审计单位无对应保证事项的情形。

6. 检查存出投资款。

对于存出投资款，跟踪资金流向，并获取董事会决议等批准文件、开户资料、授权操作资料等。如果投资于证券交易业务，通常结合相应金融资产项目审计，核对证券账户名称是否与被审计单位相符，获取证券公司证券交易结算资金账户的交易流水，抽查大额的资金收支，关注资金收支的财务账面记录与资金流水是否相符。

7. 检查其他货币资金在资产负债表及其附注中的披露。

注册会计师应在实施上述审计程序后，确定其他货币资金账户的期末余额是否正确，是否在资产负债表上恰当披露。

本章小结

本章以执行《企业会计准则》的企业财务报表审计为例，介绍了主要业务循环审计的具体内容，以及对这些业务循环中重要的财务报表项目如何进行审计测试。一般而言，在企业财务报表审计中可将被审计单位的所有交易和账户余额划分为多个业务循环。由于各被审计单位的业务性质和规模不同，其业务循环的划分也有所不同。即使是同一被审计单位，不同注册会计师也可能有不同的循环划分方法。鉴于此，本章主要介绍了销售与收款循环、采购与付款循环、生产与存货循环以及货币资金审计业务。

练习题

一、简答题

1. 在销售与收款循环中，应收账款、营业收入的实质性程序分别有哪些？
2. 在采购与付款循环中，如何应对未入账的应付账款？
3. 在生产与存货循环中，存货监盘程序有哪些？
4. 货币资金审计目标有哪些？

二、综合分析题

北京东方会计师事务所注册会计师王豪、李民对ABC股份有限公司2018年度财务报表进行审计过程中，获取的该公司2018年12月31日的相关资料如下：

项目名称	金额（万元）
交易性金融资产	5000
银行存款	600
应收票据	12000
应收账款	75000
其他应收款	24000
存货	84000
固定资产（净值）	97800
在建工程	26300
应付账款	34570
长期借款（抵押借款部分）	56800
实收资本（内部职工及社会公众股）	18000
资本公积	48750
主营业务收入（净额）	67500
利息支出	5464

要求：请根据上述资料回答下列问题：

（1）上述项目中适用函证程序的有哪些？

（2）接受函证的对象有哪些？

（3）函证的主要内容是什么？

第六章

审计报告

本章重点

1. 审计报告的含义、作用与要素
2. 审计报告类型

第一节 审计报告概述

一、审计报告的含义

审计报告是指注册会计师根据审计准则的规定，在执行审计工作的基础上，对财务报表发表审计意见的书面文件。审计报告一般分为封面、封底、正文、已审财务报表及附注、执业证照等部分。审计报告是注册会计师在完成审计工作后向委托人提交的最终产品，具有以下特征：

（一）注册会计师应当按照审计准则的规定执行审计工作

审计准则是用以规范注册会计师执行审计业务的标准，包括一般原则与责任、风险评估与应对、审计证据、利用其他主体的工作、审计结论与报告以及特殊领域审计等六个方面的内容，涵盖了注册会计师执行审计业务的整个过程和各个环节。

（二）注册会计师在实施审计工作的基础上出具审计报告

注册会计师应当实施风险评估程序，通过了解被审计单位及其环境，识别和评估由于舞弊或错误导致的重大错报风险，以此作为评估财务报表层次和认定层次重大错报风险的基础。风险评估程序本身并不足以为发表审计意见提供充分、适当的审计证据，注册会计师还应当对评估的风险设计和实施恰当的应对措施。注册会计师通过实施上述审计程序，获取充分、适当的审计证据，得出合理的审计结论，作为形成审计意见的基础。

（三）注册会计师通过对财务报表发表意见履行业务约定书约定的责任

财务报表审计的目标是注册会计师通过执行审计工作，针对财务报表是否在所有重大方面按照财务报告编制基础编制并实现公允反映发表审计意见。因此，在实施审计工作的基础上，注册会计师需要对财务报表形成审计意见，并向委托人提交审计报告。

（四）注册会计师应当以书面形式出具审计报告

审计报告具有特定的要素和格式，注册会计师只有以书面形式出具报告，才能清楚表达对财务报表发表的审计意见。

注册会计师应当根据由审计证据得出的结论，清楚表达对财务报表的意见。财务报表是指对企业财务状况、经营成果和现金流量的结构化表述，至少应当包括资产负债表、利润表、所有者（股东）权益变动表、现金流量表和财务报表附注。无论是出具标准审计报告，还是非标准审计报告，注册会计师一旦在审计报告上签名并盖章，就表明对其出具的审计报告负责。

审计报告是注册会计师对财务报表是否在所有重大方面按照财务报告编制基础编制并实现公允反映发表审计意见的书面文件，因此，注册会计师应当将已审计的财务报表附于审计报告之后，以便于财务报表使用者正确理解和使用审计报告，并防止被审计单位替换、更改已审计的财务报表。

二、审计报告的作用

注册会计师签发的审计报告，主要具有鉴证、保护和证明三方面的作用。

（一）鉴证作用

注册会计师签发的审计报告，不同于政府审计和内部审计的审计报告，是以超然独立的第三者身份，对被审计单位财务报表合法性、公允性发表意见。这种意见具有鉴证作用，得到了政府及其各部门和社会各界的普遍认可。政府有关部门，如财政部门、税务部门等了解、掌握企业的财务状况和经营成果的主要依据是企业提供的财务报表。财务报表是否合法、公允，主要依据注册会计师的审计报告做出判断。股份制企业的股东，主要依据注册会计师的审计报告来判断被投资企业的财务报表是否公允地反映了财务状况和经营成果，以进行投资决策等。

（二）保护作用

注册会计师通过审计，可以对被审计单位财务报表出具不同类型审计意见的审计报告，以提高或降低财务报表使用者对财务报表的信赖程度，能够在一定程度上对被审计单位的财产、债权人和股东的权益及企业利害关系人的利益起到保护作用。如投资者为了减少投资风险，在进行投资之前，需要查阅被投资企业的财务报表和注册会计师的审计报告，了解被投资企业的经营情况和财务状况。投资者根据注册会计师的审计报告做出投资决策，可以降低其投资风险。

（三）证明作用

审计报告是对注册会计师审计任务完成情况及其结果所作的总结，它可以表明审计工作的质量并明确注册会计师的审计责任。因此，审计报告可以对审计工作质量和注册会计师的审计责任起证明作用。通过审计报告，可以证明注册会计师在审计过程中是否实施了必要的审计程序，是否以审计工作底稿为依据发表审计意见，发表的审计意见是否与被审计单位的实际情况相一致，审计工作的质量是否符合要求。通过审计报告，可以证明注册会计师对审计责任的履行情况。

三、审计意见的形成和类型

（一）审计意见的形成

注册会计师应当就财务报表是否在所有重大方面按照适用的财务报告编制基础编制并实现公允反映形成审计意见。为了形成审计意见，针对财务报表整体是否不存在由于舞弊或错误导致的重大错报，注册会计师应当得出结论，确定是否已就此获取合理保证。在得出结论时，注册会计师应当考虑下列方面：

1. 按照中国注册会计师审计准则的规定，是否已获取充分、适当的审计证据

在得出总体结论之前，注册会计师应当根据实施的审计程序和获取的审计证据，评价对认定层次重大错报风险的评估是否仍然适当。在形成审计意见时，注册会计师应当考虑所有相关的审计证据，无论该证据与财务报表认定相互印证还是相互矛盾。

如果对重大的财务报表认定没有获取充分、适当的审计证据，注册会计师应当尽可能获取进一步的审计证据。

2. 按照中国注册会计师审计准则的规定，未更正错报单独或汇总起来是否构成重大错报

在确定时，注册会计师应当考虑：相对特定类别的交易、账户余额或披露以及财务报表整体而言，错报的金额和性质以及错报发生的特定环境；与以前期间相关的未更正错报对相关类别的交易、账户余额或披露以及财务报表整体的影响。

3. 财务报表是否在所有重大方面按照适用的财务报告编制基础编制

注册会计师应当依据适用的财务报告编制基础特别评价下列内容：

（1）财务报表是否充分披露了选择和运用的重要会计政策。

（2）选择和运用的会计政策是否符合适用的财务报告编制基础，并适合被审计单位的具体情况。会计政策是被审计单位在会计确认、计量和报告中采用的原则、基础和会计处理方法。被审计单位选择和运用的会计政策既应符合适用的财务报告编制基础，也应适合被审计单位的具体情况。在考虑被审计单位选用的会计政策是否适当时，注册会计师还应当关注重要的事项。重要事项包括重要项目的会计政策和行业惯例、重大和异常交易的会计处理方法、在新领域和缺乏权威性标准或共识的领域采用重要会计政策产生的影响、会计政策的变更等。

（3）管理层做出的会计估计是否合理。会计估计通常是指被审计单位以最近可利用的信息为基础对结果不确定的交易或事项所作的判断。由于会计估计的主观性、复杂性和不确定性，管理层作出的会计估计发生重大错报的可能性较大。因此，注册会计师应当判断管理层作出的会计估计是否合理，确定会计估计的重大错报风险是否是特别风险，是否采取了有效的措施予以应对。

（4）财务报表列报的信息是否具有相关性、可靠性、可比性和可理解性。财务报表反映的信息应当符合信息质量特征，具有相关性、可靠性、可比性和可理解性。注册会计师应当根据《企业会计准则——基本准则》的规定，考虑财务报表反映的信息是否符合信息质量特征。

（5）财务报表是否做出充分披露，使财务报表预期使用者能够理解重大交易和事项对财务报表所传递的信息的影响。按照通用目的编制基础编制的财务报表通常反映被审计单位

的财务状况、经营成果和现金流量。对于通用目的财务报表，注册会计师需要评价财务报表是否做出充分披露，以使财务报表预期使用者能够理解重大交易和事项对被审计单位财务状况、经营成果和现金流量的影响。

（6）财务报表使用的术语是否适当。在评价财务报表是否在所有重大方面按照适用的财务报告编制基础编制时，注册会计师还应当考虑被审计单位会计实务的质量，包括表明管理层的判断可能出现偏向的迹象。

4. 财务报表是否实现公允反映

在评价财务报表是否实现公允反映时，注册会计师应当考虑下列内容：（1）财务报表的整体列报、结构和内容是否合理；（2）财务报表（包括相关附注）是否公允地反映了相关交易和事项。

5. 财务报表是否恰当提及或说明适用的财务报告编制基础

管理层和治理层（如适用）编制的财务报表需要恰当说明适用的财务报表编制基础。由于这种说明向财务报表使用者告知编制财务报表所依据的编制基础，因此非常重要。但只有财务报表符合适用的财务报告编制基础（在财务报表所涵盖的期间内有效）的所有要求，声明财务报表按照该编制基础编制才是恰当的。

（二）审计意见的类型

我国注册会计师审计意见分为无保留意见、保留意见、否定意见和无法表示意见等四种基本类型。审计意见是审计报告的核心，审计报告分为标准审计报告和非标准审计报告。

标准审计报告是指不含有说明段、强调事项段、其他事项段或其他任何修饰性用语的无保留意见的审计报告。其中，无保留意见是指当注册会计师认为财务报表在所有重大方面按照适用的财务报告编制基础编制并实现公允反映时发表的审计意见。

非标准审计报告，是指带强调事项段或其他事项段的无保留意见的审计报告和非无保留意见的审计报告。非无保留意见的审计报告包括保留意见的审计报告、否定意见的审计报告和无法表示意见的审计报告。

四、审计报告的要素

无保留意见审计报告应当包括下列要素：（1）标题；（2）收件人；（3）审计意见；（4）形成审计意见的基础；（5）管理层对财务报表的责任；（6）注册会计师对财务报表审计的责任；（7）按照相关法律法规的要求报告的事项（如适用）；（8）注册会计师的签名和盖章；（9）会计师事务所的名称、地址和盖章；（10）报告日期。

在适用的情况下，注册会计师还应当按照《中国注册会计师审计准则第 1324 号——持续经营》、《中国注册会计师审计准则第 1504 号——在审计报告中沟通关键审计事项》、《中国注册会计师审计准则第 1521 号——注册会计师对其他信息的责任》的相关规定，在审计报告中对与持续经营相关的重大不确定性、关键审计事项、被审计单位年度报告中包含的除财务报表和审计报告之外的其他信息进行报告。

（一）标题

审计报告应当具有标题，统一规范为“审计报告”。

（二）收件人

审计报告的收件人是指注册会计师按照业务约定书的要求致送审计报告的对象，一般是指审计业务的委托人。审计报告应当按照审计业务的约定载明收件人的全称。

注册会计师应当与委托人在业务约定书中约定致送审计报告的对象，以防止在此问题上发生分歧或审计报告被委托人滥用。针对整套通用目的财务报表出具的审计报告，审计报告的致送对象通常为被审计单位的股东或治理层。

（三）审计意见

审计报告的第一部分应当包含审计意见，并以“审计意见”作为标题。审计意见部分应当包括以下内容：（1）指出被审计单位的名称；（2）说明财务报表已经审计；（3）指出构成整套财务报表的每一财务报表的名称；（4）提及财务报表附注（包括重要会计政策概要和其他解释性信息）；（5）指明构成整套财务报表的每一财务报表的日期或涵盖的期间。

审计报告的第二部分应当包含注册会计师发表的审计意见，即如果对财务报表发表无保留意见，除非法律法规另有规定，审计意见应当使用“财务报表在所有重大方面按照［适用的财务报告编制基础（如企业会计准则等）］编制，公允反映了……”的措辞。

（四）形成审计意见的基础

审计报告应当包含标题为“形成审计意见的基础”的部分。该部分应当紧接在审计意见部分之后，并包括：（1）说明注册会计师按照审计准则的规定执行了审计工作；（2）提及审计报告中用于描述审计准则规定的注册会计师责任的部分；（3）声明注册会计师按照与审计相关的职业道德要求独立于被审计单位，并履行了职业道德方面的其他责任，声明中应当指明适用的职业道德要求，如中国注册会计师职业道德守则；（4）说明注册会计师是否相信获取的审计证据是充分、适当的，为发表审计意见提供了基础。

（五）管理层对财务报表的责任

审计报告应当包含标题为“管理层对财务报表的责任”的段落，用以描述被审计单位中负责编制财务报表的人员的责任。审计报告中应当使用特定国家或地区法律框架下的恰当术语，而不必限定为“管理层”。在某些国家和地区，恰当的术语可能是“治理层”。管理层对财务报表的责任段应当说明，编制财务报表是管理层的责任，这种责任包括：（1）按照适用的财务报告编制基础的规定编制财务报表，使其实现公允反映，并设计、执行和维护必要的内部控制，以使财务报表不存在由于舞弊或错误导致的重大错报；（2）评估被审计单位的持续经营能力和使用持续经营假设是否适当，并披露与持续经营相关的事项（如适用），对管理层评估责任的说明应当包括描述在何种情况下使用持续经营假设是适当的。

（六）注册会计师对财务报表审计的责任

审计报告应当包含标题为“注册会计师对财务报表审计的责任”的段落。注册会计师对财务报表审计的责任部分应当包括以下内容：（1）说明注册会计师的目标是对财务报表整体是否不存在由于舞弊或错误导致的重大错报获取合理保证，并出具包含审计意见的审计报告；（2）说明合理保证是高水平的保证，但并不能保证按照审计准则执行的审计在某一重大错报存在时总能发现；（3）说明错报可能由于舞弊或错误导致。在说明错报可能由于舞弊或错误导致时，注册会计师应当从下列两种做法中选取一种：一是描述如果合理预期错报单独或汇总起来可能影响财务报表使用者依据财务报表作出的经济决策，则通常认为错报是重大的；二是根据使用的财务报告编制基础，提供关于重要性的定义或描述。

注册会计师对财务报表审计的责任部分还应当包括说明在按照审计准则执行审计工作的过程中，注册会计师运用职业判断，并保持职业怀疑；通过说明注册会计师的责任，对审计工作进行描述。这些责任包括：（1）识别和评估由于舞弊或错报导致的财务报表存在重大错报风险，设计和实施审计程序以应对这些风险，并获取充分、适当的审计证据，作为发表审计意见的基础。由于舞弊可能涉及串通、伪造、故意遗漏、虚假陈述或凌驾于内部控制之上，未能发现由于舞弊导致的重大错报的风险高于未能发现由于错误导致的重大错报的风险；（2）了解与审计相关的内部控制，以设计恰当的审计程序，但目的并非对内部控制的有效性发表意见。当注册会计师有责任在财务报表审计的同时对内部控制的有效性发表意见时，应当略去上述“目的并非对内部控制的有效性发表意见”的表述；（3）评价管理层选用会计政策的恰当性和作出会计估计及相关披露的合理性；（4）对管理层使用持续经营假设的恰当性得出结论。同时，根据获取的审计证据，就可能导致对被审计单位持续经营能力产生重大疑虑的事项或情况是否存在重大不确定性得出结论。如果注册会计师得出结论认为存在重大不确定性，审计准则要求注册会计师在审计报告中提请报表使用者关注财务报表中的相关披露；如果披露不充分，注册会计师应当发表非无保留意见。注册会计师的结论基于截至审计报告日可获得的信息。然而，未来的事项或情况可能导致被审计单位不能持续经营；（5）评价财务报表的总体列报、结构和内容（包括披露），并评价财务报表是否公允反映相关交易和事项。

注册会计师对财务报表审计的责任部分还应当包括下列内容：（1）说明注册会计师与治理层就计划的审计范围、时间安排和重大审计发现等事项进行沟通，包括沟通注册会计师在审计中识别的值得关注的内部控制缺陷；（2）对于上市实体财务报表审计，指出注册会计师就已遵守与独立性相关的职业道德要求向治理层提供声明，并与治理层沟通可能被合理认为影响注册会计师独立性的所有关系和其他事项，以及相关的防范措施（如适用）；（3）对于上市实体财务报表审计，规定沟通关键审计事项的其他情况，说明注册会计师从与治理层沟通过的事项中确定哪些事项对本期财务报表审计最为重要，因而构成关键审计事项。注册会计师应当在审计报告中描述这些事项，除非法律法规禁止公开披露这些事项，或在极少数情况下，注册会计师合理预期在审计报告中沟通某事项造成的负面后果超过在公众利益方面产生的益处，因而确定不应在审计报告中沟通该事项。

（七）按照相关法律法规的要求报告的事项（如适用）

按照相关法律法规的要求报告的事项。除审计准则规定的注册会计师责任外，如果注册会计师在对财务报表出具的审计报告中履行其他报告责任，应当在审计报告中将其单独作为一部分，并以“按照相关法律法规的要求报告的事项”为标题，或使用适合于该部分内容的其他标题，除非其他报告责任涉及的事项与审计准则规定的报告责任涉及的事项相同。如果涉及相同的事项，其他报告责任可以在审计准则规定的同一报告要素部分列示。

如果将其他报告责任在审计准则要求的同一报告要素部分列示，审计报告应当清楚其他报告责任和审计准则要求的报告责任。如果审计报告将其他报告责任单独作为一部分，应当置于“对财务报表出具的审计报告”标题下；“按照相关法律法规的要求报告的事项”部分置于“对财务报表出具的审计报告”部分之后。

（八）注册会计师的签名和盖章

审计报告应当由注册会计师签名并盖章。注册会计师在审计报告上签名并盖章，有利于明确法律责任。审计报告应当由两名具备相关业务资格的注册会计师签名盖章并经会计师事务所盖章方为有效。

（1）合伙会计师事务所出具的审计报告，应当由一名对审计项目负最终复核责任的合伙人和一名负责该项目的注册会计师签名盖章。

（2）有限责任会计师事务所出具的审计报告，应当由会计师事务所主任会计师或其授权的副主任会计师和一名负责该项目的注册会计师签名盖章。

（九）会计师事务所的名称、地址和盖章

审计报告应当载明会计师事务所的名称和地址，并加盖会计师事务所公章。

（十）报告日期

审计报告应当注明报告日期。审计报告日不应早于注册会计师获取充分、适当的审计证据（包括管理层认可对财务报表的责任且已批准财务报表的证据），并在此基础上对财务报表形成审计意见的日期。在确定审计报告日时，注册会计师应当确信已获取下列两方面的审计证据：(1) 构成整套财务报表的所有报表（包括相关附注）已编制完成；(2) 被审计单位的董事会、管理层或类似机构已经认可其对财务报表负责。

审计报告的日期向审计报告使用者表明，注册会计师已考虑其知悉的、截至审计报告日发生的事项和交易的影响。因此，审计报告的日期非常重要。注册会计师对不同时段的财务报表日后事项有着不同的责任，而审计报告的日期是划分时段的关键时点。由于审计意见是针对财务报表发表的，并且编制财务报表是管理层的责任，所以，只有在注册会计师获取证据证明构成整套财务报表的所有报表（包括相关附注）已经编制完成，并且管理层已认可其对财务报表的责任的情况下，注册会计师才能得出已经获取充分、适当的审计证据的结论。在实务中，注册会计师在正式签署审计报告前，通常把审计报告草稿和已审计财务报表草稿一同提交给管理层。如果管理层批准并签署已审计财务报表，注册会计师即可签署审计报告。注册会计师签署审计报告的日期通常与管理层签署已审计财务报表的日期为同一天，或晚于管理层签署已审计财务报表的日期。

五、在审计报告中沟通关键审计事项

关键审计事项是指注册会计师根据职业判断认为对本期财务报表审计最为重要的事项。关键审计事项从注册会计师与治理层沟通过的事项中选取。注册会计师的目标是，确定关键审计事项，并在对财务报表形成审计意见后，以在审计报告中描述关键审计事项的方式沟通这些事项。

（一）在审计报告中沟通关键审计事项的意义

在审计报告中沟通关键审计事项，旨在通过提高已执行审计工作的透明度增加审计报告的沟通价值。沟通关键审计事项的作用主要有：（1）为财务报表预期使用者提供额外的信息，以帮助其了解注册会计师根据职业判断认为对本期财务报表审计最为重要的事项；（2）有助于财务报表预期使用者了解被审计单位以及已审计财务报表中涉及重大管理层判断的领域；（3）能够为财务报表预期使用者就与被审计单位、已审计财务报表或已执行审计工作相关的事项进一步与管理层和治理层沟通提供基础。

在审计报告中沟通关键审计事项以注册会计师已就财务报表整体形成审计意见为背景。在审计报告中沟通关键审计事项不能代替下列事项：（1）管理层按照适用的财务报告编制基础在财务报表中作出的披露，或为使财务报表实现公允反映而作出的披露；（2）注册会计师根据审计业务的具体情况发表非无保留意见；（3）当可能导致对被审计单位持续经营能力产生重大疑虑的事项或情况存在重大不确定性时，注册会计师按照持续经营的规定进行报告。

在审计报告中沟通关键审计事项也不是注册会计师就单一事项单独发表意见。注册会计师在对财务报表发表无法表示意见时，不得在审计报告中沟通关键审计事项，除非法律法规要求沟通。

（二）在审计报告中确定关键审计事项

注册会计师应当从与治理层沟通过的事项中确定在执行审计工作时重点关注过的事项。在确定时，注册会计师应当考虑下列方面：（1）通过了解被审计单位及其环境识别和评估重大错报风险，评估出的重大错报风险较高的领域或识别出的特别风险；（2）与财务报表中涉及重大管理层判断（包括被认为具有高度估计不确定性的会计估计）的领域相关的重大审计判断；（3）本期重大交易或事项对审计的影响。

注册会计师应当从确定的事项中，确定哪些事项对本期财务报表审计最为重要，从而构成关键审计事项。

（三）在审计报告中沟通关键审计事项

注册会计师应当在审计报告中单设一部分，以“关键审计事项”为标题，并在该部分使用恰当的子标题逐项描述关键审计事项。关键审计事项部分的引言应当同时说明下列事项：（1）关键审计事项是注册会计师根据职业判断，认为对本期财务报表审计最为重要的事项；（2）关键审计事项的应对以对财务报表进行审计并形成审计意见为背景，注册会计师不对关键审计事项单独发表意见。

如果注册会计师发表非无保留意见，不得在审计报告的关键审计事项部分沟通这些事项。

在审计报告的关键审计事项部分逐项反映关键审计事项时，注册会计师应当分别索引至财务报表的相关披露（如有），同时说明下列内容：（1）该事项被认定为审计中最为重要的事项之一，因而被确定为关键审计事项的原因；（2）该事项在审计中是如何应对的。

除非存在下列情形之一，注册会计师应当在审计报告中描述每项关键审计事项：

(1) 法律法规禁止公开披露某事项；(2) 在极少数情形下，如果合理预期在审计报告中沟通某事项造成的负面后果超过在公众利益方面产生的益处，注册会计师确定不应在审计报告中沟通该事项。

导致非无保留意见的事项，或者可能导致对被审计单位持续经营能力产生重大疑虑的事项，就其性质而言都属于关键审计事项。然而，这些事项不得在审计报告的关键审计事项部分进行描述。

如果注册会计师根据被审计单位和审计业务的具体事实和情况，确定不存在需要沟通的关键审计事项，或者仅有的需要沟通的关键审计事项是导致非无保留意见的事项或者会可能导致对被审计单位持续经营能力产生重大疑虑的事项，注册会计师应当在审计报告中单设的关键审计事项部分对此进行说明。

第二节 审计报告类型

一、无保留意见的审计报告

参考格式 6 - 1

审 计 报 告

南山股份有限公司全体股东：

一、对财务报表出具的审计报告

(一) 审计意见

我们审计了南山股份有限公司（以下简称“南山公司”）财务报表，包括 2016 年 12 月 31 日的资产负债表，2016 年度的利润表、股东权益变动表和现金流量表以及相关财务报表附注。

我们认为，后附的财务报表在所有重大方面按照企业会计准则的规定编制，公允反映了南山公司 2016 年 12 月 31 日的财务状况以及 2016 年度的经营成果和现金流量。

(二) 形成审计意见的基础

我们按照中国注册会计师审计准则的规定执行了审计工作。审计报告的“注册会计师对财务报表审计的责任”部分进一步阐述了我们在这些准则下的责任。按照中国注册会计师职业道德守则，我们独立于南山公司，并履行了职业道德方面的其他责任。我们相信，我们获取的审计证据是充分、适当的，为发表审计意见提供了基础。

(三) 关键审计事项

关键审计事项是根据我们的职业判断，认为对本期财务报表审计最为重要的事项。这些事项是在对财务报表整体进行审计并形成意见的背景下进行处理的，我们不对这些事项提供单独的意见。

在公司良好业绩背后，是南山公司与控股股东存在的巨额的关联交易。公司2016年向控股股东及其子公司关联方出售商品和提供劳务发生关联交易金额为908.78亿元，占总收入的86.4%。有些关联交易难以找到市场可比价格。

（四）其他信息

董事会对其他信息负责，其他信息包括南山公司“十三五”规划报告中涵盖的信息，但不包括财务报表和我们的审计报告。

我们对财务报表的审计意见并不涵盖其他信息，我们也不对其他信息发表任何形式的鉴证结论。

结合我们对财务报表的审计，我们的责任是阅读其他信息，在此过程中，考虑其他信息是否与财务报表或我们在审计过程中了解的情况存在重大不一致或者似乎存在重大错报。

基于我们已经执行的工作，如果我们确定其他信息存在重大错报，我们应当报告该事实。本次审计，我们确定其他信息不存在重大错报。

（五）管理层和治理层对财务报表的责任

管理层负责按照企业会计准则的规定编制财务报表，使其实现公允反映，并设计、执行和维护必要的内部控制，以使财务报表不存在由于舞弊或错误导致的重大错报。

在编制财务报表时，管理层负责评估南山公司的持续经营能力，披露与持续经营相关的事项（如适用），并运用持续经营假设，除非计划清算南山公司、停止营运或别无其他现实的选择。治理层负责监督南山公司的财务报告过程。

（六）注册会计师对财务报表审计的责任

我们的目标是对财务报表整体是否不存在由于舞弊或错误导致的重大错报获取合理保证，并出具包含审计意见的审计报告。合理保证是高水平的保证，但并不能保证按照审计准则执行的审计在某一重大错报存在时总能发现。错报可能由于舞弊或错误导致，如果合理预期错报单独或汇总起来可能影响财务报表使用者依据财务报表作出的经济决策，则通常认为错报是重大的。

在按照审计准则执行审计的过程中，我们运用了职业判断，保持了职业怀疑。我们同时：

（1）识别和评估由于舞弊或错误导致的财务报表重大错报风险；对这些风险有针对性地设计和实施审计程序；获取充分、适当的审计证据，作为发表审计意见的基础。由于舞弊可能涉及串通、伪造、故意遗漏、虚假陈述或凌驾于内部控制之上，未能发现由于舞弊导致的重大错报的风险高于未能发现由于错误导致的重大错报的风险。

（2）了解与审计相关的内部控制，以设计恰当的审计程序，但目的并非对内部控制的有效性发表意见。

（3）评价管理层选用会计政策的恰当性和作出会计估计及相关披露的合理性。

（4）对管理层使用持续经营假设的恰当性得出结论。同时，根据获取的审计证据，就可能导致对南山公司持续经营能力产生重大疑虑的事项或情况是否存在重大不确定性得出结论。如果我们得出结论认为存在重大不确定性，审计准则要求我们在审计报告中提请报表使用者注意财务报表中的相关披露；如果披露不充分，我们应当发表非无保留意见。我们的结论基于审计报告日可获得的信息。然而，未来的事项或情况可能导致南山公司不能持续经营。

(5) 评价财务报表的总体列报、结构和内容（包括披露），并评价财务报表是否公允反映相关交易和事项。

我们与治理层就计划的审计范围、时间安排和重大审计发现（包括我们在审计中识别的值得关注的内部控制缺陷）等事项进行沟通。

我们还就遵守关于独立性的相关职业道德要求向治理层提供声明，并就可能被合理认为影响我们独立性的所有关系和其他事项，以及相关的防范措施（如适用）与治理层进行沟通。

从与治理层沟通的事项中，我们确定哪些事项对本期财务报表审计最为重要，因而构成关键审计事项。我们在审计报告中描述这些事项，除非法律法规禁止公开披露这些事项，或在极其罕见的情形下，如果合理预期在审计报告中沟通某事项造成的负面后果超过在公众利益方面产生的益处，我们确定不应在审计报告中沟通该事项。

二、按照相关法律法规的要求报告的事项

根据现行法律法规对其他报告责任性质的规定，我们没有发现南山公司在所审计期间有需要报告的其他事项。

××会计师事务所　　　　中国注册会计师：×××（项目合伙人）
（盖章）　　　　　　　　（签名并盖章）
　　　　　　　　　　　　中国注册会计师：×××
　　　　　　　　　　　　（签名并盖章）
中国××市　　　　　　　二〇一七年×月×日

二、非无保留意见的审计报告

非标准审计报告是指标准审计报告以外的其他审计报告，包括带强调事项段和其他事项段的无保留意见的审计报告及非无保留意见的审计报告。非无保留意见是指保留意见、否定意见或无法表示意见。当存在下列情形之一时，注册会计师应当在审计报告中发表非无保留意见：

(1) 根据获取的审计证据，得出财务报表整体存在重大错报的结论。

为了形成审计意见，针对财务报表整体是否不存在由于舞弊或错误导致的重大错报，注册会计师应当得出结论，确定是否已就此获取合理保证。在得出结论时，注册会计师需要评价未更正错报对财务报表的影响。错报是指某一财务报表项目的金额、分类、列报或披露，与按照适用的财务报告编制基础应当列示的金额、分类、列报或披露之间存在的差异。财务报表的重大错报可能源于：

①选择的会计政策的恰当性。在选择的会计政策的恰当性方面，当出现下列情形时，财务报表可能存在重大错报：选择的会计政策与适用的财务报告编制基础不一致；财务报表（包括相关附注）没有按照公允列报的方式反映交易和事项。财务报告编制基础通常包括对会计处理、披露和会计政策变更的要求。如果被审计单位变更了重大会计政策，且没有遵守

这些要求，财务报表可能存在重大错报。

②对所选择的会计政策的运用。在对所选择的会计政策的运用方面，当出现下列情形时，财务报表可能存在重大错报：管理层没有按照适用的财务报告编制基础的要求一贯运用所选择的会计政策，包括管理层未在不同会计期间或对相似的交易和事项一贯运用所选择的会计政策；不当运用所选择的会计政策。

③财务报表披露的恰当性或充分性。在财务报表披露的恰当性或充分性方面，当出现下列情形时，财务报表可能存在重大错报：财务报表没有包括适用的财务报告编制基础要求的所有披露；财务报表的披露没有按照适用的财务报告编制基础列报；财务报表没有作出必要的披露以实现公允反映。

（2）无法获取充分、适当的审计证据，不能得出财务报表整体不存在重大错报的结论。

如果注册会计师能够通过实施替代程序获取充分、适当的审计证据，则无法实施特定的程序并不构成对审计范围的限制。下列情形可能导致注册会计师无法获取充分、适当的审计证据（也称为审计范围受到限制）：

①超出被审计单位控制的情形。超出被审计单位控制的情形例如：被审计单位的会计记录已被毁坏；重要组成部分的会计记录已被政府有关机构无限期地查封。

②与注册会计师工作的性质或时间安排相关的情形。与注册会计师工作的性质或时间安排相关的情形，例如：被审计单位需要使用权益法对联营企业进行核算，注册会计师无法获取有关联营企业财务信息的充分、适当的审计证据以评价是否恰当地运用了权益法；注册会计师接受审计委托的时间安排，使注册会计师无法实施存货监盘；注册会计师确定仅实施实质性程序是不充分的，但被审计单位的控制是无效的。

③管理层施加限制的情形。管理层对审计范围施加的限制致使注册会计师无法获取充分、适当的审计证据的情形例如：管理层阻止注册会计师实施存货监盘；管理层阻止注册会计师对特定账户余额实施函证。管理层施加的限制可能对审计产生其他影响，如注册会计师对舞弊风险的评估和对业务保持的考虑。

注册会计师确定恰当的非无保留意见类型，取决于下列事项：（1）导致非无保留意见的事项的性质，是财务报表存在重大错报，还是在无法获取充分、适当的审计证据的情况下，财务报表可能存在重大错报；（2）注册会计师就导致非无保留意见的事项对财务报表产生或可能产生影响的广泛性做出的判断。

广泛性是描述错报影响的术语，用以说明错报对财务报表的影响，或者由于无法获取充分、适当的审计证据而未发现的错报（如存在）对财务报表可能产生的影响。根据注册会计师的判断，对财务报表的影响具有广泛性的情形包括：（1）不限于对财务报表的特定要素、账户或项目产生影响；（2）虽然仅对财务报表的特定要素、账户或项目产生影响，但这些要素、账户或项目是或可能是财务报表的主要组成部分；（3）当与披露相关时，产生的影响对财务报表使用者理解财务报表至关重要。

表 6 - 1 列示了注册会计师对导致发生非无保留意见的事项的性质和这些事项对财务报表产生或可能产生影响的广泛性做出的判断，以及注册会计师的判断对审计意见类型的影响。

表 6－1　　注册会计师的判断及对审计意见类型的影响

导致发生非无保留意见的事项的性质	这些事项对财务报表产生或可能产生影响的广泛性	
	重大但不具有广泛性	重大且具有广泛性
财务报表存在重大错报	保留意见	否定意见
无法获取充分、适当的审计证据	保留意见	无法表示意见

1. 保留意见

当存在下列情形之一时，注册会计师应当发表保留意见：

（1）在获取充分、适当的审计证据后，注册会计师认为错报单独或汇总起来对财务报表影响重大，但不具有广泛性。

注册会计师在获取充分、适当的审计证据后，只有当认为财务报表就整体而言是公允的，但还存在对财务报表产生重大影响的错报时，才能发表保留意见。如果注册会计师认为错报对财务报表产生的影响极为严重且具有广泛性，则应发表否定意见。因此，保留意见被视为注册会计师在不能发表无保留意见情况下最不严厉的审计意见。

（2）注册会计师无法获取充分、适当的审计证据以作为形成审计意见的基础，但认为未发现的错报（如存在）对财务报表可能产生的影响重大，但不具有广泛性。

注册会计师因审计范围受到限制而发表保留意见还是无法表示意见，取决于无法获取的审计证据对形成审计意见的重要性。注册会计师在判断重要性时，应当考虑有关事项潜在影响的性质和范围以及在财务报表中的重要程度。只有当未发现的错报（如存在）对财务报表可能产生的影响重大但不具有广泛性时，才能发表保留意见。

2. 否定意见

在获取充分、适当的审计证据后，如果认为错报单独或汇总起来对财务报表的影响重大且具有广泛性，注册会计师应当发表否定意见。

3. 无法表示意见

如果无法获取充分、适当的审计证据以作为形成审计意见的基础，但认为未发现的错报对财务报表可能产生的影响重大且具有广泛性，注册会计师应当发表无法表示意见。在极其特殊的情况下，可能存在多个不确定事项。即使注册会计师对每个单独的不确定事项获取了充分、适当的审计证据，但由于不确定事项之间可能存在相互影响，以及可能对财务报表产生累积影响，注册会计师不可能对财务报表形成审计意见。在这种情况下，注册会计师应当发表无法表示意见。

在确定非无保留意见的类型时还需注意以下两点：

一是在承接审计业务后，如果注意到管理层对审计范围施加了限制，且认为这些限制可能导致对财务报表发表保留意见或无法表示意见，注册会计师应当要求管理层消除这些限制。如果管理层拒绝消除限制，除非治理层全部成员参与管理被审计单位，注册会计师应当就此事项与治理层沟通，并确定能否实施替代程序以获取充分、适当的审计证据。如果无法获取充分、适当的审计证据，注册会计师应当通过下列方式确定其影响：（1）如果未发现的错报（如存在）可能对财务报表产生的影响重大，但不具有广泛性，应当发表保留意见；（2）如果未发现的错报（如存在）可能对财务报表产生的影响重大且具有广泛性，以至于发表保留意见不足以反映情况的严重性，应当在可行时解除业务约定（除非法律法规禁止）。当然，注册会计师应当在解除业务约定前，与治理层沟通在审计过程中发现的、将会导致发表非无保留意见的所有错报事项；如果在出具审计报告之前解除业务约定被禁止或不可行，应当发表无法表示意见。

某些情况下，如果法律法规要求注册会计师继续执行审计业务，则注册会计师可能无法解除审计业务约定。这种情况可能包括：（1）注册会计师接受委托审计公共部门实体的财务报表；（2）注册会计师接受委托审计涵盖特定期间的财务报表，或者接受一定期间的委托，在完成财务报表审计前或在受托期间结束前，不允许解除审计业务约定。在这些情况下，注册会计师可能认为需要在审计报告中增加其他事项段。

二是如果认为有必要对财务报表整体发表否定意见或无法表示意见，注册会计师不应在同一审计报告中对按照相同财务报告编制基础编制的单一财务报表或者财务报表特定要素、账户或项目发表无保留意见。在同一审计报告中包含无保留意见，将会与对财务报表整体发表的否定意见或无法表示意见相矛盾。

当然，对经营成果、现金流量（如相关）发表无法表示意见，而对财务状况发表无保留意见，这种情况可能是被允许的。因为在这种情况下，注册会计师并没有对财务报表整体发表无法表示意见。

4. 非无保留意见审计报告的格式和内容

（1）导致非无保留意见的事项段。

如果对财务报表发表非无保留意见，除在审计报告中包含《中国注册会计师审计准则第1501号——对财务报表形成审计意见和出具审计报告》规定的审计报告要素外，注册会计师还应当直接在审计意见段之前增加一个段落，并使用恰当的标题，如“导致保留意见的事项”、“导致否定意见的事项”或“导致无法表示意见的事项”，说明导致发表非无保留意见的事项。审计报告格式和内容的一致性有助于提高使用者的理解和识别存在的异常情况。因此，尽管不可能统一非无保留意见的措辞和对导致非无保留意见的事项的说明，但仍有必要保持审计报告格式和内容的一致性。

如果财务报表中存在与具体金额（包括定量披露）相关的重大错报，注册会计师应当在导致非无保留意见的事项段中说明并量化该错报的财务影响。举例来说，如果存货被高估，注册会计师就可以在审计报告的导致非无保留意见的事项段中说明该重大错报的财务影响，即量化其对所得税、税前利润、净利润和股东权益的影响。如果无法量化财务影响，注册会计师应当在导致非无保留意见的事项段中说明这一情况。

如果财务报表中存在与叙述性披露相关的重大错报，注册会计师应当在导致非无保留意见的事项段中解释该错报错在何处。

如果财务报表中存在与应披露而未披露信息相关的重大错报，注册会计师应当：①与治理层讨论未披露信息的情况；②在导致非无保留意见的事项段中描述未披露信息的性质；③如果可行并且已针对未披露信息获取了充分、适当的审计证据，在导致非无保留意见的事项段中包含对未披露信息的披露，除非法律法规禁止。如果存在下列情形之一，则在形成非无保留意见的基础部分披露遗漏的信息是不可行的：①管理层还没有作出这些披露，或管理层已作出但注册会计师不易获取这些披露；②根据注册会计师的判断，在审计报告中披露该事项过于庞杂。

如果因无法获取充分、适当的审计证据而导致发表非无保留意见，注册会计师应当在导致非无保留意见的事项段中说明无法获取审计证据的原因。

即使发表了否定意见或无法表示意见，注册会计师也应当在导致非无保留意见的事项段中说明注意到的、将导致发表非无保留意见的所有其他事项及其影响。因为对注册会计师注意到的其他事项的披露可能与财务报表使用者的信息需求相关。

（2）审计意见段。

①标题。在发表非无保留意见时，注册会计师应当对审计意见段使用恰当的标题，如“保留意见”、“否定意见”或“无法表示意见”。审计意见段的标题能够使财务报表使用者清楚注册会计师发表了非无保留意见，并能够表明非无保留意见的类型。

②发表保留意见。当由于财务报表存在重大错报而发表保留意见时，注册会计师应当根据适用的财务报告编制基础在审计意见段中说明：注册会计师认为，除了导致保留意见的事项段所述事项产生的影响外，财务报表在所有重大方面按照适用的财务报告编制基础编制，并实现公允反映。

当无法获取充分、适当的审计证据而导致发表保留意见时，注册会计师应当在审计意见段中使用“除……可能产生的影响外”等措辞。

当注册会计师发表保留意见时，在审计意见段中使用“由于上述解释”或“受……影响”等措辞是不恰当的，因为这些措辞不够清晰或没有足够的说服力。

③发表否定意见。当发表否定意见时，注册会计师应当根据适用的财务报告编制基础在审计意见段中说明：注册会计师认为，由于导致否定意见的事项段所述事项的重要性，财务报表没有在所有重大方面按照适用的财务报告编制基础编制，未能实现公允反映。

④发表无法表示意见。当由于无法获取充分、适当的审计证据而发表无法表示意见时，注册会计师应当在审计意见段中说明：由于导致无法表示意见的事项段所述事项的重要性，注册会计师无法获取充分、适当的审计证据以为发表审计意见提供基础，因此，注册会计师不对这些财务报表发表审计意见。

（3）非无保留意见对审计报告要素内容的修改。

当发表保留意见或否定意见时，注册会计师应当修改对注册会计师责任的描述，以说明：注册会计师相信，注册会计师已获取的审计证据是充分、适当的，为发表非无保留意见提供了基础。

当由于无法获取充分、适当的审计证据而发表无法表示意见时，注册会计师应当修改审计报告的意见段，说明注册会计师接受委托审计财务报表；注册会计师不对后附的财务报表发表审计意见；由于形成无法表示意见的基础部分所述事项的重要性，注册会计师无法获取充分、适当的审计证据以作为对财务报表发表审计意见的基础。

当注册会计师对财务报表发表无法表示意见时，注册会计师应当修改无保留意见审计报告中注册会计师对财务报表审计的责任部分，使之仅包含下列内容：注册会计师的责任是按照中国注册会计师审计准则的规定，对被审计单位财务报表执行审计工作，以出具审计报告；但由于形成无法表示意见的基础部分所述的事项，注册会计师无法获取充分、适当的审计证据以作为发表审计意见的基础；声明注册会计师在独立性和职业道德方面的其他责任。

参考格式 6－2（保留意见的审计报告）

审 计 报 告

南山股份有限公司全体股东：

一、对财务报表出具的审计报告

（一）保留意见

我们审计了南山股份有限公司财务报表，包括2016年12月31日的资产负债表、2016年度的利润表、现金流量表、股东权益变动表以及相关财务报表附注（包括重大会计政策和会计估计）。

我们认为，除“形成保留意见的基础”部分所述事项产生的影响外，后附的财务报表在所有重大方面按照企业会计准则的规定编制，公允反映了南山公司2016年12月31日的财务状况以及2016年度的经营成果和现金流量。

（二）形成保留意见的基础

南山公司2016年12月31日资产负债表中存货的列示金额为32178604元。董事会根据成本对存货进行计量，而没有根据成本与可变现净值孰低的原则进行计量，这不符合企业会计准则的规定。南山公司的会计记录显示，如果董事会以成本与可变现净值孰低来计量存货，存货列示金额将减少5421098元。相应地，资产减值损失将增加5421098元，所得税、净利润和股东利益将分别减少。

我们按照中国注册会计师审计准则的规定执行了审计工作。审计报告的“注册会计师对财务报表审计的责任”部分进一步阐述了我们在这些准则下的责任。按照中国注册会计师职业道德守则，我们独立于南山公司，并履行了职业道德方面的其他责任。我们相信，我们获取的审计证据是充分、适当的，为发表审计意见提供了基础。

（三）其他信息

董事会对其他信息负责，其他信息包括南山公司全面信息化发展报告中涵盖的信息，但不包括财务报表和我们的审计报告。

我们对财务报表的审计意见并不涵盖其他信息，我们也不对其他信息发表任何形式的鉴证结论。

结合我们对财务报表的审计，我们的责任是阅读其他信息，在此过程中，考虑其他信息是否与财务报表或我们在审计过程中了解的情况存在重大不一致或者似乎存在重大错报。

基于我们已经执行的工作，如果我们确定其他信息存在重大错报，我们应当报告该事实。本次审计，我们确定南山公司其他信息不存在重大错报。

（四）关键审计事项

关键审计事项是根据我们的职业判断，认为对本期财务报表审计最为重要的事项。这些事项是在对财务报表整体进行审计并形成意见的背景下进行处理的，我们不对这些事项提供单独的意见。除“形成保留意见的基础”部分所述事项外，我们确定下列事项是需要在审计报告中沟通的关键审计事项。

南山公司2016年营业收入和盈利下降，经营活动产生的现金流量净额为-1.56亿元。对此，南山公司给出的解释是行业不景气所致。

（五）管理层和治理层对财务报表的责任

董事会负责按照企业会计准则的规定编制财务报表，使其实现公允反映，并设计、执行和维护必要的内部控制，以使财务报表不存在由于舞弊或错误导致的重大错报。

在编制财务报表时，管理层负责评估南山公司的持续经营能力，披露与持续经营相关的事项（如适用），并运用持续经营假设，除非计划清算南山公司、停止营运或别无其他现实的选择。

治理层负责监督南山公司的财务报告过程。

（六）注册会计师对财务报表审计的责任

我们的目标是对财务报表整体是否不存在由于舞弊或错误导致的重大错报获取合理保证，并出具包含审计意见的审计报告。合理保证是高水平的保证，但并不能保证按照审计准则执行的审计在某一重大错报存在时总能发现。错报可能由于舞弊或错误导致，如果合理预期错报单独或汇总起来可能影响财务报表使用者依据财务报表作出的经济决策，则通常认为错报是重大的。

在按照审计准则执行审计的过程中，我们运用了职业判断，保持了职业怀疑。我们同时：

（1）识别和评估由于舞弊或错误导致的财务报表重大错报风险；对这些风险有针对性地设计和实施审计程序；获取充分、适当的审计证据，作为发表审计意见的基础。由于舞弊可能涉及串通、伪造、故意遗漏、虚假陈述或凌驾于内部控制之上，未能发现由于舞弊导致的重大错报的风险高于未能发现由于错误导致的重大错报的风险。

（2）了解与审计相关的内部控制，以设计恰当的审计程序，但目的并非对内部控制的有效性发表意见。

（3）评价管理层选用会计政策的恰当性和作出会计估计及相关披露的合理性。

（4）对管理层使用持续经营假设的恰当性得出结论。同时，根据获取的审计证据，就可能导致对南山公司持续经营能力产生重大疑虑的事项或情况是否存在重大不确定性得出结论。如果我们得出结论认为存在重大不确定性，审计准则要求我们在审计报告中提请报表使用者注意财务报表中的相关披露；如果披露不充分，我们应当发表非无保留意见。我们的结论基于审计报告日可获得的信息。然而，未来的事项或情况可能导致南山公司不能持续经营。

（5）评价财务报表的总体列报、结构和内容（包括披露），并评价财务报表是否公允反映相关交易和事项。

我们与治理层就计划的审计范围、时间安排和重大审计发现（包括我们在审计中识别的值得关注的内部控制缺陷）等事项进行沟通。

我们还就遵守关于独立性的相关职业道德要求向治理层提供声明，并就可能被合理认为影响我们独立性的所有关系和其他事项，以及相关的防范措施（如适用）与治理层进行沟通。

从与治理层沟通的事项中，我们确定哪些事项对本期财务报表审计最为重要，因而构成关键审计事项。我们在审计报告中描述这些事项，除非法律法规禁止公开披露这些事项，或在极其罕见的情形下，如果合理预期在审计报告中沟通某事项造成的负面后果超过在公众利益方面产生的益处，我们确定不应在审计报告中沟通该事项。

二、按照相关法律法规的要求报告的事项

根据现行法律法规对其他报告责任性质的规定，我们没有发现南山公司在所审计期间有需要报告的其他事项。

××会计师事务所（盖章）

中国注册会计师：×××（项目合伙人）
（签名并盖章）
中国注册会计师：×××
（签名并盖章）

中国××市

二〇一七年×月×日

参考格式6-3（否定意见的审计报告）

审 计 报 告

南山股份有限公司全体股东：

一、对合并财务报表出具的审计报告

（一）否定意见

我们审计了南山股份有限公司及其子公司（以下简称南山集团）的合并财务报表，包括2016年12月31日的合并资产负债表、2016年度的合并利润表、合并现金流量表、合并股东权益变动表以及相关合并财务报表附注。

我们认为，由于“形成否定意见的基础”部分所述事项的重要性，后附的南山集团合并财务报表没有在所有重大方面按照企业会计准则的规定编制，未能公允反映南山集团2016年12月31日的合并财务状况以及2016年度的合并经营成果和合并现金流量。

（二）形成否定意见的基础

如财务报表附注六所述，2016年南山集团通过非同一控制下的企业合并获得对世茂公司的控制权，因未能取得购买日世贸公司某些重要资产和负债的公允价值，故未将世贸公司纳入合并财务报表的范围。按照企业会计准则的规定，该集团应将这一公司纳入合并范围，并以暂时确定的价值为基础核算该项收入。如果将世贸公司纳入合并财务报表的范围，后附的南山集团合并财务报表的多个报表项目将受到重大影响。但我们无法确定未将世贸公司纳入合并范围对合并财务报表产生的影响。

我们按照中国注册会计师审计准则的规定执行了审计工作。审计报告的“注册会计师对合并财务报表审计的责任”部分进一步阐述了我们在这些准则下的责任。按照中国注册会计师职业道德守则，我们独立于南山集团，并履行了职业道德方面的其他责任。我们相信，我们获取的审计证据是充分、适当的，为发表否定意见提供了基础。

（三）其他信息

董事会对其他信息负责，其他信息包括南山集团三年做大做强发展报告中涵盖的信息，但不包括财务报表和我们的审计报告。

我们对财务报表的审计意见并不涵盖其他信息，我们也不对其他信息发表任何形式的鉴证结论。

结合我们对财务报表的审计，我们的责任是阅读其他信息，在此过程中，考虑其他信息是否与财务报表或我们在审计过程中了解的情况存在重大不一致或者似乎存在重大错报。

基于我们已经执行的工作，如果我们确定其他信息存在重大错报，南山集团近年来一直处于亏损状态，扭亏为盈是当前紧迫的任务，做大做强是长远的发展目标。

（四）关键审计事项

除“形成否定意见的基础”部分所述事实外，我们认为，没有其他需要在我们的报告中沟通的关键审计事项。

（五）管理层和治理层对财务报表的责任

董事会负责按照企业会计准则的规定编制财务报表，使其实现公允反映，并设计、执行和维护必要的内部控制，以使财务报表不存在由于舞弊或错误导致的重大错报。

在编制财务报表时，管理层负责评估南山集团的持续经营能力，披露与持续经营相关的事项（如适用），并运用持续经营假设，除非计划清算南山集团、停止营运或别无其他现实的选择。

治理层负责监督南山集团的财务报告过程。

（六）注册会计师对财务报表审计的责任

我们的目标是对财务报表整体是否不存在由于舞弊或错误导致的重大错报获取合理保证，并出具包含审计意见的审计报告。合理保证是高水平的保证，但并不能保证按照审计准则执行的审计在某一重大错报存在时总能发现。错报可能由于舞弊或错误导致，如果合理预期错报单独或汇总起来可能影响财务报表使用者依据财务报表作出的经济决策，则通常认为错报是重大的。

在按照审计准则执行审计的过程中，我们运用了职业判断，保持了职业怀疑。我们同时：

（1）识别和评估由于舞弊或错误导致的财务报表重大错报风险；对这些风险有针对性地设计和实施审计程序；获取充分、适当的审计证据，作为发表审计意见的基础。由于舞弊可能涉及串通、伪造、故意遗漏、虚假陈述或凌驾于内部控制之上，未能发现由于舞弊导致的重大错报的风险高于未能发现由于错误导致的重大错报的风险。

（2）了解与审计相关的内部控制，以设计恰当的审计程序，但目的并非对内部控制的有效性发表意见。

（3）评价管理层选用会计政策的恰当性和作出会计估计及相关披露的合理性。

（4）对管理层使用持续经营假设的恰当性得出结论。同时，根据获取的审计证据，就可能导致对南山集团持续经营能力产生重大疑虑的事项或情况是否存在重大不确定性得出结论。如果我们得出结论认为存在重大不确定性，审计准则要求我们在审计报告中提请报表使用者注意财务报表中的相关披露；如果披露不充分，我们应当发表非无保留意见。我们的结论基于审计报告日可获得的信息。然而，未来的事项或情况可能导致南山集团不能持续经营。

（5）评价财务报表的总体列报、结构和内容（包括披露），并评价财务报表是否公允反映相关交易和事项。

我们与治理层就计划的审计范围、时间安排和重大审计发现（包括我们在审计中识别的值得关注的内部控制缺陷）等事项进行沟通。

我们还就遵守关于独立性的相关职业道德要求向治理层提供声明，并就可能被合理认为影响我们独立性的所有关系和其他事项，以及相关的防范措施（如适用）与治理层进行沟通。

从与治理层沟通的事项中，我们确定哪些事项对本期财务报表审计最为重要，因而构成关键审计事项。我们在审计报告中描述这些事项，除非法律法规禁止公开披露这些事项，或在极其罕见的情形下，如果合理预期在审计报告中沟通某事项造成的负面后果超过在公众利益方面产生的益处，我们确定不应在审计报告中沟通该事项。

二、按照相关法律法规的要求报告的事项

根据现行法律法规对其他报告责任性质的规定，我们发现南山集团在所审计期间需要及时披露的合并世贸公司的相关事项，未能及时披露。

××会计师事务所　　　　中国注册会计师：×××（项目合伙人）
（盖章）　　　　（签名并盖章）
　　　　中国注册会计师：×××
　　　　（签名并盖章）
中国××市　　　　二〇一七年×月×日

参考格式6－4（无法表示意见的审计报告）

审　计　报　告

南山股份有限公司全体股东：

一、对财务报表出具的审计报告

（一）无法表示意见

我们接受委托，审计南山股份有限公司及其子公司（以下简称南山公司）财务报表，包括2016年12月31日的资产负债表、2016年度的利润表、现金流量表、股东权益变动表以及相关财务报表附注。

我们不对后附的南山公司财务报表发表审计意见。由于“形成无法表示意见的基础”部分所述事项的重要性，我们无法获取充分、适当的审计证据以作为对财务报表发表审计意见的基础。

（二）形成无法表示意见的基础

南山公司未对 2016 年 12 月 31 日的存货进行盘点，金额为 42350 万元，占期末资产总额的 65%。我们无法实施存货监盘，也无法实施其他替代审计程序，以对期末存货的数量和状况获取充分、适当的审计证据。

（三）管理层和治理层对财务报表的责任

董事会负责按照企业会计准则的规定编制财务报表，使其实现公允反映，并设计、执行和维护必要的内部控制，以使财务报表不存在由于舞弊或错误导致的重大错报。

在编制财务报表时，董事会负责评估南山公司的持续经营能力，披露与持续经营相关的事项（如适用），并运用持续经营假设，除非管理层计划清算南山公司、停止营运或别无其他现实的选择。

治理层负责监督南山公司的财务报告过程。

（四）注册会计师对财务报表审计的责任

我们的责任是按照中国注册会计师审计准则的规定，对南山公司的财务报表执行审计工作，以出具审计报告。但由于“形成无法表示意见的基础”部分所述的事项，我们无法获取充分、适当的审计证据以作为发表审计意见的基础。

按照中国注册会计师职业道德守则，我们独立于南山公司，并履行了职业道德方面的其他责任。

二、按照相关法律法规的要求报告的事项

根据现行法律法规对其他报告责任性质的规定，我们由于审计范围受限制，无法发现南山公司在所审计期间有需要报告的其他事项。

××会计师事务所	中国注册会计师：×××（项目合伙人）
（盖章）	（签名并盖章）
	中国注册会计师：×××
	（签名并盖章）
中国××市	二〇一七年×月×日

三、在审计报告中增加强调事项段和其他事项段

1. 强调事项段的含义

审计报告的强调事项段是指审计报告中含有的一个段落，该段落提及已在财务报表中恰当列报或披露的事项，根据注册会计师的职业判断，该事项对财务报表使用者理解财务报表至关重要。

2. 增加强调事项段的情形

如果认为有必要提醒财务报表使用者关注已在财务报表中列报或披露，且根据职业判断认为对财务报表使用者理解财务报表至关重要的事项，在同时满足下列条件时，注册会计师应当在审计报告中增加强调事项段：（1）该事项不会导致注册会计师发表非无保留意见；

(2) 该事项未被确定为在审计报告中沟通的关键审计事项。

按照规定被确定为关键审计事项的事项，根据注册会计师的职业判断，也可能对财务报表使用者理解财务报表至关重要。在这些情况下，将该事项作为关键审计事项沟通时，注册会计师可能希望突出或提请进一步关注其相对重要程度。在关键审计事项部分，注册会计师可以使该事项的列报更为突出（如作为第一个事项），或在关键审计事项的描述中增加额外信息，以指明该事项对财务报表使用者理解财务报表的重要程度。某一事项可能不符合规定，未被确定为关键审计事项（即该事项未被重点关注过），但根据注册会计师的判断，其对财务报表使用者理解财务报表至关重要（例如期后事项）。如果注册会计师认为有必要提请财务报表使用者关注该事项，根据审计准则的规定，该事项将包含在审计报告的强调事项段中。

某些审计准则对特定情况下在审计报告中增加强调事项段提出具体要求。这些情况包括：(1) 法律法规规定的财务报告编制基础不可接受，但其是由法律或法规作出的规定；(2) 提醒财务报表使用者注意财务报表按照特殊目的编制基础编制；(3) 注册会计师在审计报告日知悉了某些事实（即期后事项），并且出具了新的审计报告或修改了审计报告。

除上述审计准则要求增加强调事项的情形外，注册会计师可能认为需要增加强调事项段的情形举例如下：(1) 异常诉讼或监管行动的未来结果存在不确定性；(2) 提前应用（在允许的情况下）对财务报表有广泛影响的新会计准则；(3) 存在已经或持续对被审计单位财务状况产生重大影响的特大灾难。

强调事项段的过多使用会降低注册会计师沟通所强调事项的有效性。此外，与财务报表中的列报或披露相比，在强调事项段中包括过多的信息，可能隐含着这些事项未被恰当列报或披露。因此，强调事项段应当仅提及已在财务报表中列报或披露的信息。

3. 在审计报告中增加强调事项段时注册会计师采取的措施

如果在审计报告中增加强调事项段，注册会计师应当采取下列措施：(1) 将强调事项段作为单独的一部分置于审计报告中，并使用包含“强调事项”这一术语的适当标题；(2) 明确提及被强调事项以及相关披露的位置，以便能够在财务报表中找到对该事项的详细描述。强调事项段应当仅提及已在财务报表中列报或披露的信息；(3) 指出审计意见没有因该强调事项而改变。

在审计报告中包含强调事项段不影响审计意见。包含强调事项段不能代替下列情形：(1) 根据审计业务的具体情况，按照准则规定发表非无保留意见；(2) 适用的财务报告编制基础要求管理层在财务报表中作出的披露，或为实现公允列报所需的其他披露；(3) 按照准则规定，当可能导致对被审计单位持续经营能力产生重大疑虑的事项或情况存在重大不确定性时作出的报告。

参考格式 6－5（带强调事项段无保留意见的审计报告）

审 计 报 告

南山股份有限公司全体股东：

一、对财务报表出具的审计报告

（一）审计意见

我们审计了南山股份有限公司（以下简称南山公司）财务报表，包括 2016 年 12 月 31

日的资产负债表、2016 年度的利润表、现金流量表、股东权益变动表以及相关财务报表附注。

我们认为，后附的财务报表在所有重大方面按照企业会计准则的规定编制，公允反映了南山公司 2016 年 12 月 31 日的财务状况以及 2016 年度的经营成果和现金流量。

（二）形成审计意见的基础

我们按照中国注册会计师审计准则的规定执行了审计工作。审计报告的“注册会计师对财务报表审计的责任”部分进一步阐述了我们在这些准则下的责任。按照中国注册会计师职业道德守则，我们独立于南山公司，并履行了职业道德方面的其他责任。我们相信，我们获取的审计证据是充分、适当的，为发表审计意见提供了基础。

（三）强调事项

我们提醒财务报表使用者关注，财务报表附注（九）描述了火灾对南山公司的生产设备造成的影响。本段内容不影响已发表的审计意见。

（四）关键审计事项

关键审计事项是根据我们的职业判断，认为对本期财务报表审计最为重要的事项。这些事项是在对财务报表整体进行审计并形成意见的背景下进行处理的，我们不对这些事项提供单独的意见。

南山公司 2016 年 12 月份出售了 1000 万股南山证券，获利约 2.58 亿元。非经常性损益占南山公司 2016 年净利润的 65%。

（五）其他信息

董事会对其他信息负责，其他信息包括南山公司发展战略调整报告中涵盖的信息，但不包括财务报表和我们的审计报告。

我们对财务报表的审计意见并不涵盖其他信息，我们也不对其他信息发表任何形式的鉴证结论。

结合我们对财务报表的审计，我们的责任是阅读其他信息，在此过程中，考虑其他信息是否与财务报表或我们在审计过程中了解的情况存在重大不一致或者似乎存在重大错报。

基于我们已经执行的工作，如果我们确定其他信息存在重大错报，我们应当报告该事实。本次审计，我们确定其他信息不存在重大错报。

（六）管理层和治理层对财务报表的责任

管理层负责按照企业会计准则的规定编制财务报表，使其实现公允反映，并设计、执行和维护必要的内部控制，以使财务报表不存在由于舞弊或错误导致的重大错报。

在编制财务报表时，管理层负责评估南山公司的持续经营能力，披露与持续经营相关的事项（如适用），并运用持续经营假设，除非计划清算南山公司、停止营运或别无其他现实的选择。

治理层负责监督南山公司的财务报告过程。

（七）注册会计师对财务报表审计的责任

我们的目标是对财务报表整体是否不存在由于舞弊或错误导致的重大错报获取合理保证，并出具包含审计意见的审计报告。合理保证是高水平的保证，但并不能保证按照审计准则执行的审计在某一重大错报存在时总能发现。错报可能由于舞弊或错误导致，如果合理预期错报单独或汇总起来可能影响财务报表使用者依据财务报表作出的经济决策，则通常认为错报是重大的。

在按照审计准则执行审计的过程中，我们运用了职业判断，保持了职业怀疑。我们同时：

（1）识别和评估由于舞弊或错误导致的财务报表重大错报风险；对这些风险有针对性地设计和实施审计程序；获取充分、适当的审计证据，作为发表审计意见的基础。由于舞弊可能涉及串通、伪造、故意遗漏、虚假陈述或凌驾于内部控制之上，未能发现由于舞弊导致的重大错报的风险高于未能发现由于错误导致的重大错报的风险。

（2）了解与审计相关的内部控制，以设计恰当的审计程序，但目的并非对内部控制的有效性发表意见。

（3）评价管理层选用会计政策的恰当性和作出会计估计及相关披露的合理性。

（4）对管理层使用持续经营假设的恰当性得出结论。同时，根据获取的审计证据，就可能导致对南山公司持续经营能力产生重大疑虑的事项或情况是否存在重大不确定性得出结论。如果我们得出结论认为存在重大不确定性，审计准则要求我们在审计报告中提请报表使用者注意财务报表中的相关披露；如果披露不充分，我们应当发表非无保留意见。我们的结论基于审计报告日可获得的信息。然而，未来的事项或情况可能导致南山公司不能持续经营。

（5）评价财务报表的总体列报、结构和内容（包括披露），并评价财务报表是否公允反映相关交易和事项。

我们与治理层就计划的审计范围、时间安排和重大审计发现（包括我们在审计中识别的值得关注的内部控制缺陷）等事项进行沟通。

我们还就遵守关于独立性的相关职业道德要求向治理层提供声明，并就可能被合理认为影响我们独立性的所有关系和其他事项，以及相关的防范措施（如适用）与治理层进行沟通。

从与治理层沟通的事项中，我们确定哪些事项对本期财务报表审计最为重要，因而构成关键审计事项。我们在审计报告中描述这些事项，除非法律法规禁止公开披露这些事项，或在极其罕见的情形下，如果合理预期在审计报告中沟通某事项造成的负面后果超过在公众利益方面产生的益处，我们确定不应在审计报告中沟通该事项。

二、按照相关法律法规的要求报告的事项

根据现行法律法规对其他报告责任性质的规定，我们没有发现南山公司在所审计期间有需要报告的其他事项。

××会计师事务所
（盖章）

中国注册会计师：×××（项目合伙人）
（签名并盖章）

中国注册会计师：×××
（签名并盖章）

中国××市　　二〇一七年×月×日

4. 其他事项段

其他事项段是指审计报告中含有的一个段落，该段落提及未在财务报表中列报或披露的事项，根据注册会计师的职业判断，该事项与财务报表使用者理解审计工作、注册会计师的责任或审计报告相关。

如果认为有必要沟通虽然未在财务报表中列报或披露，但根据职业判断认为与财务报表使用者理解审计工作、注册会计师的责任或审计报告相关的事项，在同时满足下列条件时，注册会计师应当在审计报告中增加其他事项段：未被法律法规禁止；该事项未被确定为在审计报告中沟通的关键审计事项。具体讲，需要在审计报告中增加其他事项段的情形包括：

（1）与使用者理解审计工作相关的情形。

准则明确要求注册会计师就计划的审计范围和时间安排与治理层进行沟通，包括注册会计师识别的特别风险。尽管与特别风险相关的事项可能被确定为关键审计事项，根据准则对关键审计事项的定义，其他与计划及范围相关的事项（比如计划的审计范围或审计时对重要性的运用）不太可能成为关键审计事项。然而，法律法规可能要求注册会计师在审计报告中沟通与计划及范围相关的事项，或者注册会计师可能认为有必要在其他事项段中沟通这些事项。在极其特殊的情况下，即使由于管理层对审计范围施加的限制导致无法获取充分、适当的审计证据可能产生的影响具有广泛性，注册会计师也不能解除业务约定。在这种情况下，注册会计师可能认为有必要在审计报告中增加其他事项段，解释为何不能解除业务约定。

（2）与使用者理解注册会计师的责任或审计报告相关的情形。

法律法规或得到广泛认可的惯例可能要求或允许注册会计师详细说明某些事项，以进一步解释注册会计师在财务报表审计中的责任或审计报告。在这种情况下，注册会计师可以使用一个或多个子标题来描述其他事项段的内容。但增加其他事项段不涉及以下两种情形：①除根据审计准则的规定有责任对财务报表出具审计报告外，注册会计师还有其他报告责任；②注册会计师可能被要求实施额外的规定的程序并予以报告，或对特定事项发表意见。

（3）对两套以上财务报表出具审计报告的情形。

被审计单位可能按照通用目的编制基础（如××国财务报告编制基础）编制一套财务报表，且按照另一个通用目的编制基础（如国际财务报告准则）编制另一套财务报表，并委托注册会计师同时对两套财务报表出具审计报告。如果注册会计师已确定两个财务报告编制基础在各自情形下是可接受的，可以在审计报告中增加其他事项段，说明该被审计单位根据另一个通用目的编制基础（如国际财务报告准则）编制了另一套财务报表以及注册会计师对这些财务报表出具了审计报告。

（4）限制审计报告分发和使用的情形。

为特定目的编制的财务报表可能按照通用目的编制基础编制，因为财务报表预期使用者已确定这种通用目的财务报表能够满足他们对财务信息的需求。由于审计报告旨在提供给特定使用者，注册会计师可能认为在这种情况下需要增加其他事项段，说明审计报告只是提供给财务报表预期使用者，不应被分发给其他机构或人员或者被其他机构或人员使用。

需要注意的是，其他事项段的内容明确反映了未被要求在财务报表中列报或披露的其他事项。其他事项段不包括法律法规或其他职业准则（如中国注册会计师职业道德守则中与信息保密相关的规定）禁止注册会计师提供的信息。其他事项段也不包括要求管理层提供的信息。如果在审计报告中包含其他事项段，注册会计师应当将该段落作为单独的一部分，并使用“其他事项”或其他适当标题。

参考格式6－6（带其他事项段无保留意见的审计报告）

审　计　报　告

南山股份有限公司全体股东：

一、对财务报表出具的审计报告

（一）审计意见

我们审计了南山股份有限公司（以下简称南山公司）财务报表，包括2016年12月31日的资产负债表、2016年度的利润表、现金流量表、股东权益变动表以及财务报表附注（包括重大会计政策和会计估计）。

我们认为，后附的财务报表在所有重大方面按照企业会计准则的规定编制，公允反映了南山公司2016年12月31日的财务状况以及2016年度的经营成果和现金流量。

（二）形成审计意见的基础

我们按照中国注册会计师审计准则的规定执行了审计工作。审计报告的“注册会计师对财务报表审计的责任”部分进一步阐述了我们在这些准则下的责任。按照中国注册会计师职业道德守则，我们独立于南山公司，并履行了职业道德方面的其他责任。我们相信，我们获取的审计证据是充分、适当的，为发表审计意见提供了基础。

（三）其他事项

在审计过程中，我们发现南山公司于2016年12月通过了在2017年实施大幅度降低产品销售价格扩大市场占有率的经营策略，这预计将导致南山公司在2017年出现利润减少7800万元，提醒财务报表使用者关注。本段内容并不影响已发表的审计意见。

（四）关键审计事项

关键审计事项是根据我们的职业判断，认为对本期财务报表审计最为重要的事项。这些事项是在对财务报表整体进行审计并形成意见的背景下进行处理的，我们不对这些事项提供单独的意见。

南山公司2016年获得的政府补贴为7940.54万元，在这部分政府补贴中，资源综合利用增值税退税总计6878.81万元。政府补贴占南山公司2016年净利润的45%。

（五）其他信息

董事会对其他信息负责，其他信息包括南山公司参与“一带一路”发展报告中涵盖的信息，但不包括财务报表和我们的审计报告。

我们对财务报表的审计意见并不涵盖其他信息，我们也不对其他信息发表任何形式的鉴证结论。

结合我们对财务报表的审计，我们的责任是阅读其他信息，在此过程中，考虑其他信息是否与财务报表或我们在审计过程中了解的情况存在重大不一致或者似乎存在重大错报。

基于我们已经执行的工作，如果我们确定其他信息存在重大错报，我们应当报告该事实。本次审计，我们确定其他信息不存在重大错报。

（六）管理层和治理层对财务报表的责任

管理层负责按照企业会计准则的规定编制财务报表，使其实现公允反映，并设计、执行和维护必要的内部控制，以使财务报表不存在由于舞弊或错误导致的重大错报。

在编制财务报表时，管理层负责评估南山公司的持续经营能力，披露与持续经营相关的事项（如适用），并运用持续经营假设，除非计划清算南山公司、停止营运或别无其他现实的选择。治理层负责监督南山公司的财务报告过程。

（七）注册会计师对财务报表审计的责任

我们的目标是对财务报表整体是否不存在由于舞弊或错误导致的重大错报获取合理保证，并出具包含审计意见的审计报告。合理保证是高水平的保证，但并不能保证按照审计准则执行的审计在某一重大错报存在时总能发现。错报可能由于舞弊或错误导致，如果合理预期错报单独或汇总起来可能影响财务报表使用者依据财务报表作出的经济决策，则通常认为错报是重大的。

在按照审计准则执行审计的过程中，我们运用了职业判断，保持了职业怀疑。我们同时：

（1）识别和评估由于舞弊或错误导致的财务报表重大错报风险；对这些风险有针对性地设计和实施审计程序；获取充分、适当的审计证据，作为发表审计意见的基础。由于舞弊可能涉及串通、伪造、故意遗漏、虚假陈述或凌驾于内部控制之上，未能发现由于舞弊导致的重大错报的风险高于未能发现由于错误导致的重大错报的风险。

（2）了解与审计相关的内部控制，以设计恰当的审计程序，但目的并非对内部控制的有效性发表意见。

（3）评价管理层选用会计政策的恰当性和作出会计估计及相关披露的合理性。

（4）对管理层使用持续经营假设的恰当性得出结论。同时，根据获取的审计证据，就可能导致对南山公司持续经营能力产生重大疑虑的事项或情况是否存在重大不确定性得出结论。如果我们得出结论认为存在重大不确定性，审计准则要求我们在审计报告中提请报表使用者注意财务报表中的相关披露；如果披露不充分，我们应当发表非无保留意见。我们的结论基于审计报告日可获得的信息。然而，未来的事项或情况可能导致南山公司不能持续经营。

（5）评价财务报表的总体列报、结构和内容（包括披露），并评价财务报表是否公允反映相关交易和事项。

我们与治理层就计划的审计范围、时间安排和重大审计发现（包括我们在审计中识别的值得关注的内部控制缺陷）等事项进行沟通。

我们还就遵守关于独立性的相关职业道德要求向治理层提供声明，并就可能被合理认为影响我们独立性的所有关系和其他事项，以及相关的防范措施（如适用）与治理层进行沟通。

从与治理层沟通的事项中，我们确定哪些事项对本期财务报表审计最为重要，因而构成关键审计事项。我们在审计报告中描述这些事项，除非法律法规禁止公开披露这些事项，或在极其罕见的情形下，如果合理预期在审计报告中沟通某事项造成的负面后果超过在公众利益方面产生的益处，我们确定不应在审计报告中沟通该事项。

二、按照相关法律法规的要求报告的事项

根据现行法律法规对其他报告责任性质的规定，我们没有发现南山公司在所审计期间有需要报告的其他事项。

××会计师事务所　　　　中国注册会计师：×××（项目合伙人）
（盖章）　　　　　　　　（签名并盖章）
　　　　　　　　　　　　中国注册会计师：×××
　　　　　　　　　　　　（签名并盖章）
中国××市　　　　　　　二〇一七年×月×日

如果拟在审计报告中增加强调事项段或其他事项段，注册会计师应当就该事项和拟使用的措辞与治理层沟通。与治理层的沟通能使治理层了解注册会计师作出进一步澄清的机会。当然，当审计报告中针对某特定事项增加其他事项段在连续审计业务中重复出现时，注册会计师可能认为没有必要在每次审计业务中重复沟通。

本章小结

注册会计师签发的审计报告是审计工作的最主要产品输出，主要具有鉴证、保护和证明三方面的作用。审计报告主要有四种类型：无保留意见的审计报告、保留意见的审计报告、否定意见的审计报告、无法表示意见的审计报告。

练习题

一、简答题

1. 什么是审计报告？它有哪些特征？
2. 出具无保留意见、保留意见、否定意见、无法表示意见的审计报告条件是什么？

二、案例分析题

万福生科财务舞弊审计案例

万福生科股份有限公司（以下简称“万福生科”）于2011年9月27日在创业板A股市场上市，注册资本5000万元，股份总数5000万股。万福生科主要产品的原料是稻谷，主要产品有淀粉糖系列产品、优质稻米油、饲料等，旗下品牌“陬福”被认定为“中国驰名商标”。2012 年 9 月初，湖南省证监局对万福生科进行例行检查时发现三本不同的账本，数天后证监会对万福生科进行立案调查。2012 年 10 月 26 日，万福生科发布更正公告，承认在 2012 年半年报中虚增营业收入、营业成本及净利润。2013 年 3 月 2 日，万福生科发布自查公告，承认在 2008 ~ 2011 年累计虚增收入约 7.4 亿元，虚增营业利润约 1.8 亿元，虚增净利润 1.6 亿元左右。2013 年 5 月 10 日，证监会就此案做出了通报，并对万福生科董事长兼总经理龚永福与财务经理覃学军给予责令整改、警告、罚款和终身证券市场禁入等处罚决定，对中磊会计师事务所处以“没收业务收入 138 万元，并处以两倍的罚款，撤销其证券服务业务许可”的处罚。中国证监会认定的违法事实主要内容如下：

1. 招股书财务数据存在虚假记载。万福生科《首次公开发行股票并在创业板上市招股说明书》披露的 2008 年至 2010 年财务数据存在虚假记载，公司不符合公开发行股票的条件。万福生科公告的《首次公开发行股票并在创业板上市招股说明书》披露 2008 年、2009 年、2010 年的营业收入分别为 22824 万元、32765 万元、43359 万元，营业利润分别为 3265 万元、4200 万元、5343 万元，净利润分别为 2566 万元、3956 万元、5555 万元。经查，万福生科为达到公开发行股票并上市条件，由董事长兼总经理决策，并经财务总监覃学军安排人员执行，2008 年至 2010 年分别虚增销售收入 12262 万元、14966 万元、19074 万元，虚增营业利润 2851 万元、3857 万元、4590 万元。扣除上述虚增营业利润后，万福生科 2008 年至 2010 年扣除非经常性损益的净利润分别为 -332 万元、-71 万元、383 万元。

2. 2011 年年度报告存在虚假记载。万福生科 2012 年 4 月 16 日公告《2011 年年度报告》披露公司 2011 年营业收入为 55324 万元。经查，万福生科 2011 年虚增销售收入 28681 万元。

3. 2012 年半年度报告存在虚假记载和重大遗漏。万福生科 2012 年 8 月 23 日公告《2012 年半年度报告》披露公司上半年营业收入为 26991 万元。经查，万福生科 2012 年上半年虚增销售收入 16549 万元。同时对于公司部分生产线 2012 年上半年停产的事项万福生科也未在《2012 年半年度报告》中予以披露，存在重大遗漏。

分析思考：

1. 万福生科财务造假手段有哪些？

2. 万福生科财务舞弊审计失败的原因是什么？

3. 该案例给我们的启示是什么？

第七章

内部控制审计

本章重点

1. 计划内部控制审计和测试内部控制
2. 内部控制审计报告

第一节 内部控制审计概述

一、内部控制审计的概念

内部控制审计是指会计师事务所接受委托，对企业特定基准日内部控制设计与运行的有效性进行审计。内部控制是由企业董事会、监事会、经理层和全体员工实施的、旨在实现控制目标的过程。内部控制的目标是合理保证企业经营管理合法合规、资产安全、财务报告及相关信息真实完整，提高经营效率和效果，促进企业实现发展战略。建立和实施内部控制，以及评价内部控制的有效性是企业董事会的责任。按照《企业内部控制审计指引》的要求，在实施审计工作的基础上对内部控制的有效性发表审计意见是注册会计师的责任。企业内部控制审计报告应当与内部控制评价报告同时对外披露。

注册会计师可以单独进行内部控制审计，也可以将内部控制审计与财务报表审计整合进行，即整合审计。注册会计师执行内部控制审计工作，应当获取充分、适当的证据，并按照《中国注册会计师审计准则第 1131 号——审计工作底稿》的规定，编制内部控制审计工作底稿，完整记录审计工作情况，为发表内部控制审计意见提供合理保证。注册会计师应当在审计工作底稿中记录下列内容：(1) 内部控制审计计划及重大修改情况；(2) 相关风险评估和选择拟测试的内部控制的主要过程及结果；(3) 测试内部控制设计与运行有效性的程序及结果；(4) 对识别的控制缺陷的评价；(5) 形成的审计结论和意见；(6) 其他重要事项。

财政部和证监会办公厅 2012 年 8 月 14 日发布《关于 2012 年主板上市公司分类分批实施企业内部控制规范体系的通知》，要求：(1) 中央和地方国有控股上市公司，应于 2012 年全面实施企业内部控制规范体系，并在披露 2012 年公司年报的同时，披露董事会对公司内部控制的自我评价报告以及注册会计师出具的财务报告内部控制审计报告。(2) 非国有控股主板上市公司，且于 2011 年 12 月 31 日公司总市值（证监会算法）在 50 亿元以上，同时 2009～2011 年平均净利润在 3000 万元以上的，应在披露 2013 年公司年报的同时，披露董事会对公司内部控制的自我评价报告以及注册会计师出具的财务报告内部控制审计报告。（3）其他主板上市公司，应在披露 2014 年公司年报的同时，披露董事会对公司内部控制的自我评价报告以及注册会计师出具的财务报告内部控制审计报告。（4）特殊情况：一是主板上市公司因进行破产重整、借壳上市或重大资产重组，无法按照规定时间建立健全内控体系的，原则上应在相关交易完成后的下一个会计年度年报披露的同时，披露内部控制自我评价报告和审计报告；二是新上市的主板上市公司应于上市当年开始建设内控体系，并在上市的下一年度年报披露的同时，披露内部控制自我评价报告和审计报告。

二、内部控制审计的范围

尽管上述提及的是内部控制审计，但无论从国外审计规定和实践看，还是从我国的相关规定看，注册会计师执行的内部控制审计严格限定在财务报告内部控制审计。从注册会计师的专业胜任能力、审计成本效益的约束，以及投资者对财务信息质量的需求看，财务报告内部控制审计是服务的核心要求。因此，审计意见涉及的范围是：注册会计师对财务报告内部控制有效性发表审计意见；注册会计师针对内部控制审计过程中注意到的非财务报告内部控制的重大缺陷，在内部控制审计报告中增加“非财务报告内部控制重大缺陷描述段”予以披露。

财务报告内部控制是指企业为了合理保证财务报告及相关信息真实完整而设计和运行的内部控制，以及用于保护资产安全的内部控制中与财务报告可靠性目标相关的控制。而非财务报告内部控制是指除财务报告内部控制之外的其他控制，通常是指为了合理保证经营的效率效果、遵守法律法规、实现发展战略而设计和运行的控制，以及用于保护资产安全的内部控制中与财务报告可靠性目标无关的控制。从注册会计师审计的角度，财务报告内部控制包括的内容：

（一）企业层面的内部控制

1. 与控制环境相关的控制（如对诚信和道德价值沟通和落实、对胜任能力的重视、治理层的参与程度、管理层的理念和经营风格、组织结构、职权与责任的分配、人力资源政策与实务）。

2. 针对管理层和治理层凌驾于内部控制之上的风险而设计的内部控制（如针对重大非常规交易的控制、针对关联方交易的控制、减弱伪造或不恰当操作财务结果的动机和压力的控制）。

3. 被审计单位的风险评估过程（如何识别经营风险、估计其重要性、评估其发生的可能性、采取措施应对和管理风险及其结果）。

4. 对内部信息传递和期末财务报告流程的控制（如与会计政策选择和运用的程序、调整分录和合并分录的编制）。

5. 对控制有效性的内部监督（即监督其他控制的控制）和内部控制评价。

6. 集中化的处理和控制、监控经营成果的控制，以及重大经营控制和风险管理实务的政策。

（二）业务流程、应用系统或交易层面的内部控制

1. 业绩评价（对实际与预算、预测与前期、经营数据和财务数据、内部数据和外部数据作出的评价）。

2. 信息处理（应用控制和信息技术一般控制：前者如对计算准确性检查，对账户和试算平衡表审核，对例外报告的人工跟进；后者如程序变动控制，限制接触程序或数据的控制）。

3. 实物控制（如保护资产的实物安全、对接触计算机程序和数据文档设置授权、定期盘点并将盘点记录与控制记录相核对）。

4. 职责分离（即将交易授权、记录交易以及资产保管等职责分配给不同的员工）。

三、内部控制审计基准日

内部控制审计基准日是指注册会计师评价内部控制在某一时日是否有效所涉及的基准日，也是被审计单位评价基准日（即最近一个会计期间截止日）。

注册会计师不可能对企业内部控制在某个期间段（如一年）内每天的运行情况进行描述，然后发表审计意见，这样做不切实际，并且无法向信息使用者提供准确清晰的信息（考虑到中间对内部控制缺陷的纠正），甚至会误导使用者。

注册会计师对特定基准日内部控制的有效性发表意见，并不意味着注册会计师只测试基准日这一天的内部控制，而是需要考察足够长一段时间内部控制设计和运行的情况。对控制有效性的测试涵盖的期间越长，提供的控制有效性的审计证据越多。就内部控制审计业务而言，注册会计师应当获取内部控制在基准日之前一段足够长的期间内有效运行的审计证据。在整合审计中，控制测试所涵盖的期间应当尽量与财务报表审计中拟信赖内部控制的期间保持一致。

第二节 计划内部控制审计

注册会计师应当在了解被审计单位基本情况的基础上，考虑自身独立性和专业胜任能力，初步评估审计风险，确定是否接受委托。如果接受委托，会计师事务所应当与委托人就双方达成一致的事项签订审计业务约定书，并开始计划内部控制审计工作。《企业内部控制审计指引》第六条要求注册会计师应当恰当地计划内部控制审计工作，配备具有专业胜任能力的项目组，并对助理人员进行适当的督导。

在计划审计工作时，注册会计师应当评价下列事项对内部控制及审计工作的影响：（1）与企业相关的风险；（2）相关法律法规和行业概况；（3）企业组织结构、经营特点和资本结构等相关重要事项；（4）企业内部控制最近发生变化的程度；（5）与企业沟通过的内部控制缺陷；（6）重要性、风险等与确定内部控制重大缺陷相关的因素；（7）对内部控制有效性的初步判断；（8）可获取的、与内部控制有效性相关的证据的类型和范围。

在计划审计工作时，注册会计师应当对企业内部控制自我评价工作进行评估，判断是否利用企业内部审计人员、内部控制评价人员和其他相关人员的工作以及可利用的程度。注册会计师如果利用企业内部审计人员、内部控制评价人员和其他相关人员的工作，可依据《中国注册会计师审计准则第 1411 号——利用内部审计人员的工作》等规定，对其专业胜任能力和客观性进行充分评价。

一、总体审计策略

总体审计策略用以确定审计的范围、时间和方向，并指导具体审计计划的制定。注册会计师应当在总体审计策略中体现下列内容：

（一）确定审计业务的特征，以界定审计范围

注册会计师通常需要考虑下列方面：

1. 被审计单位采用的内部控制标准。

2. 预期审计工作涵盖的范围，包括涵盖的组成部分的数量及所在地点。内部控制审计范围应当包括被审计单位在基准日或在此之前收购的实体，以及在基准日作为终止经营进行会计处理的业务。

3. 拟审计的经营分部的性质，包括是否需要具备专门知识。

4. 注册会计师对被审计单位内部控制评价工作的了解以及拟利用被审计单位内部相关人员工作的程度。

5. 被审计单位使用服务机构的情况，以及注册会计师如何取得有关服务机构内部控制设计和运行有效性的证据。

6. 对利用在以前审计工作中或财务报表审计工作中获取的审计证据的预期。

7. 信息技术对审计程序的影响，包括数据的可获得性和对使用计算机辅助审计技术的预期。

（二）明确审计业务的报告目标，以计划审计的时间安排和所需沟通的性质

注册会计师通常需要考虑下列方面：

1. 被审计单位对外公布内部控制审计报告的时间安排。

2. 注册会计师与管理层和治理层讨论内部控制审计工作的性质、时间安排和范围。

3. 注册会计师与管理层和治理层讨论注册会计师拟出具的报告的类型和时间安排以及沟通的其他事项，包括审计报告、管理建议书和向治理层通报的其他事项。

4. 注册会计师与管理层讨论预期就整个审计业务中对审计工作的进展进行的沟通。

5. 项目组成员之间沟通的预期性质和时间安排。

6. 预期是否需要和第三方进行其他沟通。

（三）指导项目组工作方向的重要因素

注册会计师通常需要考虑下列方面：

1. 财务报表整体的重要性和实际执行的重要性。

2. 初步识别的可能存在较高重大错报风险的领域。

3. 评估的财务报表层次的重大错报风险对指导、监督和复核的影响。

4. 被审计单位经营活动或内部控制最近发生变化的程度。

5. 与被审计单位沟通过的内部控制缺陷。

6. 有关管理层对设计、执行和维护健全的内部控制重视程度的证据。

7. 注册会计师对内部控制有效性的初步判断和对内部控制重大缺陷的初步识别。

8. 可获取的与内部控制有效性相关的证据的类型和范围。

9. 与评价财务报表发生重大错报的可能性和内部控制有效性相关的公开信息。

（四）初步业务活动的结果和对被审计单位执行其他业务的经验是否与内部控制审计业务相关

注册会计师通常需要考虑下列方面：

1. 注册会计师在执行其他业务时对被审计单位财务报告内部控制的了解。

2. 影响被审计单位所处行业的事项，如行业财务报告惯例、经济状况和技术革新等。

3. 与被审计单位相关的法律法规和监管环境。

4. 与被审计单位经营相关的事项，包括组织结构、经营特征和资本结构。

5. 被审计单位经营活动的复杂程度以及与被审计单位相关的风险。

6. 以前审计中对内部控制运行有效性评价的结果，包括识别出的缺陷的性质和应对措施。

7. 影响被审计单位的重大业务发展变化，包括信息技术和业务流程的变化，关键管理人员变化，以及收购、兼并和处置。

（五）确定执行业务所需资源的性质、时间安排和范围

例如，项目组成员的选择以及对项目组成员审计工作的分派，项目时间预算等。

二、具体审计计划

具体审计计划比总体审计策略更加详细，内容包括项目组成员拟实施的审计程序的性质、时间安排和范围。计划这些审计程序，会随着具体审计计划的制定逐步深入，并贯穿于审计的整个过程。注册会计师应当在具体审计计划中体现的内容包括：

1. 了解和识别内部控制的程序的性质、时间安排和范围。

2. 测试控制设计有效性的程序的性质、时间安排和范围。

3. 测试控制运行有效性的程序的性质、时间安排和范围。

第三节　测试内部控制

注册会计师应当采用自上而下的方法选择拟测试的控制。自上而下的方法始于财务报表层次，以注册会计师对财务报告内部控制整体风险的了解开始，然后，将关注重点放在企业层面的控制上，并将工作逐渐下移至重要账户、列报及其相关认定。自上而下的方法分为几个步骤：从财务报表层次初步了解内部控制整体风险；识别、了解和测试企业层面控制；识别重要账户、列报及其相关认定；了解潜在错报的来源并识别相应的控制；选择拟测试的控制。

一、内部控制的有效性

内部控制的有效性包括内部控制设计的有效性和内部控制运行的有效性。

注册会计师应当测试控制设计的有效性。如果某项控制由拥有有效执行控制所需的授权和专业胜任能力的人员按规定的程序和要求执行，能够实现控制目标，从而有效地防止或发现并纠正可能导致财务报表发生重大错报的错误或舞弊，则表明该项控制的设计是有效的。

注册会计师应当测试控制运行的有效性。如果某项控制正在按照设计运行、执行人员拥有有效执行控制所需的授权和专业胜任能力，能够实现控制目标，则表明该项控制的运行是有效的。

注册会计师获取的有关控制运行有效性的审计证据包括：控制在所审计期间的相关时点是如何运行的；控制是否得到一贯执行；控制由谁或以何种方式执行。

二、测试控制有效性的程序

测试控制有效性的审计程序（方法）类型包括询问、观察、检查和重新执行。

（一）询问

注册会计师通过与被审计单位有关人员进行讨论以取得与内部控制相关的信息。在讨论中注册会计师要注意保持职业怀疑态度。但是，仅实施询问程序不能为某一特定控制的有效性提供充分适当的证据。注册会计师通常需要获取其他信息以印证询问所取得的信息，这些其他信息包括被审计单位其他人员的佐证，控制执行时所使用的报告、手册或其他文件等。

（二）观察

观察是测试运行不留下书面记录的控制的有效方法。例如：对于与职责分离相关的控制，注册会计师需要获得第一手证据，不仅通过询问取得关于责任分工的信息，而且通过实地观察，证实责任分工控制是按规定执行的。

观察也可运用于测试对实物的控制，例如查看仓库门是否锁好，或空白支票是否妥善保管。通常情况下，注册会计师通过观察直接获取的证据比间接获取的证据更可靠。

观察可以提供执行有关过程或程序的审计证据，但观察所提供的审计证据仅限于观察发生的时点，而且被观察人员的行为可能因被观察而受到影响，这也会使观察提供的审计证据受到限制。例如：注册会计师可以通过观察处理现金收款的过程以对现金收款的控制进行测试，但是由于观察只针对某一时点，因此注册会计师需要结合运用询问以及检查相关的文件，以获得更多对于某一段时期内控制运行有效性的证据。

（三）检查

检查通常用于确认控制是否得以执行。例如，对偏差报告进行调查与跟进这一控制，负责调查和跟进的人员在偏差报告中添加的书面说明、管理人员审核时留下的记号，或其他标记都可以作为控制得到执行的证据。注册会计师需要检查显示控制得以执行的、可以合理预期其存在的证据。缺乏证据可能表示控制没有按规定运行，注册会计师需要执行进一步程序以确定事实上是否存在有效的控制。

检查记录和文件可以提供可靠程度不同的审计证据，审计证据的可靠性取决于记录或文件的性质和来源，而在检查内部记录和文件时，其可靠性则取决于生成该记录或文件的内部控制的有效性。

在有些情况下，存在书面证据不一定表明控制一定有效。例如，凭证审核是一种常见的控制，但是看到签名不一定能证明审核人员认真审核了凭证，审核人员可能只粗略浏览凭证，甚至未审核而直接签名。因此通过检查凭证签名获得的审计证据的质量可能不具有说服力。

（四）重新执行

重新执行的目的是评价控制的有效性而不是测试特定交易或余额的存在或准确性，即定性而非定量，因此一般不必选取大量的项目，也不必特意选取金额重大的项目进行测试。

例如，测试管理层审核银行余额调节表这一控制时，根据测试目的，注册会计师可以检查银行余额调节表是否存在，浏览调节事项是否得到适当处理，以及检查调节表上是否有编制者和审批者的签字。

三、控制测试的时间安排

对控制有效性的测试涵盖的期间越长，提供的控制有效性的审计证据越多。对于内部控制审计业务，注册会计师应当获取内部控制在基准日之前一段足够长的期间内有效运行的审计证据。在整合审计中，注册会计师控制测试所涵盖的期间应尽量与财务报表审计中拟信赖内部控制的期间保持一致。对控制有效性测试的实施时间越接近基准日，提供的控制有效性的审计证据越有力。为了获取充分、适当的审计证据，注册会计师应当在下列两个因素之间作出平衡，以确定测试的时间：

1. 尽量在接近基准日实施测试。
2. 实施的测试需要涵盖足够长的期间。

在整合审计中测试控制在整个会计年度的运行有效性时，注册会计师可以将样本分成两部分，一部分在期中测试，剩余部分在临近年末的期间测试。

注册会计师执行内部控制审计业务旨在对基准日内部控制有效性出具报告。如果已获取有关控制在期中运行有效性的审计证据，注册会计师应当确定还需要获取哪些补充审计证据，以证实剩余期间控制的运行情况。

自动化控制一旦被证明其运行有效，通常不会发生运行故障或质量下降的情况，前提是存在适当且持续有效的信息技术一般控制。如果信息技术一般控制有效且关键的自动化控制未发生任何变化，注册会计师就不需要对该自动化控制实施前推测试。但是，如果注册会计师在期中对重要的信息技术一般控制实施了测试，则通常还需要对其实施前推程序。

如果注册会计师认为一个或一个以上重要的信息技术一般控制无效，注册会计师需要评估其对总体信息技术环境以及对任何依赖这些信息技术一般控制的自动化控制的持续有效性的影响。如果重要的信息技术一般控制无效，且无法获得其他替代证据以证实关键的自动化控制自其上次被测试后未发生变化，注册会计师在执行内部控制审计时，通常就需要获取有关该自动化控制在接近基准日的期间内是否有效运行的证据。

案例 7.1

×公司的销售采用客户上门提货的方式，因此通常产品出库即实现销售。注册会计师对×公司（基准日为 12 月 31 日）截至 9 月 30 日止应收账款流程中的关键控制实施了测试，并对 10 月 31 日的应收账款余额实施了细节测试。在实施年末审计程序时，注册会计师考虑是否需要对期中测试结果实施前推程序，注册会计师考虑到自实施期中测试之后到基准日（即剩余期间）之间的间隔长度，以及在制定财务报表审计计划时拟对这些控制取得较高程度的保证，注册会计师决定实施一定的前推测试。

注册会计师制定的前推测试计划如下：

控制（一）：应收账款会计每天将分类账中的收款记录与在线银行收款记录进行核对，并调查任何超过某一金额的差异。应收账款会计负责该控制在全年度内的执行，并且注册会计师期中控制测试时未发现控制偏差。该控制并不复杂，执行时不需要作出重大判断。因此，注册会计师认为，向应收账款会计询问该控制是否得到一贯执行以及在 9 月 30 日至 12 月 31 日期间是否出现任何异常现象，就可以为该控制是否持续有效运行提供充分的证据。

控制（二）：每月末财务总监取得该月最后三天的产品出库报告，将其与当月入账的应收账款明细进行核对，以确保应收账款余额的完整性和存在。尽管该控制并不复杂，但每月最后一周的产品出库量占全月出库量的比例很重大。此外，通过将当月入账的应收账款与出库记录进行比较，财务总监可以监控是否存在故意错报应收账款的行为。考虑到该控制具有多重目的及其运行无效所导致后果较严重，注册会计师决定向财务总监和应收账款会计进行询问，并对财务总监执行该复核控制实施数次观察。

控制（三）：每月末财务总监、首席财务官和客户信用经理复核应收账款账龄分析表并共同决定是否需要对长期未收款的应收账款余额计提坏账准备。在此过程中他们利用了多方面的信息，包括客户以往付款记录以及与客户之间的沟通文件、账龄一年以上和两年以上的应收账款小计金额占应收账款总金额的比例，以及本年度至今为止的坏账核销金额与坏账准备的比较。该控制具有较高的主观性且对资产负债表和利润表均具有潜在的重大影响。由于该控制涉及管理层估计，因此还存在潜在的舞弊风险。考虑到这些因素，注册会计师决定检查关于该控制在基准日之前几次运行情况的证据，包括上述人员共同讨论的记录和与客户沟通的记录。

如果注册会计师在实施期中控制测试和上述控制前推程序中没有发现任何控制缺陷，注册会计师在制定计划以对 10 月 31 日已实施函证程序的应收账款实施前推程序时，可以对控制给予高度的信赖。在这种情况下，注册会计师可能会决定将 10 月 31 日的应收账款余额前推至 12 月 31 日，并对该期间的收款金额进行非常有限的测试。反之，如果控制存在缺陷，则注册会计师可能决定对剩余期间的交易金额实施大量细节测试，甚至对 12 月 31 日的应收账款余额再次实施函证程序。

四、控制测试的范围

注册会计师在测试控制的运行有效性时，应当在考虑与控制相关的风险的基础上，确定测试的范围（样本规模）。注册会计师确定的测试范围，应当足以使其能够获取充分、适当的审计证据，为基准日内部控制是否不存在重大缺陷提供合理保证。

（一）测试人工控制的最小样本规模

在测试人工控制时，如果采用检查或重新执行程序，注册会计师测试的最小样本规模区间参见表 7 - 1。

表 7 - 1　测试人工控制的最小样本规模区间

控制运行频率	控制运行的总次数	测试的最小样本规模区间
每年 1 次	1	1
每季 1 次	4	2
每月 1 次	12	2 ~ 5
每周 1 次	52	5 ~ 15
每天 1 次	250	20 - 40
每天多次	大于 250 次	25 ~ 60

在下列情况下，注册会计师可以使用表 7 - 1 中测试的最小样本规模区间的最低值（如对于每天运行多次的控制，选择 25 个样本规模）：

1. 与账户及其认定相关的固有风险和舞弊风险为低水平。
2. 是日常控制，执行时需要的判断很少。
3. 从穿行测试得出的结论和以前年度审计的结果表明未发现控制缺陷。
4. 管理层针对该项控制的测试结果表明未发现控制缺陷。
5. 存在有效的补偿性控制，且管理层针对补偿性控制的测试结果为运行有效。
6. 根据对控制的性质以及内部审计人员客观性和胜任能力的考虑，注册会计师拟更多地利用他人的工作。

案例 7.2

某公司存在一项每月运行 1 次的控制，如某一员工对 50 个银行账户每月编制银行余额调节表。第一步，计算控制每年运行的总次数，12 × 50 = 600。第二步，根据总次数选择表 7 - 1 中对应的部分，应为大于 250 次，每天多次，样本规模应为 25 ~ 60。

如果由多个人员执行同一控制，应当分别确定总体，针对每个人员确定样本规模。如果由两个人执行 600 次控制，样本规模应为 25，即应针对每个人测试 25 次，一共 50 个样本。

在确定控制运行的总次数时，还要注意拟测试的控制是否是同质的，能否作为一个总体。在本例中，如果由统一的财务主管复核每个人编制的银行余额调节表，通过了解和评价财务主管的复核控制，可以保证经复核的控制是同质的，则可以将两个人执行的控制作为 1 个总体。

（二）测试自动化应用控制的最小样本规模

信息技术处理具有内在一贯性，除非系统发生变动，一项自动化应用控制应当一贯运行。对于一项自动化应用控制，一旦确定被审计单位正在执行该控制，注册会计师通常无须扩大控制测试的范围，但需要考虑执行下列测试以确定该控制持续有效运行：

1. 测试与该应用控制有关的一般控制的运行有效性。
2. 确定系统是否发生变动，如果发生变动，是否存在适当的系统变动控制。
3. 确定对交易的处理是否使用授权批准的软件版本。

例如，注册会计师可以检查信息系统安全控制记录，以确定是否存在未经授权的接触系统硬件和软件，以及系统是否发生变动。

在信息技术一般控制有效的前提下，除非系统发生变动，注册会计师或其专家可能只需要对某项自动化应用控制的每一相关属性进行一次系统查询以检查其系统设置，即可得出所测试自动化应用控制是否运行有效的结论。

（三）发现偏差时的处理

如果发现控制偏差，注册会计师应当确定对下列事项的影响：

1. 与所测试控制相关的风险的评估。
2. 需要获取的审计证据。
3. 控制运行有效性的结论。

评价控制偏差的影响需要注册会计师运用职业判断，并受到控制的性质和所发现偏差数量的影响。如果发现的控制偏差是系统性偏差或人为有意造成的偏差，注册会计师应当考虑舞弊的可能迹象以及对审计方案的影响。

由于有效的内部控制不能为实现控制目标提供绝对保证，单项控制并非一定要毫无偏差地运行才被认为有效。在按照表 7－1 所列示的样本规模进行测试的情况下，如果发现控制偏差，注册会计师应当考虑偏差的原因及性质，并考虑采用扩大样本规模等适当的应对措施以判断该偏差是否对总体不具有代表性。例如，对每日发生多次的控制，如果初始样本规模为 25 个，当测试发现一项控制偏差，且该偏差不是系统性偏差时，注册会计师可以扩大样本规模进行测试，所增加的样本规模至少为 15 个。如果测试后再次发现偏差，则注册会计师可以得出该控制无效的结论。如果扩大样本规模没有再次发现偏差，则注册会计师可以得出控制有效的结论。

第四节　完成内部控制审计

一、评价控制缺陷

（一）控制缺陷的分类

1. 内部控制缺陷按其成因分为设计缺陷和运行缺陷

设计缺陷是指缺少为实现控制目标所必需的控制，或现有控制设计不适当，即使正常运行也难以实现预期的控制目标。

运行缺陷是指现存设计适当的控制没有按设计意图运行，或执行人员没有获得必要授权或缺乏胜任能力，无法有效地实施内部控制。

2. 内部控制缺陷按其影响程度分为重大缺陷、重要缺陷和一般缺陷

重大缺陷是内部控制中存在的、可能导致不能及时防止或发现并纠正财务报表出现重大错报的一项控制缺陷或多项控制缺陷的组合。

重要缺陷是内部控制中存在的、其严重程度不如重大缺陷但足以引起负责监督被审计单位财务报告的人员（如审计委员会或类似机构）关注的一项控制缺陷或多项控制缺陷的组合。

一般缺陷是内部控制中存在的、除重大缺陷和重要缺陷之外的控制缺陷。

（二）评价控制缺陷的严重程度

注册会计师应当评价其识别的各项内部控制缺陷的严重程度，以确定这些缺陷单独或组合起来，是否构成重大缺陷。内部控制可能存在重大缺陷的迹象主要包括：（1）注册会计师发现董事、监事和高级管理人员舞弊；（2）企业更正已经公布的财务报表；（3）注册会计师发现当期财务报表存在重大错报，而内部控制在运行过程中未能发现该错报；（4）企业审计委员会和内部审计机构对内部控制的监督无效。

控制缺陷的严重程度取决于：（1）控制不能防止或发现并纠正账户或列报发生错报的可能性的大小；（2）因一项或多项控制缺陷导致的潜在错报的金额大小。

控制缺陷的严重程度与错报是否发生无关，而取决于控制不能防止或发现并纠正错报的可能性的大小。在评价一项控制缺陷或多项控制缺陷的组合是否可能导致账户或列报发生错报时，注册会计师应当考虑的风险因素包括：（1）所涉及的账户、列报及其相关认定的性质；（2）相关资产或负债易于发生损失或舞弊的可能性；（3）确定相关金额时所需判断的主观程度、复杂程度和范围；（4）该项控制与其他控制的相互作用或关系；（5）控制缺陷之间的相互作用；（6）控制缺陷在未来可能产生的影响。

如果多项控制缺陷影响财务报表的同一账户或列报，错报发生的概率会增加。在存在多项控制缺陷时，即使这些缺陷从单项看不重要，但组合起来也可能构成重大缺陷。因此，注册会计师应当确定，对同一重要账户、列报及其相关认定或内部控制要素产生影响的各项控制缺陷，组合起来是否构成重大缺陷。

在确定一项控制缺陷或多项控制缺陷的组合是否构成重大缺陷时，注册会计师应当评价补偿性控制的影响。在评价补偿性控制是否能够弥补控制缺陷时，注册会计师应当考虑补偿性控制是否有足够的精确度以防止或发现并纠正可能发生的重大错报。

二、获取企业内部控制声明书

注册会计师在完成审计工作阶段，应当取得经企业签署的书面声明。书面声明应当包括的内容：（1）企业董事会认可其对建立健全和有效实施内部控制负责；（2）企业已对内部控制的有效性作出自我评价，并说明评价时采用的标准以及得出的结论；（3）企业没有利用注册会计师执行的审计程序及其结果作为自我评价的基础；（4）企业已向注册会计师披露识别出的所有内部控制缺陷，并单独披露其中的重大缺陷和重要缺陷；（5）企业对于注册会计师在以前年度审计中识别的重大缺陷和重要缺陷，是否已经采取措施予以解决；

(6) 企业在内部控制自我评价基准日后，内部控制是否发生重大变化，或者存在对内部控制具有重要影响的其他因素。企业如果拒绝提供或以其他不当理由回避书面声明，注册会计师应当将其视为审计范围受到限制。

三、与企业治理层和管理层沟通

注册会计师应当与企业沟通审计过程中识别的所有控制缺陷。对于其中的重大缺陷和重要缺陷，应当以书面形式与企业董事会和经理层沟通。注册会计师认为企业审计委员会和内部审计机构对内部控制的监督无效的，应当就此以书面形式直接与企业董事会和经理层沟通。

对在审计过程中注意到的企业非财务报告内部控制缺陷，注册会计师应当区别以下情况以书面形式与企业董事会和经理层沟通：(1) 注册会计师认为非财务报告内部控制缺陷为一般缺陷和重要缺陷的，应当与企业进行沟通，提醒企业加以改进，但无须在内部控制审计报告中说明；(2) 注册会计师认为非财务报告内部控制缺陷为重大缺陷的，应当与企业进行沟通，提醒企业加以改进，同时应当在内部控制审计报告中增加非财务报告内部控制重大缺陷描述段，对重大缺陷的性质及其对实现相关控制目标的影响程度进行披露，提示内部控制审计报告使用者注意相关风险。

四、期后事项

在企业内部控制自我评价基准日之后至审计报告日之前（简称“期后期间”）内部控制可能发生变化，或出现其他可能对内部控制产生重要影响的因素。注册会计师应当询问是否存在这类变化或影响因素，并获取企业关于这些情况的书面声明。

注册会计师知悉对企业内部控制自我评价基准日内部控制有效性有重大负面影响的期后事项的，应当对财务报告内部控制发表否定意见。注册会计师不能确定期后事项对内部控制有效性影响程度的，应当出具无法表示意见的内部控制审计报告。

五、出具审计报告

注册会计师在完成内部控制审计工作后，应当出具内部控制审计报告。标准内部控制审计报告应当包括下列要素：

1. 标题。

内部控制审计报告的标题统一规范为“内部控制审计报告”。

2. 收件人。

内部控制审计报告的收件人是指注册会计师按照业务约定书的要求致送内部控制审计报告的对象，一般是指审计业务的委托人。内部控制审计报告需要载明收件人的全称。

3. 引言段。

内部控制审计报告的引言段说明企业的名称和内部控制已经过审计。

4. 企业对内部控制的责任段。

企业对内部控制的责任段说明，按照《企业内部控制基本规范》、《企业内部控制应用指引》、《企业内部控制评价指引》的规定，建立健全和有效实施内部控制，并评价其有效性是企业董事会的责任。

5. 注册会计师的责任段。

注册会计师的责任段说明，在实施审计工作的基础上，对财务报告内部控制的有效性发表审计意见，并对注意到的非财务报告内部控制的重大缺陷进行披露是注册会计师的责任。

6. 内部控制固有局限性的说明段。

内部控制无论如何有效，都只能为企业实现控制目标提供合理保证。内部控制实现目标的可能性受其固有限制的影响，包括：①在决策时人为判断可能出现错误和因人为失误而导致内部控制失效。②控制的运行也可能无效。③控制可能由于两个或更多的人员进行串通舞弊或管理层不当地凌驾于内部控制之上而被规避。④在设计和执行控制时，如果存在选择执行的控制以及选择承担的风险，管理层在确定控制的性质和范围时需要作出主观判断。

因此，注册会计师需要在内部控制固有局限性的说明段说明，内部控制具有固有局限性，存在不能防止和发现错报的可能性。此外，由于情况的变化可能导致内部控制变得不恰当，或对控制政策和程序遵循的程度降低，根据内部控制审计结果推测未来内部控制的有效性具有一定风险。

7. 财务报告内部控制审计意见段。

审计意见段应当说明企业是否按照《企业内部控制基本规范》和相关规定在所有重大方面保持了有效的财务报告内部控制。

8. 注册会计师的签名和盖章。

9. 会计师事务所的名称、地址及盖章。

10. 报告日期。审计报告的日期不应早于注册会计师获取充分、适当的审计证据（包括董事会认可对内部控制及评价报告的责任且已批准评价报告的证据），并在此基础上对内部控制的有效性形成审计意见的日期。如果内部控制审计和财务报表审计整合进行，注册会计师对内部控制审计报告和财务报表审计报告需要签署相同的日期。

六、内部控制审计报告类型

（一）无保留意见的内部控制审计报告

符合下列所有条件的，注册会计师应当对财务报告内部控制出具无保留意见的内部控制审计报告：（1）在基准日，被审计单位按照《企业内部控制基本规范》、《企业内部控制应用指引》、《企业内部控制评价指引》以及企业自身内部控制制度的要求，在所有重大方面保持了有效的内部控制；（2）注册会计师已经按照《企业内部控制审计指引》的要求计划和实施审计工作，在审计过程中未受到限制。

参考格式 7 - 1

内部控制审计报告

××股份有限公司全体股东：

按照《企业内部控制审计指引》及中国注册会计师执业准则的相关要求，我们审计了××股份有限公司（以下简称××公司）××年×月×日的财务报告内部控制的有效性。

一、企业对内部控制的责任

按照《企业内部控制基本规范》、《企业内部控制应用指引》、《企业内部控制评价指引》的规定，建立健全和有效实施内部控制，并评价其有效性是企业董事会的责任。

二、注册会计师的责任

我们的责任是在实施审计工作的基础上，对财务报告内部控制的有效性发表审计意见，并对注意到的非财务报告内部控制的重大缺陷进行披露。

三、内部控制的固有局限性

内部控制具有固有局限性，存在不能防止和发现错报的可能性。此外，因情况变化可能导致内部控制变得不恰当，或对控制政策和程序遵循的程度降低，根据内部控制审计结果推测未来内部控制的有效性具有一定风险。

四、财务报告内部控制审计意见

我们认为，××公司于××年×月×日按照《企业内部控制基本规范》和相关规定在所有重大方面保持了有效的财务报告内部控制。

康熙会计师事务所　　　　　　　　　中国注册会计师：×××
（盖章）　　　　　　　　　　　　　（签名并盖章）
　　　　　　　　　　　　　　　　　中国注册会计师：×××
　　　　　　　　　　　　　　　　　（签名并盖章）
中国××市　　　　　　　　　　　　××年×月×日

（二）带强调事项段的无保留意见内部控制审计报告

注册会计师认为财务报告内部控制虽然不存在重大缺陷，但仍有一项或者多项重大事项需要提请内部控制审计报告使用者注意的，应当在内部控制审计报告中增加强调事项段予以说明。注册会计师应当在强调事项段中指明，该段内容仅用于提醒内部控制审计报告使用者关注，并不影响对财务报告内部控制发表的审计意见。

参考格式7-2

内部控制审计报告

××股份有限公司全体股东：

按照《企业内部控制审计指引》及中国注册会计师执业准则的相关要求，我们审计了××股份有限公司（以下简称××公司）××年×月×日的财务报告内部控制的有效性。

［“一、企业对内部控制的责任”至“四、财务报告内部控制审计意见”参见无保留意见（标准）内部控制审计报告相关段落表述。］

五、强调事项

我们提醒内部控制审计报告使用者关注，（描述强调事项的性质及其对内部控制的重大影响。）本段内容不影响已对财务报告内部控制发表的审计意见。

康熙会计师事务所　　　　　　　　　中国注册会计师：×××
（盖章）　　　　　　　　　　　　　（签名并盖章）
　　　　　　　　　　　　　　　　　中国注册会计师：×××
　　　　　　　　　　　　　　　　　（签名并盖章）
中国××市　　　　　　　　　　　　××年×月×日

（三）否定意见的内部控制审计报告

注册会计师认为财务报告内部控制存在一项或多项重大缺陷的，除非审计范围受到限制，应当对财务报告内部控制发表否定意见。

注册会计师出具否定意见的内部控制审计报告，还应当包括：重大缺陷的定义；重大缺陷的性质及其对财务报告内部控制的影响程度。

参考格式 7－3

内部控制审计报告

××股份有限公司全体股东：

按照《企业内部控制审计指引》及中国注册会计师执业准则的相关要求，我们审计了××股份有限公司（以下简称××公司）××年×月×日的财务报告内部控制的有效性。

[“一、企业对内部控制的责任”至“三、内部控制的固有局限性”参见无保留意见（标准）内部控制审计报告相关段落表述。]

四、导致否定意见的事项

重大缺陷是内部控制中存在的、可能导致不能及时防止或发现并纠正财务报表出现重大错报的一项控制缺陷或多项控制缺陷的组合。

[指出注册会计师已识别出的重大缺陷，并说明重大缺陷的性质及其对财务报告内部控制的影响程度。]

有效的内部控制能够为财务报告及相关信息的真实完整提供合理保证，而上述重大缺陷使××公司内部控制失去这一功能。

××公司管理层已识别出上述重大缺陷，并将其包含在企业内部控制评价报告中。上述缺陷在所有重大方面得到公允反映。

在××公司××年财务报表审计中，我们已经考虑了上述重大缺陷对审计程序的性质、时间安排和范围的影响。本报告并未对我们在××年×月×日对××公司××年财务报表出具的审计报告产生影响。

五、财务报告内部控制审计意见

我们认为，由于存在上述重大缺陷及其对实现控制目标的影响，××公司于××年×月×日未能按照《企业内部控制基本规范》和相关规定在所有重大方面保持有效的财务报告内部控制。

康熙会计师事务所　　　　　　　　中国注册会计师：×××
（盖章）　　　　　　　　　　　　（签名并盖章）
　　　　　　　　　　　　　　　　中国注册会计师：×××
　　　　　　　　　　　　　　　　（签名并盖章）
中国××市　　　　　　　　　　　　××年×月×日

（四）无法表示意见的内部控制审计报告

注册会计师审计范围受到限制的，应当解除业务约定或出具无法表示意见的内部控制审计报告，并就审计范围受到限制的情况，以书面形式与董事会进行沟通。

注册会计师在出具无法表示意见的内部控制审计报告时，应当在内部控制审计报告中指明审计范围受到限制，无法对内部控制的有效性发表意见。

参考格式 7－4

内部控制审计报告

××股份有限公司全体股东：

我们接受委托，对××股份有限公司（以下简称××公司）××年×月×日的财务报告内部控制进行审计。

[删除注册会计师的责任段，“一、企业对内部控制的责任”和“二、内部控制的固有局限性”参见无保留意见（标准）内部控制审计报告相关段落表述。]

三、导致无法表示意见的事项

[描述审计范围受到限制的具体情况。]

四、财务报告内部控制审计意见

由于审计范围受到上述限制，我们未能实施必要的审计程序以获取发表意见所需的充分、适当证据，因此，我们无法对××公司财务报告内部控制的有效性发表意见。

五、识别的财务报告内部控制重大缺陷

(如在审计范围受到限制前，执行有限程序未能识别出重大缺陷，则应删除本段)

重大缺陷是内部控制中存在的、可能导致不能及时防止或发现并纠正财务报表出现重大错报的一项控制缺陷或多项控制缺陷的组合。

尽管我们无法对××公司财务报告内部控制的有效性发表意见，但在我们实施的有限程序的过程中，发现了以下重大缺陷：

[指出注册会计师已识别出的重大缺陷，并说明重大缺陷的性质及其对财务报告内部控制的影响程度。]

有效的内部控制能够为财务报告及相关信息的真实完整提供合理保证，而上述重大缺陷使××公司内部控制失去这一功能。

康熙会计师事务所	中国注册会计师：×××
(盖章)	(签名并盖章)
	中国注册会计师：×××
	(签名并盖章)
中国××市	××年×月×日

(五) 非财务报告重大缺陷的内部控制审计报告

对于审计过程中注意到的非财务报告内部控制缺陷，如果发现某项或某些控制对企业发展战略、法规遵循、经营的效率效果等控制目标的实现有重大不利影响，确定该项非财务报告内部控制缺陷为重大缺陷的，注册会计师应当以书面形式与企业董事会和经理层沟通，提醒企业加以改进；同时在内部控制审计报告中增加非财务报告内部控制重大缺陷描述段，对重大缺陷的性质及其对实现相关控制目标的影响程度进行披露，提示内部控制审计报告使用者注意相关风险，但无须对其发表审计意见。

参考格式 7－5

内部控制审计报告

××股份有限公司全体股东：

按照《企业内部控制审计指引》及中国注册会计师执业准则的相关要求，我们审计了××股份有限公司（以下简称××公司）××年×月×日的财务报告内部控制的有效性。

[“一、企业对内部控制的责任”至“四、财务报告内部控制审计意见”参见标准内部控制审计报告相关段落表述。]

五、非财务报告内部控制重大缺陷

在内部控制审计过程中，我们注意到××公司的非财务报告内部控制存在重大缺陷［描述该缺陷的性质及其对实现相关控制目标的影响程度］。由于存在上述重大缺陷，我们提醒本报告使用者注意相关风险。需要指出的是，我们并不对××公司的非财务报告内部控制发表意见或提供保证。本段内容不影响对财务报告内部控制有效性发表的审计意见。

康熙会计师事务所　　　　　　　　中国注册会计师：×××
（盖章）　　　　　　　　　　　　（签名并盖章）
　　　　　　　　　　　　　　　　中国注册会计师：×××
　　　　　　　　　　　　　　　　（签名并盖章）
中国××市　　　　　　　　　　　　××年×月×日

本章小结

内部控制是由企业董事会、监事会、经理层和全体员工实施的、旨在实现控制目标的过程。内部控制审计是指会计师事务所接受委托，对企业特定基准日内部控制设计与运行的有效性进行审计。注册会计师可以单独进行内部控制审计，也可以将内部控制审计与财务报表审计整合进行，即整合审计。注册会计师执行的内部控制审计严格限定在财务报告内部控制审计，注册会计师对财务报告内部控制有效性发表审计意见；注册会计师针对内部控制审计过程中注意到的非财务报告内部控制的重大缺陷，在内部控制审计报告中增加“非财务报告内部控制重大缺陷描述段”予以披露。

内部控制审计基准日是指注册会计师评价内部控制在某一时日是否有效所涉及的基准日，也是被审计单位评价基准日（即最近一个会计期间截止日）。注册会计师对特定基准日内部控制的有效性发表意见，并不意味着注册会计师只测试基准日这一天的内部控制，而是需要考察足够长一段时间内部控制设计和运行的情况。

《企业内部控制审计指引》第六条要求注册会计师应当恰当地计划内部控制审计工作，配备具有专业胜任能力的项目组，并对助理人员进行适当的督导。在计划审计工作时，注册会计师应当对企业内部控制自我评价工作进行评估，判断是否利用企业内部审计人员、内部控制评价人员和其他相关人员的工作以及可利用的程度。

注册会计师应当采用自上而下的方法选择拟测试的控制。自上而下的方法始于财务报表层次，以注册会计师对财务报告内部控制整体风险的了解开始，然后，将关注重点放在企业层面的控制上，并将工作逐渐下移至重要账户、列报及其相关认定。

注册会计师应当评价其识别的各项内部控制缺陷的严重程度，以确定这些缺陷单独或组合起来，是否构成重大缺陷。注册会计师应当确定，对同一重要账户、列报及其相关认定或内部控制要素产生影响的各项控制缺陷，组合起来是否构成重大缺陷。注册会计师应当与企业沟通审计过程中识别的所有控制缺陷。对于其中的重大缺陷和重要缺陷，应当以书面形式与企业董事会和经理层沟通。

注册会计师知悉对企业内部控制自我评价基准日内部控制有效性有重大负面影响的期后事项的，应当对财务报告内部控制发表否定意见。注册会计师不能确定期后事项对内部控制有效性影响程度的，应当出具无法表示意见的内部控制审计报告。

注册会计师在完成内部控制审计工作后，应当出具内部控制审计报告。标准内部控制审计报告应当包括下列要素：标题、收件人、引言段、企业对内部控制的责任段、注册会计师的责任段、内部控制固有局限性的说明段、财务报告内部控制审计意见段、注册会计师的签名和盖章、会计师事务所的名称、地址及盖章、报告日期。

练习题

一、单项选择题

1. 注册会计师评价企业内部控制是否有效运行的基础标准是（　　）。

A. 企业内控基本规范和应用指引　　B. 注册会计师审计准则

C. 企业会计准则　　D. 企业内部控制审计指引

2. 企业内部控制设计与运行的主体是（　　）。

A. 企业董事会、监事会、经理层和全体员工

B. 注册会计师

C. 会计师事务所

D. 政府有关部门

3. 注册会计师执行的内部控制审计严格限定在（　　）。

A. 销售控制　　B. 采购控制

C. 生产控制　　D. 财务报告内部控制审计

4. 内部控制审计基准日是（　　）。

A. 资产负债表日　　B. 利润表时间

C. 审计报告日　　D. 被审计单位评价基准日

5. 内部控制审计的总体审计策略中不体现的内容是（　　）。

A. 界定审计范围　　B. 明确审计业务的报告目标

C. 内部控制的重要因素　　D. 确定执行业务所需资源的性质、时间安排和范围

二、多项选择题

1. 内部控制缺陷按其成因分为（　　）。

A. 重要缺陷　　B. 一般缺陷

C. 设计缺陷　　D. 运行缺陷

2. 内部控制实现目标的可能性受其固有限制的影响，包括（　　）。

A. 在决策时人为判断可能出现错误和因人为失误而导致内部控制失效

B. 控制的运行也可能无效

C. 控制可能由于两个或更多的人员进行串通舞弊或管理层不当地凌驾于内部控制之上而被规避

D. 在设计和执行控制时，如果存在选择执行的控制以及选择承担的风险，管理层在确定控制的性质和范围时需要作出主观判断

3. 内部控制可能存在重大缺陷的迹象主要有（　　）。
A. 注册会计师发现董事、监事和高级管理人员舞弊
B. 企业更正已经公布的财务报表
C. 注册会计师发现财务报表存在重大错报，而内部控制在运行过程中未能发现该错报
D. 企业审计委员会和内部审计机构对内部控制的监督无效
4. 内部控制的有效性包括（　　）。
A. 内部控制运行的有效性　　B. 内部控制审计的有效性
C. 内部控制评价的有效性　　D. 内部控制设计的有效性
5. 内部控制缺陷的严重程度取决于（　　）。
A. 控制不能防止或发现并纠正账户或列报发生错报的可能性大小
B. 因一项或多项控制缺陷导致的潜在错报的金额大小
C. 所涉及的账户、列报及其相关认定的性质
D. 该项控制与其他控制的相互作用或关系

三、简答题

1. 简述企业内部控制审计的含义和范围。
2. 简述内部控制审计报告的要素。

参考文献

[1] 财政部会计司．企业内部控制规范讲解［M］. 北京：经济科学出版社，2010.

[2] 何恩良，闫焕民，饶曦．审计学［M］. 北京：清华大学出版社，2018.

[3] 刘明辉，史德刚．审计［M］. 大连：东北财经大学出版社，2015.

[4] 宋常．审计学［M］.5 版．北京：中国人民大学出版社，2011.

[5] 徐政旦，谢荣，朱荣恩，唐清亮．审计研究前沿［M］. 上海：上海财经大学出版社，2011.

[6] 张蕊，谢盛纹．审计学［M］. 北京：科学出版社，2011.

[7] 中国注册会计师协会．中国注册会计师执业准则［M］. 北京：中国财政经济出版社，2017.

[8] 中国注册会计师协会．注册会计师全国统一考试辅导教材——审计［M］. 北京：中国财政经济出版社，2019.